酒店服务与管理专业基于工作过程系统化系列教材

编委会

总　　编：叶军峰　成振洋

编　　委：邓兰珍　李娉婷　赵小玲　蒋碧涛　林文婷

　　　　　罗燕萍　谢玉莲　陈衍怀　陆丽娥　童亚莉

　　　　　董韵捷　黄志伟　朱朦朦　谭文焯　胡嘉欣

企业顾问：

　　　　　广州首旅建国酒店有限公司　　　　总经理杨卓辉

　　　　　　　　　　　　　　　　　　　　　（广州酒店行业协会副会长）

　　　　　广州首旅建国酒店有限公司　　　　人力资源总监徐渊

　　　　　广州市嘉逸国际酒店有限公司　　　总经理黄青照

　　　　　广东大厦　　　　　　　　　　　　人力资源部经理周敬

Housekeeping
Skills Training

客房技能训练

主编　童亚莉　董韵捷

暨南大学出版社
JINAN UNIVERSITY PRESS

中国·广州

图书在版编目（CIP）数据

客房技能训练/童亚莉，董韵捷主编．—广州：暨南大学出版社，2014.5（2019.8 重印）
（酒店服务与管理专业基于工作过程系统化系列教材）
ISBN 978 - 7 - 5668 - 0937 - 7

Ⅰ．①客…　　Ⅱ．①童…②董…　　Ⅲ．①客房—商业服务—技术培训—教材
Ⅳ．①F719.2

中国版本图书馆 CIP 数据核字（2014）第 033220 号

客房技能训练
KEFANG JINENG XUNLIAN
主编：童亚莉　董韵捷

出 版 人：徐义雄
责任编辑：曾鑫华　李征华
责任校对：卢凯婷
责任印制：汤慧君　周一丹

出版发行：暨南大学出版社（510630）
电　　话：总编室（8620）85221601
　　　　　营销部（8620）85225284　85228291　85228292（邮购）
传　　真：（8620）85221583（办公室）　85223774（营销部）
网　　址：http://www.jnupress.com
排　　版：广州市天河星辰文化发展部照排中心
印　　刷：虎彩印艺股份有限公司
开　　本：787mm×1092mm　1/16
印　　张：15.75
字　　数：383 千
版　　次：2014 年 5 月第 1 版
印　　次：2019 年 8 月第 3 次
定　　价：38.00 元

（暨大版图书如有印装质量问题，请与出版社总编室联系调换）

总序

为了培养具备综合职业能力的高技能酒店服务与管理人才，编者以"工学结合"为指导思想，引入国外先进职教理念，深入广州地区酒店行业及企业实地考察、访谈和调研，以酒店岗位从业人员的实际工作任务为主线，依托校企合作，共同对酒店服务与管理人才培养模式、培养目标、职业能力和课程设置进行分析及定位，以典型工作任务为载体，根据典型工作任务和工作过程设计学习情境，按照工作过程的顺序和学生自主学习的要求进行教材内容的编写，创新并开发了酒店服务与管理专业基于工作过程系统化系列教材。本系列教材共 12 本，分别是：《餐厅服务》、《客房清洁》、《楼层接待服务》、《前厅服务》、《菜肴与酒水推销》、《酒吧服务》、《酒店英语》、《酒店服务心理》、《酒店服务礼仪》、《酒店信息管理》、《餐厅技能训练》、《客房技能训练》。

本系列教材由一批学术水平高、教学经验丰富、课程开发能力强的酒店专业教师与企业骨干共同开发而成。在教材组织编写工作中，我们坚持以下原则：

一是从职业岗位群分析入手，根据酒店对服务人员的要求和相关的国家职业标准，科学确定教材内容，使教材具有贴近酒店一线从业人员岗位实际工作要求的鲜明特色。

二是根据中等职业技术院校酒店服务与管理专业的教学特点，合理编排教材内容，并以工作情境为切入点，采用任务驱动的编写思路，使教材具有适应教学和易于学习的鲜明特色。

三是注重将酒店企业的新理念、新方法及综合职业能力要求编入教材，使教材具有与行业发展同步的鲜明特色，不仅适用于酒店服务与管理专业的教学，也适用于酒店行业、企业员工的职业培训。

上述教材的编写得到了广州首旅建国酒店有限公司、广州市嘉逸国际酒店有限公司、广东大厦等校企合作企业的大力支持，教材的编审人员做了大量的工作，在此表示衷心的感谢。同时，恳切希望广大读者对教材提出宝贵的意见和建议，以便修订时加以完善。

编委会
2014 年 3 月

前言

《国务院关于大力推进职业教育改革与发展的决定》中明确指出：要严格实施就业准入制度，加强职业教育与劳动就业的联系。与此同时，职业资格证书已逐步成为各级各类职业院校学生求职择业的"通行证"。

为了推动客房服务员职业培训和职业技能鉴定工作的开展，以国家职业标准为依据，衔接行业及各类职业院校学生专业学习和鉴定考核要求，针对参加职业技能鉴定的学生群体以及酒店客房从业人员，编写了《客房技能训练》培训教材。

《客房技能训练》是以国家职业技能鉴定考核要求为依据，突出职业资格培训特色，分为应试指导、基础知识部分、中级客房服务员鉴定指南、高级客房服务员鉴定指南四大部分。主要突出基础通用知识与职业技能鉴定考核要求两者合一，并编入四级、三级客房服务员的职业资格理论和实训两大部分各三套国家题库真题，适用于四级、三级客房服

务员的职业资格培训，是国家职业技能鉴定推荐辅导用书。

《客房技能训练》由广州市轻工高级技工学校具体承担组织编写工作，由童亚莉、董韵捷担任主编，邓兰珍担任主审。

由于编者水平有限，编写时间紧迫，不足之处在所难免，恳请广大读者提出宝贵意见和建议，以便日后修订完善。

编　者
2014 年 3 月

Contents

目 录

Contents

第一编 应试指导

职业技能鉴定是一项基于职业技能水平的考核活动，属于标准参照型考试。它是由考试考核机构对劳动者从事某种职业所应掌握的技术理论知识和实际操作能力做出客观的测量和评价。职业技能鉴定是国家职业资格证书制度的重要组成部分。

（1）职业技能鉴定是按照国家有关规定，对劳动者专业知识和技能进行客观公正、科学规范的评价与认证。

（2）按有关规定，从事技术职业（工种）的从业人员或准备从事技术职业（工种）的人员，都可以申报参加职业技能鉴定。

（3）职业技能鉴定一般分为理论知识考试和操作技能考核。理论知识考试一般采用闭卷笔试方式（部分区域已采用无纸化机试），操作技能考核多采用现场实际操作方式。

（4）职业技能鉴定理论知识考试和操作技能考核均采用百分制，成绩均达到60分以上者为合格，80分以上为良好，90分以上为优秀。

（5）职业技能鉴定合格者，可获得相应工种的职业资格证书。

一、客房服务员职业技能鉴定简介

客房服务员职业技能鉴定是以客房服务员国家职业标准为依据，在人力资源和社会保障部行政部门领导下，由各地职业技能鉴定中心组织实施，依托各职业技能鉴定站，对酒店从业人员的理论、技能水平进行考核、评价和认定。

客房服务员职业技能考试分为理论考试和技能考核两部分。理论考试采用无纸化机试、电脑阅卷的形式进行，主要考查从业人员的职业道德、相关法律法规知识、客房产品知识、清洁剂与清洁设备知识、楼层维护保养、客房日常接待服务、客房安全知识、服务心理和沟通技巧、前厅部基本知识、餐饮部基本知识、客房服务英语等知识的理解和掌握程度。考试时间为120分钟，满分为100分，60分为合格。技能考核主要考查从业人员楼层迎送服务、客房清洁保养、楼层计划卫生、对客服务、会议服务和客房用品管理等方面的实际操作能力。技能考核以酒店客房和楼层或职业技能鉴定站的模拟客房和楼层为背景，从业人员模拟应对工作中出现的各种问题，其操作的正确性、规范性、安全性、合理性等，都是技能考核的评分依据。操作技能时间因考核内容的不同有差异，满分为100分，60分为合格。

二、客房服务员职业技能鉴定的试卷构成

1. 理论知识考试的试卷构成

目前，本职业初级、中级和高级理论知识考试均采用标准化试卷，每个级别考试的试卷有"选择题"和"判断题"两大类题型。

（1）理论考试采用答题卡形式：理论知识考试试卷由试题问卷和答题卡组成，答题卡上需用蓝色、黑色签字笔或圆珠笔填写考生信息（姓名、单位、准考证号码），并用2B铅笔涂黑相关数字。作答时，学生需用2B铅笔将选择题、判断题的相应答案涂黑。考试结束后，交回试题问卷和答题卡，由计算机对答题卡统一阅卷并评分。

试题问卷由试卷名称、注意事项、记分栏和试题正文构成。

（2）理论考试采用机试形式：理论考试需在计算机上完成，考生阅读题目后选择正确答案，并点击相应选项作答。考试结束后，由计算机统一阅卷并评分。

例：

【选择题】

住店宾客经常向话务员询问有关电话号码或通过电话找人。当客人要求总机帮助找人时，总机（　　　）。

A. 不能代为找人，并致歉　　　　B. 停下手中工作设法帮助找到客人

C. 婉拒客人的要求，并致歉　　　D. 在不影响正常工作的前提下，尽力帮忙

【判断题】

（　　　）对待醉酒客人，通常应尽量将其安置回客房休息，但要注意房内动静。

客房服务员理论考试部分的题型、题量和配分方案如下表所示。

题型	题量和配分	分数	考试时间
选择题	160题（每题0.5分）	80分	
判断题	40题（每题0.5分）	20分	120分钟
总分	100分		

2. 技能考核试题形式

技能考核试卷由考场准备、考生准备、试卷和评分表构成。

考场准备是根据试题内容对进行职业技能鉴定的考场设施设备及物品准备的要求，基本上都是以模拟客房或模拟客房楼层为基础，准备相应的表格、文具、客房用品、清洁工具等物品。

考生准备是参与职业技能鉴定的考生在操作考试前应进行的仪容仪表及物品准备。

试卷是从操作题库中抽选的两到三套操作考试题目，包含试题正文、考核时间、考核方式、考核要求、注意事项等。

评分表包含考核项目、考核内容及要求、配分、评分标准、扣分、得分、考试时间、考评员签名、核分人签名等项目。

例：

序号	试题名称	配分（权重%）	得分	备注
1	走客房的清洁	40		
2	墙纸清洁	10		
…	…			

三、应试指导

1. 做好考前的针对性复习

按照《客房服务员鉴定要素表》的要求进行理论、技能复习。（详见中级、高级部分）

2. 熟悉考场

提前熟悉考场环境和设备及各种表格、用具。

3. 仪容仪表的准备

考生参加技能考核前应按饭店客房部员工的角色定位，做好相应的考前准备，比如化淡妆和穿职业装、头发盘束，按照饭店员工的仪容仪表要求做好准备。

4. 考试提示

（1）考生必须听从职业技能鉴定站工作人员的统一指挥，按照准考证的要求进入指定的考场、考位；

（2）携带准考证、身份证等证件；

（3）仪表仪容、着装符合专业要求，便于操作；

（4）仔细阅读试卷，明确考题和考核要求，形成正确的操作思路；

（5）心态稳定、镇静、自信；

（6）严格遵守考场纪律；

（7）严格按照操作程序进行；

（8）合理安排答题时间，以免因时间不够而影响考核成绩；

（9）考核过程中一旦发生事故，要沉着冷静，积极配合考务人员做好处理工作。

第二编 基础知识部分

第一章 职业道德

第一节 职业道德基本知识

一、道德与职业道德

1. 道德的内涵

通常讲的道德是指人们在一定的社会里，用于衡量、评价一个人的思想、品质和言行的标准。它的确切含义是指：人类社会生活中依据社会舆论、传统习惯和内心信念，以善恶评价为标准的意识、规范、行为和活动的总和。从其定义可以看出，道德的特性是依据社会舆论、传统文化和生活习惯来判断一个人的道德品质的，它不是由专门机构制定、专门机构执行的一种规范，而主要是依靠人们自觉的内心信念来维持的。

2. 职业道德的概念

职业，就是人们在社会生活中所从事的相对稳定并作为主要生活来源的工作，同时也是每个劳动者在社会中的具体角色。职业道德是人们在长期的职业活动中形成的行为准则和规范的总和。它与国家的法律、法规不同，它是以意识形态存在于职业活动的、不成文的行为原则，是由人们的职业责任感、职业义务感和社会舆论的影响来保证的。

3. 职业道德的特点

社会主义职业道德的精髓是爱岗敬业、无私奉献、团结协作、遵章守纪、精益求精、勇于创新。随着我国步入社会主义市场经济，特别是加入世界贸易组织后，为建立健康有序的市场竞争环境，职业道德的内容也在不断丰富，增加了不少内容，如保守商业机密、保护知识产权、不损害本企业利益、避免不正当竞争等。职业道德的特点主要表现在以下几方面：

（1）职业道德具有鲜明的行业特性。职业道德不是指一般概念的社会公德，而是指带有行业特性的道德。每种职业都担负着一种特定的职业责任和职业义务，由于各种职业的职业责任和职业义务不同，从而形成了具有各自特点的职业道德的具体规范。

（2）职业道德具有发展的历史继承性。职业道德由于历史的继承缘故，形成了它的连续性。时代在前进，历史在延续，今天形成的职业道德也随着社会主义现代化建设的步伐，必将不断地得到充实、提高，达到更高的境界。

（3）职业道德表达形式也多种多样。由于各种职业道德的要求都较为具体、细致，因此其表达形式也多种多样，往往采取诸如制度、守则、须知、保证、条例等多种形式。

（4）职业道德与企业各项规章制度之间的一致性和互补性。一方面，企业是靠人经营的，人是经营的主体，而驱动人们行为的内在根源在于职业道德所规范的、人们共同追求的价值、信念和思维方式，所以职业道德的原则和企业为保障其发展所规定的一系列规章制度的精神实质是一致的。另一方面，遵守职业道德主要靠人们的自觉性，而遵守规章制度则有一定的强制性。因此，从业人员的道德自觉性越高，越能遵守规章制度，而这种良好的法制观念和组织纪律性又有助于提高从业人员的道德修养。可见，职业道德与企业的规章制度之间，又有相辅相成、相得益彰的互补性。

4. 职业道德的衡量

人们对职业道德的评价和衡量，主要是通过个人信念、传统习惯和社会舆论等方式来进行的。

（1）信念存在于人们的内心世界，是一种被人们普遍接受的道德准则和真诚信仰，也就是人们常说的良知。信念是一种长期教育、培养的结果。在职业生活中，职业道德教育表现为一个先内化、再外化的过程。它首先是道德的"内化"，把学到的道德知识、规范用于陶冶自身情操。其次，它通过"外化"，使人们形成的职业道德信念转化为自觉的职业道德行为，并且通过从业人员的作为，去促进和影响自身工作环境乃至整个社会环境的改善。

（2）传统习惯是一种人们在长期的社会生活中形成的，具有相对稳定性和广泛认同感的心理趋势。与信念相比，它是一种更为长期的、稳定的社会心理，是一种社会群体行为，积极的传统习惯有助于形成和保持全社会优良淳朴的民风与行业风气。

（3）社会舆论主要是指社会公众的心理倾向和议论评价，以及报刊、广播、影视、文学艺术等宣传工具创造的社会舆论环境，它们共同对人们的意识和行为有着强大的社会影响力。信念是一种内在的规范方式，而社会舆论和传统习惯则是一种来自外部的约束力。

二、饭店职业道德

饭店职业道德是饭店企业及其从业人员在经营、服务活动中约定俗成的行为规范和准则的总和。

1. 饭店职业道德的特点

与其他行业相比较，饭店职业具有以下显著特点：

（1）国际性。饭店业属于外向型行业，从其出售的产品、面向的市场，以及接待的主要消费客源和旅游消费方式来划分，具有明显的国际化特征。而且，随着改革开放的不断深入和中国加入世贸组织，饭店业的国际化、中外合资、外商独资饭店的增多，外籍员工也参与了饭店的经营管理。

（2）服务性。饭店业是与人打交道的行业，以出售餐饮、住宿、康乐等服务为主要业务。饭店从业人员从事的服务工作是一种面对面的双向交流过程，体现的是对客人从精神到物质的无微不至的关怀，无论是经营理念、管理方式，还是操作规程、服务标准，饭店企业及从业人员都应当充分体现服务精神，主动为客人提供帮助。

（3）安全性。对于出门在外的客人来说，饭店是客人的"家外之家"。饭店作为客人的临时居所，除了为客人提供其所需要的服务外，还应做好安全保卫工作，确保客人住店期间的安全。

（4）具体工作的差异性、多样性。饭店是一个服务综合体，根据其经营内容、服务岗位的不同，具体工作也存在一定的差异性、多样性。例如：客房部服务员和前厅部服务员所承担的工作、担负的责任就有共同之处，但因岗位不同又有所区分。

（5）社会公益性。饭店业是以自己的服务产品直接面对客人的产业，同时也与该地区、社会以及其他国家和地区的社会有着千丝万缕的联系。饭店在其经营过程中，必须处理好这些关系，创造良好的发展环境，为社会公益作出应有的贡献。

2. 饭店职业道德建设的重要性

（1）饭店职业道德建设是推动饭店物质文明建设的重要力量。中国旅游业已发展到了文化竞争、特色竞争、品牌竞争的阶段，特别是随着全球经济一体化，竞争无国界化的进一步加深，当前，不同的企业文化和职业道德建设正在成为中外企业进行争夺和抗衡的关键领域。加强企业职业道德建设可以促使饭店经营者和从业人员遵纪守法，在市场公平竞争中严格自律、专心致志地发展自己，同时处理好与相邻企业和竞争对手的关系，不去侵犯别人的权益。

（2）职业道德建设是形成饭店良好形象的重要保证。饭店形象是品牌的一种体现。消费者对品牌的认可度、信任度、忠诚度都直接影响饭店企业的经营。饭店员工的职业道德素质优劣直接关系到饭店的形象好坏。所以，一个饭店是否重视职业道德建设，是否成功地引导、鼓励员工以良好的职业道德风貌诚招天下客，是否形成具有自己特色的企业文化氛围和领先于同行业的职业道德风尚，将决定其能否在竞争中取得独特优势。

（3）职业道德建设是建立高素质员工队伍的基础。人们的职业生涯，是社会价值与自我价值同步实现的过程。在饭店的经营活动中，职业道德不仅表现为员工的自我完善，而且表现为职业道德群体意识的建立。特别是在市场经济的新形势下，饭店管理层应把员工真正作为企业的成员而不是单纯的雇员来对待，引导、激发员工的参与意识和自我价值的实现意识，提升"以人为本"的企业文化竞争力，创造理解人、尊重人、培育人、人尽其才的价值观和良好的文化氛围，全面提高员工素质，充分发挥员工的聪明才智和创造精神，从而创建一支有理想、有道德、有文化的高素质员工队伍，实现由单纯制度管理向制度管理与文化管理、道德管理相结合的转变，努力寻求企业目标与员工目标的一致性，建立双向沟通与信任，在员工中形成"我与饭店同舟共济，饭店与我共同发展"的共同价值取向，形成内求团结、外求发展的凝聚力和向心力，将企业精神、经营理念、职业道德、员工信念和各种规章制度，由企业家的追求变成全店上下的共同意志。

第二节 职业守则

饭店员工的职业守则主要有：热情友好、宾客至上；遵纪守法、诚实守信；文明礼貌、优质服务；以客为尊、一视同仁；团结协作、顾全大局；钻研业务、提高技能；安全操作、注重环保。

一、热情友好、宾客至上

出售良好服务产品的一项重要内容，是为宾客提供各种便利，让宾客从生理到心理全方位享受。这种服务已经成为衡量一个饭店经营管理和服务水平的重要标志。

热情友好是一种道德情感，它要求饭店员工在对客服务工作中投入积极的个人情感，对每一位客人心怀感激之情，主动热情、耐心周到地为客人提供优质服务，使客人从服务人员的一言一行、一举一动中深切感受到自己受到欢迎、重视、尊重，在内心享受饭店带给自己的轻松和愉悦。热情友好是树立良好的饭店形象、吸引回头客的条件之一，是培育"忠诚"顾客所必需的服务态度。

宾客至上是指在饭店接待与服务中，一切都要以客人为中心，一切为客人着想，一切服务均以客人满意为标准，这是每一位饭店从业人员应尽的职业责任和道德义务。

二、遵纪守法、诚实守信

遵纪守法、诚实守信是饭店业职业道德的一项重要规范，既是行政和法律规范的要求，又是道德规范的要求。两者的区别在于：作为行政和法律规范，遵纪守法、诚实守信是一种带有强制性的要求；作为道德规范，遵纪守法、诚实守信是一种自觉性的要求，而且是一种重要品德。从根本上讲，遵纪守法、诚实守信也是集体主义原则的一种体现。法律和职业道德共同构筑了两道职业秩序保护线：法律是维护社会秩序的底线，通过国家行政部门和执法部门的强制手段确保执行；职业道德是法律基本要求之外，企业或者行业内为保证正常的工作秩序，全体从业人员约定俗成、共同认可的公约，或者由管理部门或组织颁布的制度、法则和规定，按职责要求予以履行。

诚实守信是处理饭店业与消费者之间实际利益关系的行为准则。它要求每名饭店从业人员都必须认真维护客人的实际利益，做到真诚相待、办事公道、讲究信用、不弄虚作假、不欺骗或刁难客人。

1. 按质论价、收费合理

饭店业是高投入、高消费行业，客源和行业性质决定了其消费水平要高于社会平均水平。所以，同样的商品在饭店里的销售价格往往高于市场零售价格。这是因为饭店产品定价中包含了一部分看不见的价值，如环境空间的价值、服务人员附加劳动的价值等。

2. 诚实守信、知错必改

饭店要想真正赢得客人尤其是回头客，诚实守信地对待客人十分重要。我们在工作中由于工作经验有限或粗心大意等原因，不可避免地会犯错误。当这些错误涉及客人的利益时，饭店和当事人除了立即纠正、采取补救措施外，还应当主动向客人表示歉意，争取客人的谅解。这样做反而会让客人觉得这位员工诚实、不虚伪，给客人留下好印象。客人最讨厌、最不能容忍的就是做错了事却不肯承认，反而找各种理由来推卸责任。只有知错必改，才能不断进步。

三、文明礼貌、优质服务

服务员的文明礼貌是指服务人员出于对客人的尊重和友好，在服务中注重礼仪、礼节，讲究仪表、举止、语言，执行服务操作规范。文明礼貌是服务人员主动、热情、周到服务的外在表现，是客人在精神上能感受到的服务形式。文明礼貌要求服务人员做到：举止大方、站立服务；表情真切，微笑服务；说话和气，敬语服务；态度和蔼，真诚服务。

四、以客为尊、一视同仁

1. 顾客是上帝

新世纪的服务是以客人需求为中心的服务，因此，需要我们去创造一种全新的服务模式，这就是规范化服务与个性化服务相结合的模式。我们的服务工作不仅要到位，还要针对客人的需求，不断深化、细化，创造出更多的服务项目和内容，以适应多样化、个性化的客人需求。

2. 来者都是客

树立"顾客是上帝"的观念，首先要解决对不同身份、地位的客人一视同仁的问题，同时这也是关系到职业道德的根本问题之一。在工作中，我们应绝对避免以貌取人、以关系或权力定亲疏等现象的出现。

五、团结协作、顾全大局

饭店对客服务工作是一个有机的整体，并非某个部门或某一个人做好就能完成的。因此，同事之间、部门之间、上下级之间要相互理解、相互支持、团结协作。

1. 团结友爱、互相尊重

作为一名饭店员工，应当为人正直，谦虚谨慎，戒骄戒躁，严于律己，宽以待人；要互相尊重，善于倾听别人的意见，取人之长补己之短；要重事业、淡名利，做到不利于团结的话不说，不利于团结的事不做，共同创造一个良好的工作环境。

2. 密切配合、互相支持

（1）理顺管理体系，健全机制。避免或减少职能交叉，严格贯彻执行垂直领导、逐级负责的经营管理责任制，做到职责明确，各司其职，分工不分家。

（2）坚持规范化和制度化管理。注意加强岗位之间、工种之间、部门之间的横向联系和沟通，建立正式沟通渠道，互通情报，交流经验，快速反应，协调合作。

（3）树立全局意识、合作意识、换位意识。建立和完善一心为客人、全店为一线的"一条龙"服务链，共同创造一个优良的服务待客环境。

3. 发扬风格、互相关心

饭店业是以提供劳务为主要手段的服务性行业，加之客人的流动性大、要求高，所以工作是比较辛苦和劳累的。这就特别需要员工之间宽宏大量，具有包容性，提倡把方便让给别人、把困难留给自己的风格；提倡换位思考，互相关心体谅，工作出了纰漏，要先行补救，再追查责任，而不是文过饰非、互相推托、互相指责，减少不必要的"内耗"。

六、钻研业务、提高技能

饭店管理者必须提倡刻苦钻研业务技术，鼓励发明创新；员工也应当树立积极进取的劳动态度，努力做到精益求精、一专多能，这对于提高职业技能和工作效率具有十分重要的作用。

1. 要有崇高的职业理想和坚强的道德意志

崇高的理想是人生的精神支柱，是人生奋斗的目标，也是人生前进的动力。实现职业理想的过程，就是从业者追求人生价值的过程。因此，在职业生活中，树立正确的职业理想，并付之以坚韧不拔的道德意志，是引导和帮助有志者走向成功的关键。

2. 具有强烈的职业责任感

职业责任感是饭店员工在职业活动中，对社会、对饭店、对客人所承担的义务，是社会和企业赋予员工的责任，而职业责任感则是员工自觉把本职工作做好的主动意识。应该说，职业责任感是员工自觉地将自己的人生价值与本职工作完美结合的一种高尚境界。

3. 要有正确的途径和方法

钻研业务、提高技能、争取成为事业的成功者是许多青年的理想。要想取得成功，需要做到热爱本职工作、用心专注、不怕吃苦、不断学习。

七、安全操作、注重环保

有资料证明，客房操作安全事故中有70%是由于服务员不遵守操作规程、粗心大意、工作不专心、精神不集中造成的，只有30%是因为设备原因所致。因此，提高安全意识、安全操作、防止事故发生，逐步成为饭店员工的职业守则之一。

做好环保工作，对于饭店乃至全人类的生存和发展，都有非常重要的意义。在环保意识高涨的今天，客房部员工在日常工作中为饭店节约"一滴水"、"一度电"、"一张纸"，都是注重环保的具体表现。

第二章　计量知识

第一节　法定计量单位

我国法定计量单位是在国际单位制单位的基础上，根据我国国情，适当选用一些非国际单位制单位构成的。

表2-1至表2-4为与饭店业服务工作有关的计量单位。

表2-1　长度（length）

单位名称	单位符号	换算因素
微米	μm	0.000 001m
毫米	mm	0.001m
厘米	cm	0.01m
分米	dm	0.1m
米	m	—
千米	km	1 000 m

表2-2　面积、土地面积（area）

单位名称	单位符号	换算因素
平方毫米	mm^2	0.000 001m^2
平方厘米	cm^2	0.000 1m^2
平方米	m^2	—
平方千米（平方公里）	km^2	1 000 000 m^2

表2-3　体积（volume）

单位名称	单位符号	换算因素
立方厘米	cm^3	0.000 001m^3
立方分米	dm^3	0.001m^3
立方米	m^3	—

表2-4 质量（重量）（weight）

单位名称	单位符号	换算因素
毫克	mg	0.000 001kg
克	g	0.001kg
千克	kg	—
吨	t	1 000 kg

第二节 行业用计量器具管理和计价单位的使用

一、行业用计量器具的管理

计量工作需要凭借计量工具，也就是计量器具。因此，所使用的计量器具的合法性、准确性，关系到计量工作的准确性和有效性。《中华人民共和国计量法》规定：使用计量器具不得破坏其准确度，损害国家和消费者的利益。进口的计量器具，必须经省级以上人民政府计量行政部门检定合格后，方可销售。

客房服务工作中，使用计量标准器具较少。卫生间使用的客用体重秤仅供客人作健康参考，不属于强制检定范围。但是，服务人员为保证服务质量，应当每周至少调校一次，提高其准确度。客房内使用的温度计、湿度计以及与空调连接的自动温控装置应当定期检查，保持读表准确。使用消毒液浸泡消毒时，配制消毒水应使用标准量具，严格执行消毒配比，确保安全有效。

二、行业用计价单位的内容及使用

行业用计价单位是指在本行业内通行的、被消费者普遍认可的计价方法所依据的计价单位。在饭店业中经常使用的计价单位主要包括三大系列：出租房间的计价单位、出售一般商品的计价单位和出售服务商品的计价单位。

1. 出租房间的计价单位

（1）客房租金计价单位。饭店客房租金一般以"间/天（日）"为计价单位。"间"是空间概念，是指不可分割的最小出租单元，可以是一个单间标准房，也可以是一个不可拆分的套房。"天（日）"是时间概念，是客房计价的基本时间单位，指客人对付费房间拥有使用权的时间长度。客房出租的天（日）不是简单的24小时概念，而是每过一夜为一天（日）。按照饭店业的通行做法，客人离店结账时间未超过中午12点，当日房费不计。

（2）公寓租金计价单位。饭店附设的公寓租金计价单位有"套/日"、"套/月"两种。一般来说，"套/月"计价单位只适用于长年包租的承租对象。

（3）写字间租金计价单位。饭店内的写字间租金一般以"平方米（m²）/日"为计价单位，有时也可按"平方米（m²）/小时"计价。

（4）会议、展览场地租金计价单位。一般性会议、展览场地租金以"场/次"为计价单位。"场"是指可利用的空间单元，按面积、档次、朝向、设施等区别定价。"次"是指可利用的时间单元，一般每次为4小时。

连续性会议和展览，一般要历时多天，甚至需要在一段时间内包租场地，可以"场/日"为计价单位。"日"的计算以每日中可利用的"次"数为依据，一般2～3"次"换算为1"日"。

（5）店内商场、铺面租金计价单位。商场、铺面房租金，一般是短期包租以"平方米（m²）/日"为计价单位；长期包租以"平方米（m²）/月"为计价单位。

（6）汽车泊位租金计价单位。包租泊位一般按"泊位/日"或"泊位/月"为计价单位。"日"按24小时计算；"月"按30日计算。临时泊位一般按"泊位/小时"为计价单位。

（7）宴会、便餐租金计价单位。宴会、便餐使用单独的厅堂或包间一般不再另行收取租金。在需另收场地租金时，一般以"间/次"为计价单位。"间"需考虑面积、档次、朝向、通风、设施条件等。每"次"为2小时或4小时，依各饭店情况自定。

2. 出售一般商品的计价单位

（1）烟酒食品计价单位。饭店内商品柜台出售的烟酒食品，一般为包装食品，以"包"、"瓶"、"袋"、"盒"等最小零售单位为计价单位；出售散装食品如水果等，应以"克"或者"千克"为计价单位。

餐厅柜台出售的可供客人带走的食品，如面包、点心、熟食、肠类等，一般以"克"或者"千克"为计价单位；如果是餐厅自身加工产品并已做好包装的，也可按包装单位"包"、"袋"、"盒"为计价单位。

（2）其他商品计价单位。其他商品应以最小零售单位"件"、"套"为计价单位。

（3）客房迷你吧商品计价单位。客房迷你吧商品一般采用该商品的最小包装，以"瓶"、"听"、"袋"等作为计价单位。价目表一般采用中英文对照，放置于迷你吧的显眼位置，以保证交易公平。

3. 出售服务商品的计价单位

服务商品的计量具有较大的弹性，有些很难找到客观标准，应特别注意增强科学性，减少盲目性，杜绝随意性。

（1）出租汽车计价单位。饭店自营的出租汽车、礼宾汽车出租价格主要考虑车型或排气量、里程两个因素。汽车租金一般以"台/千米"为计价单位。在一段时间内包租车辆的租费以"台/天（日）"为计价单位。

（2）宴请、集会计价单位。

①以"人"作为计价单位。饭店根据主办单位的人均招待标准酌情编制菜单，如每人餐费标准为××元。

②以"桌（10或12人）"为计价单位。一般饭店事先编制一套标准菜单系列，区分为不同价位、档次。主办单位按菜单进行选择或自行点菜后确定每桌价位，并以此按每桌

××元计价。

宴请、集会使用的酒水以"瓶"、"听"、"盒"等为计价单位。如果主办方为了便于控制招待费用，要求将酒水与餐费统一结算，双方协商确定招待酒水品种和人均用量后，以"人"为计价单位。

（3）娱乐、健身计价单位。娱乐、健身活动一般均需依托一定的器械设备和场地，其计量方式主要以"人（位）/小时"、"台/小时"、"局"、"场"等为计价单位。

（4）餐饮计价单位。餐饮有零点、套餐、自助餐等不同形式，因此，计价单位也应依情况分为多种形式。

零点方式以点菜的"份"、"例"、"盘"等为计价单位，主食、点心等以"碗"、"个"、"只"等作为计价单位。

套餐、日餐、定食等方式一般以"份"、"套"为计价单位。

自助餐方式以"人（位）"为计价单位。

另外，团队免费自助早餐一般使用餐券，每券一人，以"券"作为计价单位。

（5）送餐服务计价单位。送餐服务有零点和套餐两种方式。零点方式以"份"为计价单位；套餐方式以"套"为计价单位。

第三章　客房产品知识

第一节　客房的种类和功能布局

一、客房的种类

1. 按房间的等级划分

（1）标准间（standard room）。根据标准间装饰布置的不同特点，又可分为高级两人间（superior twin）、豪华两人间（deluxe twin）、普通两人间（twin room）等类型。

（2）套间（suite）。套间通常由两间或两间以上的房间组成，按照不同的使用功能及室内装饰、配备用品标准等又可分为普通套间（junior suite）、商务套间（business suite）、立体套间（duplex suite）、豪华套间（deluxe suite）、总统套间（presidential suite）。

2. 按房间床的种类划分

（1）单床间（single room）。此类房间面积最小，房内只配置一张单人床，适合从事商务、旅游的单身客人租用。为了让客人住得更舒适，许多饭店在单人房中放置一张小双人床（1.4 m×2 m 或 1.5 m×2 m）。

（2）大床间（double room）。此类房间放置一张双人床（1.8 m×2 m 或 2.0 m×2 m），适合夫妇或商务客人租用。近年来，随着商务客人的增多，不少星级酒店将大床间改作商务房，房内配备相应的商务设施设备，如宽带上网、宽大的办公桌椅、小型传真机等。

（3）双床间（two-bed room）。此类房间放置两张单人床，可住两位客人。此类房间一般用来安排旅游团队或会议客人。为提高出租率和方便客人，有些饭店在两张单人床中间配备活动的床头柜或者干脆不放置床头柜，在大床间供不应求时，将两张单人床合并为大床，即可作为大床间出租。

为使客人住得更舒适，一些饭店在房间放置两张双人床，这种房间称为 double-double room，此类客房面积比普通单间客房大。

（4）三床间（triple room）。此类客房放置三张单人床，一般档次稍低的饭店有此类客房，主要是以出租床铺为主。

3. 按房间所处的位置划分

按房间所处的位置可分为内景房（inside room）、外景房（outside room）、角房（corner room）、连通房（connecting room）。

4. 套间客房

套间客房由两间或两间以上的房间、卫生间和其他设施组成，主要有以下几种：

（1）普通套房（junior suite）。普通套房又称双套房，一般是连通的两个房间，一间作为客厅，另一间作为卧室，配有一张双人床或两张单人床。

（2）多套间。多套间一般由3~5间或更多的房间组成，有两个卧室，各带卫生间，还有会客室、客厅、工作室及厨房等，卧室内设有特大号双人床。

（3）组合套间。组合套间是一种根据需要专门设计的房间，每个房间都有卫生间。有些组合套间由两个对门的房间组成，有些由可以上锁的相邻两个房间或三个房间组成。

（4）豪华套间（deluxe suite）。豪华套间布置比较豪华，可以是双套房，也可以是三间套房。三间套房通常由卧室、起居室、餐厅等组成，卧室中配备大号双人床或特大号双人床。

（5）总统套房（presidential suite）。总统套房一般是三星级以上的饭店才有，它标志该饭店已具备接待总统的条件和能力。总统套房由多个房间组成，有总统卧室、夫人卧室、随员卧室、警卫室、会议室、客厅、书房、餐厅和厨房等。

二、床的种类

饭店客房床的种类可从尺寸、性能、形状、材质等方面进行划分。

1. 基本类型

基本类型包括单人床、双人床、大号双人床、特大双人床等。

2. 特殊类型

特殊类型包括沙发床、隐壁床、婴儿床、加床等。

各种床的规格见表2-5。

表2-5 各种床的规格

类型	长度（厘米）	宽度（厘米）
单人床（single-size bed）	200	110或120或135
双人床（double-size bed）	200	140或150
大号双人床（queen-size bed）	200	180
特大双人床（king-size bed）	200	200
加床（rollaway bed）	200	100
婴儿床（cot）	130	60

三、客房的功能布局

客房是一个私密的、放松的、舒适的，浓缩了休息、私人办公、娱乐等诸多使用要求的功能性空间。客房主要分为以下五个功能区：

1. 盥洗空间

盥洗空间即卫生间，主要设备有浴缸、恭桶和洗脸盆，俗称"三缸"。卫生间还应有通风换气设备，地面还应有泄水的地漏和定门器。

2. 储存空间

储存空间主要指壁柜和酒柜。壁柜通常设在客房入口处，壁柜长度各饭店因客房空间而定，但进深不应少于50厘米。为了挂衣方便，高度不应低于180厘米，挂衣杆上方空间也不应小于10厘米。酒柜上层摆放各种酒水、酒具、茶具、酒水单、小食品等，下面为储存饮料的小冰箱。

3. 睡眠空间

睡眠空间是整个客房中面积最大的区域，主要家具是床和床头柜。为了使床能经久耐用，靠卫生间的床应与墙保持最小10厘米的距离，同时，定期还要翻转床垫。床头柜的台面上应放置电话、便签纸和笔。

4. 书写、梳妆空间

书写、梳妆空间位于睡眠空间的对面，通常沿墙放置一长条形的多功能柜桌。写字台和写字椅用于客人办公、写字、存放物品，一般置于明亮区。梳妆台的墙上应装一面大镜子，高度适宜，并装有照明灯以提高亮度。

5. 起居空间

起居空间应在标准间的窗前区。这里放置沙发椅、茶几，供客人休息、会客、饮食等。

第二节　客房设备和客房用品

客房设备和客房用品是保证客房部正常运转必不可少的物质条件，饭店要依据经济合理的原则，选择配备与客房档次相适应的设备用品。

一、客房设备

根据用途，客房设备分为家具类、电器类、卫生洁具类和安全设备。

1. 家具类

客房内主要配有床、床头柜、写字台、靠背椅、沙发、电视机柜、行李柜、衣柜、活动衣架等家具。

2. 电器类

客房内配备的电器设备主要有空调、小冰箱、电视机、电吹风、灯具、音响等，一些高档客房还有熨斗和熨衣板。灯的样式、色调要与室内墙面、窗帘、床罩、沙发面、台布等相协调。室内有两个以上台灯时，还应注意色彩和式样的统一。

3. 卫生洁具类

客房卫生洁具主要有浴缸、淋浴间、坐便器、洗脸盆，高档客房内还装有净身器。

4. 安全设备

为了保证客人和饭店的安全，客房内必须配备安全装置，如烟感报警器、温感喷淋头、安全指示图等，其他安全装置还有窥视镜、防盗链、防毒面具、安全指示灯、私人保险箱、卫生间紧急呼救按钮等。

二、客房用品

客房用品包括一次性消耗用品及多次性消耗用品。一次性消耗用品是指提供给客人一次性消耗使用或用于馈赠客人而供应的客用品，如香皂、茶叶、梳子等，也称供应品。多次性消耗用品是指客人不能带走的，供客人反复使用的客用品，如布草、酒具、衣架等，也称客房备品。

1. 房间用品

（1）壁柜部分：衣架、浴衣、洗衣袋、大小购物袋、洗衣单、衣服刷、鞋拔子、雨伞、鞋筐等。

（2）小酒吧部分：各种酒杯、冰桶、冰块夹、开瓶器、杯垫、纸巾、调酒棒、饮料单、各式酒水饮料等。

（3）写字台部分：饭店简介、服务指南、宾客意见表、客房用餐菜单、客房价目表、电话使用说明、烟灰缸、各种信封、信纸、明信片、传真纸、便笺、笔、行李标签、火柴、送餐挂牌单等。

（4）茶几部分：烟灰缸、茶具、茶叶、咖啡和伴侣、糖、火柴、花瓶等。

（5）床头柜部分：电话簿、饭店常用电话卡、便笺、笔、一次性拖鞋等。

（6）床上用品：被子、褥子、床单、毛毯、枕芯、枕套、床罩等。

2. 卫生间用品

（1）云石台（台面）：烟灰缸、花瓶、消耗品托盘、漱口杯、纸巾盒、六小件、小方巾、面巾等。

（2）恭桶（旁）：卫生纸、女宾袋、垃圾桶、体重秤等。

（3）浴缸（旁）：浴巾、地巾、防滑垫、香皂等。

3. 装饰用品

客房内的装饰用品主要有窗帘、沙发套、椅套、花边垫布、靠垫、床裙、床罩等。窗帘在所有的装饰用品中除了是装饰房间的饰品外，它还有调和光线、御寒遮阳、屏蔽外来视线、美化室内环境、增强客人心理上的安全感的作用，它还能在一定程度上起到隔音的效果。

第四章　清洁设备与清洁剂

　　客房部使用的清洁用具和设备种类繁多，归纳起来分为两大类：一般清洁器具和机器清洁设备。

　　一般清洁器具是指直接用手工操作、不需要电动机驱动的清洁设备，主要有抹布、扫帚、簸箕、拖把、尘拖、房务工作车、玻璃清洁器等。

　　机器清洁设备通常是指需要经过电动机驱动的清洁设备，主要有吸尘器、吸水机、洗地机、洗地毯机、打蜡机等。

第一节　一般清洁器具

　　房务工作车是客房卫生班服务员清扫客房时用来运载物品的工具车，是在客房清洁中最常用的。有的饭店还配备了不同类型的房务工作车，如女服务员工作车、棉织品车、男服务员工作车等。另外，还有专为运送垃圾桶、家具等设计的辘轴车，以及一些钢制的和木质的用于搬运箱子的手推车和运输大件物品的平台车。使用房务工作车，可以减轻劳动强度，提高客房服务员的工作效率，而且当房务工作车停在客房门外时，就成了"正在清扫房间"的标志。

　　房务工作车必须坚固、轻便，能承载一定数量的布草、供应品以及清洁用品。房务工作车车身通常设计为一面开口，这样停在楼道走廊时，就不会有物品暴露在两边，外观较为整洁。房务工作车的前面应安装缓冲器或弹性保护装置，以免撞伤墙面。

　　房务工作车的物品摆放和备品箱物品摆放如图2－1和图2－2所示。车两头的挂钩上分别装挂棉织品袋（撤换下来的）和垃圾袋。垃圾袋和棉织品袋一定要使用两种颜色，以免混淆误用。

　　房务工作车使用注意事项如下：

　　（1）房务工作车的轮子最好选用两个定向轮和两个万向轮。平时应定期加机油润滑以消声。

　　（2）推房务工作车要注意不要碰坏墙纸、墙角及其他设备，因工作不小心损坏了公物，当事人要负责赔偿损失。

　　（3）不能把撤出的布草和杯具放置在易耗品上，如房务车首层没有位置放，撤出的杯具可放在最底层；在易耗品柜及房务工作车内不能存放私人物品及食品；弄脏及折皱严重的洗衣单应处理掉，不能重复使用。

　　（4）脏抹布要按规定放入布草袋一侧的脏布草袋内，易拉罐倒干净后存放在一次性垃圾袋与布草袋之间的空位内，撤车时都放于工作间废品堆放处，统一处理。

　　（5）现行规定的物品摆放规格及数量是从轻便、美观、实用角度考虑的。一次补充太多备用品会增加房务工作车的负荷，使员工难以控制行走方向，容易发生碰撞现象，而且会消耗员工的体力。因此要求服务员视情况进行撤补。

（6）要保证每天清理一次房务工作车，做到车上无杂物、无灰尘、无污渍，并且每月要打一次蜡，不得在房务工作车上张贴任何商标、姓名、不干胶纸等。

（7）房务工作车在使用过程中，如发现螺钉松脱、车轮绕有杂物等问题，自己能解决的要及时处理，自己不能解决的要通知保养班进行维修处理。

临时通知及替换的电视节目卡						
饭店简介5本，旅游指南5本，各种杂志10本						
电报、传真纸10张，酒水价目单5张，干洗、水洗单各5张						
地图5张，意见卡10张，信纸50张，信封两款各20个						
明信片两款各10张，电话记录本10本，恭桶封条10个						
员工记事本		其他				
备品箱（详见图2-2）		茶杯10个，冷水杯、漱口杯各7个				
垃圾袋	罐回收处	面巾纸8盒 卷纸8卷	地巾 10条	洗衣袋 大购物袋 垃圾袋（小） 15个 10个 20个		脏布袋
		面巾30条 方巾30条		床单30条		布草袋
清洁篮		大浴巾30条		枕袋30个	浴帘 10个	

图2-1 房务工作车物品摆放示意图

红茶15包	浴帽 12个	铅笔 10支	圆珠笔 10支	火柴 14盒		大香皂 小香皂 各12块			
花茶15包									
龙井15包									
咖啡15包				梳子 10个	指甲锉 10个	针线包 10个	棉签 10个	洗发液 10个	沐浴液 10个
伴侣10包	牙具15套								
砂糖10包									

图2-2 备品箱物品摆放示意图

第二节　机器清洁设备

一、吸尘器

吸尘器应用范围很广，地板、家具、帘帐、垫套和地毯等均可用其清洁。吸尘器不但可以吸进其他清洁工具不能清除的灰尘，如缝隙、凹凸不平处、墙角以及形状各异的各种摆设上的尘埃，而且不会使灰尘扩散和飞扬，清洁程度和效果都比较理想。

吸尘器可分为主体和附件两部分。主体包括电动机、风机和吸尘部分（由过滤、储尘筒组成）；附件包括软管、接头弯管、塑接管（接长管）、刷头和扁吸嘴等。所有吸尘器配有一个组装刷头，供清理地毯及地板时用。吸力式吸尘器还配备一系列的清洁刷及吸嘴，以便清扫角落、窗帘、沙发和缝隙。吸尘器的主要附件有喉、圆刷头（又叫小吸嘴）、扁吸嘴、电动刷和扫尘刷。

1. 吸尘器的种类

按照操作原理及构造，吸尘器大致可分为直立式、吸力式和混合式三类。

（1）直立式吸尘器。直立式吸尘器借着吸尘刷的旋转振动力，先将地毯的绒毛拨开，使深藏其中的尘屑、污垢，尤其是地毯的致命物——沙粒，自绒毛中松脱出来，然后再把它们吸起。所以在地毯吸尘方面，这些吸尘器通常都会有很好的效果。

直立式吸尘器在地毯上操作非常简便，使用者不用弯腰曲背。不过由于直立式吸尘器的吸嘴通常较大，所以在清洁"矮脚"家具底下或其他浅窄的地方时，就不如圆筒形吸力式吸尘器方便。此外，直立式吸尘器在操作时发出的噪声也往往比吸力式大。

（2）吸力式吸尘器。这类吸尘器有多种款式，如圆筒形、长筒形等，但它们都有一个长吸管，用来接交各种配件，以配合不同的工作需要。由于这类吸尘器只是靠吸力去吸尘，所以它的发动机功率通常都比直立式吸尘器大。

在清洁效能方面，这类吸尘器由于没有电动旋转刷的辅助，对清理地毯的效力不是很显著。但由于它具备强劲的吸力，再加上一系列特别配件的帮助，对清理地板、家具、帘帐、较薄细软的织物垫套效果较好。由于备有"扁身"的吸管，可方便清理"矮脚"家具底下或其他浅窄的地方。

（3）混合式吸尘器。混合式吸尘器外形与吸力式大致相同，多采用圆筒式的设计。这类吸尘器除了具有强劲的吸力外，还备有电动的振动清洁刷，可随时装上使用。

由于在构造上集合了吸力式与直立式的优点，所以在清洁效能方面，混合式吸尘器就可以同时发挥两者的长处。

2. 吸尘器的使用

（1）使用前必须检查电线有无破损，插头有无破裂或松脱，以免引起触电事故；

（2）检查吸尘器头有无隔尘网片，机身耳钩是否损失或丢失；

（3）拉吸尘器时要一手抓吸尘器吸管，另一手拉吸尘器的把手，这样可方便拉动，避免碰撞其他物体；

（4）检查吸把转动是否灵活，发现有问题时要报告维修部检修，以免损坏把头和底部铁盒；

（5）吸尘器堵塞时，不要继续使用，以免增加吸尘器的负荷，烧坏电动机；

（6）发现地毯上有大件物体和尖硬物体时要捡起来，如果硬用吸尘器会损坏内部机件或造成吸管堵塞；

（7）吸尘后要检查吸尘器的轮子是否缠绕上杂物，若有，要及时清理，并加油；

（8）吸尘器每天使用完毕后，必须清理集尘袋，擦干净机身，将机头与机身分拆摆放好。

3. 吸尘器的维护与保养

为确保吸尘器的使用性能，延长其使用寿命，每次使用完毕后应按下列方法进行维护与保养。

（1）每次使用完毕，应先断开电源，然后将集尘袋（箱）中的灰尘清除干净（集尘袋可定期用温水清洗，然后在阳光下自然干燥），最后将零件拆开并清理干净收好；

（2）保持吸尘器附件清洁，如有灰尘污垢，可用湿布擦拭干净，然后在空气中自然干燥，切忌使用含有苯、汽油的溶液擦洗；

（3）检查机体和附件上的螺钉是否有松动现象，如有松动应立即紧固；

（4）将刷子上的毛发及线头清理干净；

（5）检查刷子的磨损情况，如发现磨损偏大，则应及时更换；

（6）定期更换轴承润滑油。可根据吸尘器使用次数，半年或一年更换一次。润滑油采用高速复合钙基脂或复合钠基脂，不可使用普通黄油；

（7）检查电动机和电刷，如有故障，应及时进行维修；

（8）使用中如出现故障，应立即切断电源，设法排除故障；

（9）使用吸尘器时应注意掌握时间，最好不要连续吸尘一小时以上，以免机器过热引发火灾。

二、洗地毯机

1. 洗地毯机简介

洗地毯机工作效率高，省力、省时、节电、节水。机身结构及配件用塑料玻璃钢和不锈钢制成。采用真空抽吸法，脱水率为70%左右，清洗后地毯即干。洗地毯机可清洗纯羊毛、化纤、尼龙、植物纤维等地毯。

洗地毯机主要由两个吸力泵、污水箱、净水箱、强力喷射水泵、电动机等构成，采用真空抽吸原理。真空抽吸、水泵喷射系统都设有过滤网纹，以保证电动机的正常工作。

洗地毯机在操作时，强力喷射、振荡刷洗、真空抽吸三个动作同时进行。

随机附带手提式吸嘴，能清洗楼梯、转角及任何隐蔽的地方。只要换上手提式吸嘴，便可清洗沙发、椅套等。

常用的洗地毯机有两种：一种是喷汽抽吸式地毯机，这种机器喷液、擦洗、吸水三个动作同步进行，洗涤力特别强，去污效果也好；但操作笨重，而且对地毯的破坏性较大，这种洗涤方式宜少用。另一种是干泡洗地毯机,有滚刷式和转刷式两种。其工作原理是:当发动机启动后,压缩机将用温水按比例配制的起泡式地毯香波高速打泡,然后喷射在地毯上,机器底部擦盘随即擦洗地毯,以使香波渗透到地毯根部,与地毯里的尘埃结成晶体。十几分钟后用吸尘器将结晶体吸去,或者用吸水机将地毯吸一遍,地毯便洗净干燥了。需要注意的是,洗地毯前将地毯彻底吸尘和去渍,才能达到预期效果。

干泡洗地毯的方法比较简便,对不太脏的地毯和纯羊毛地毯来说,清洗效果颇佳,而且对地毯损伤较小。

2. 洗地毯机的使用

地毯干泡清洁操作规程如下:

(1)用吸尘器对地毯做吸尘处理;

(2)用地毯除渍剂清除地毯上的各类污迹及香口胶;

(3)按比例将洗地毯水兑水后加入电子打泡箱内;

(4)将洗地毯机套上地毯刷,接上电源;

(5)打开打泡箱开关,将泡沫均匀地擦在地毯上;

(6)控制洗地毯机的走向,由左至右,保持40米/分的速度为宜;

(7)操作机械在地毯上来回洗刷3~4次,上下行距互叠10厘米;

(8)用毛刷擦洗边角,抹干地毯上的泡沫;

(9)用地毯吹干机吹干地毯;

(10)工作完毕,用清水冲洗打泡箱和地毯刷。

三、吸水机

吸水机外形有筒形和车厢形两种,机身由塑料或不锈钢材料制成,分为固定型和活动型两种,机身下有4个转轮,操作时省时省力。固定型吸水机吸水量为9~65升,活动型吸水机吸水量为27~73升。吸水机主要部件是真空泵、蓄水桶和吸水刷。吸水机通常采用"旁路冷却系统",该系统可确保安全,在吸水时不会因水分透过电气部分而导致器件烧毁。

吸水机的功能是对洗刷后的地毯进行抽吸,使残存于地毯中的污物彻底清除。

吸水机的配件根据喉管直径的大小配备,例如喉管直径为40毫米的配件有胶接管、高空吸嘴、扁平吸嘴、圆吸嘴、收窄嘴、软喉管(长0.8米和2.5米各一根)、地毯吸嘴、吸水嘴、吸尘嘴、电镀接管、有轮吸尘嘴等。

使用方法和用吸尘器的方法基本相同,接通电源即可操作,蓄水桶吸满后要及时放掉。

另外还有吸尘吸水两用机,又称干湿两用吸尘器。此类机器既可用来吸尘,清理地板、家具和帘帐,又可以用来吸水。

使用方法和用吸尘器的方法基本相同,先把选择开关拨至吸水档位后,即可操作,蓄水桶吸满后及时放掉。

吸水机使用完毕后,要做好维护保养工作。拆卸时,动作要轻,将各种配件刷洗干净，晾干后装入配件箱内。

四、洗地机

1. 洗地机简介

洗地机又称擦地吸水机，它具有擦洗机和吸水机的功能。洗地机装有双电动机，集喷、擦、吸于一身，可将擦洗地面的工作一步完成，适用于对饭店的大厅、走廊、停车场等面积大的地方的清洗，是提高饭店清洁卫生水平不可缺少的工具之一。

洗地机主要由控制杆和机身两大部分组成。控制杆上有电动机安全开关、清洁剂活门、手柄调节控制杆、橡皮拖把控制杆。机身主要有剩余清洁剂吸嘴、吸管接头、吸管、吸嘴、支座、污水箱、自动关闭系统、刷子和垫子、防撞轮、清洁箱、清洁液调节器、方向调节旋钮等部件。

洗地机的活动手柄有多个角度可供选择，以便不同身高的人都能操作，而且在机身的转动和在窄通道工作时也都方便，机内设有两个强劲的电动机，采用"旁路冷却系统"。考虑到室外供电问题，还设计有使用蓄电池供电的洗地机。

洗地机使用前先检查各个部件是否完好；当打开吸水机开关时，应注意查看污水箱是否保持密封，以防污水外溢；清洗工作完毕，将吸水系统剩余清洁液抽至污水箱里，便于倾倒。每次使用后，应把各种配件清洗干净，晾干后妥善保存起来。

2. 洗地机的使用

自动洗地机的操作步骤如下：

（1）将清洁剂按1∶20的比例兑水注入清水箱内；

（2）装好吸水刮后，启动电源开关，放下洗地刷和吸水刮，扳动水制开关；

（3）启动吸水机电源，手推操作杆，以60米/分的速度前进，洗地和吸水同时进行；

（4）洗地机洗地时，行与行之间要互叠10厘米，以免漏洗；

（5）洗地完毕用干毛巾将地面特别是边角位的水迹抹干净，以免影响打蜡质量。

五、打蜡机

1. 打蜡机简介

打蜡机有单刷、双刷及三刷机。单刷机使用最广。单刷机的速度有慢速（120~175转/分）、中速（175~300转/分）、高速（300~500转/分）和超高速（1 000转/分）。慢速及中速较适合于洗擦地板，高速则用于打蜡及喷磨工作。

打蜡机主要配件有尼龙刷——洗地板用（不同硬度的尼龙刷，可分别用来洗地、磨蜡、喷磨地板等），水箱——洗擦地板用，喷壶、喷嘴——喷蜡水用，集尘袋——吸尘用。

2. 打蜡机的使用

（1）地面打蜡、抛光。

①打蜡时，首先检查机上喷壶是否加满保养清洁蜡；

②将控制杆调节到合适的高度；

③机体底盘针座接合抛光垫，保持机身与地面平行；

④接通电源，按动机身电源开关，使底盘转动，当手柄提升时，机身向右移动，当手柄向下时，机身向左移动；

⑤当操纵机械从左到右移动时，拉动喷蜡控制杆将蜡水喷出，由底盘抛光垫将蜡水均匀涂在地面上；

⑥打蜡前，用干地拖将地面灰尘、沙粒拖干净。打蜡时，落蜡要均匀，上下互叠10厘米，每推100厘米喷蜡一次；

⑦喷蜡完成后，换另一干净抛光垫进行地面抛光；

⑧抛光推进速度以保持在50米/分为宜，来回抛光3~5次，直至光亮为止。

（2）高速抛光。

①使用高速抛光机操作，将高速抛光垫安装在抛光机转盘底部针座上，平放在地面；

②将控制杆调节到适合高度，接上电源；

③按动机身上的电源开关，转盘转动，即可进行抛光；

④抛光时，推进速度不能太快，应保持50米/分的速度；

⑤抛光时，上下行距应互叠10厘米，以免漏抛光。

（3）起蜡。

①起蜡前，将"暂停使用"告示牌放在工作现场出入口或周边位置；

②用150转/分速度的擦地机连清水箱进行操作，将起蜡水按1∶10的比例兑水注入水箱中；

③套好针座及洗地百洁刷；

④擦地机接通电源，按动机身电源开关，拉动水箱控制杆，将起蜡水均匀擦在地面上；

⑤控制机械保持以50米/分的速度进行刷地起蜡工作；

⑥控制机械走向，由左到右来回走动2~3次；

⑦上下行距之间互叠10厘米；

⑧洗地起蜡完成后，用吸水机把起蜡水吸干净；

⑨用自动洗地机来回过清水两次；

⑩边角位用长柄手刷擦抹干净；

⑪待地面吹干后才可以进行封蜡。

（4）封蜡。

①将落蜡拖头套在落蜡架上；

②把拖头浸透蜡水；

③把拖头放在压水器上压干少许；

④操作时要一层一层地将蜡水均匀涂在地面上（一般涂3~5层），待每层蜡水干透后，才可进行后面的封蜡操作；

⑤封蜡结束一般需过6小时后才用1 000转/分以上的高速抛光机进行抛光，直至光亮为止。

（5）"结晶"蜡打磨。

①使用300转/分刷地机、针座、百洁刷、钢丝垫进行操作；

②打磨前地面要先清洁，如有旧蜡要起蜡；

③喷蜡后以50米/分的速度进行打磨；

④喷蜡要均匀，反复喷磨3~5次；

⑤将钢丝垫上的灰尘用吸尘器吸干净，不能水洗。

（6）"水晶"蜡打磨。

①使用300转/分刷地机和棕色（粗）、灰色（幼细）磨光垫进行操作；

②打磨前地面要清洁，如有旧蜡要起蜡；

③喷蜡后先用棕色磨光垫打磨，反复喷磨4~5次；

④换上灰色磨光垫再喷磨4~5次即可。

六、高压喷水机

这种机器往往有冷热水两种设计，一般用于垃圾房、外墙、停车场、游泳池等处的冲洗，也可加入清洁剂使用。附有加热器的喷水机水温可高达沸点，故更适合在清除油污的场合使用。

第三节　清洁剂

清洁剂主要有以下6种：

1. 酸性清洁剂

酸性清洁剂通常为液体，少数呈粉状，主要用于对卫生间的清洁。酸能中和尿碱、水泥等顽固斑垢，因此，一些强酸可用于计划卫生。但其缺点是有腐蚀性，对使用者皮肤易造成损伤，所以其用量及使用方法都需特别留意，且不得用于地毯、地板、木器家具和金属器皿上。

2. 中性清洁剂

中性清洁剂有液状、粉状、膏状之分。因其配方温和，不腐蚀和损伤任何物品，所以适用范围更广。其主要功能是除污清洁。现在饭店广泛使用的多功能清洁剂即属此种（也有些多功能清洁剂偏弱碱性）。它可起到清洗和保护被清洗物品的作用，用于日常卫生，是最理想的一种清洁剂，其缺点是无法或很难清除积聚严重的污垢。

3. 碱性清洁剂

碱性清洁剂有液体、乳状、粉状、膏状之分。对于清除一些油脂类脏垢和酸性污垢有较好的效果。使用前应稀释若干倍，使用后要用清水漂洗，否则时间长了会损伤被清洁物品的表面。

碱性和中性清洁剂并非只含纯碱（碳酸钠），为增加除污效果，提高清洁功效，还会含有大量其他化合物。

4. 表面活性剂

表面活性剂是一种最常用的、用量最大的活性剂，它能有效减小溶剂表面张力，使污垢与被清洁物的结合力降低。表面活性剂若能与其他化合物有机结合，即可成为高品质的清洁剂。

除表面活性剂外，清洁剂中还含有其他化合物，如漂白剂、泡沫稳定剂、香精、色料等，主要目的是增加清洁功效。

5. 上光剂

上光剂也叫抛光剂，主要有以下几种：

（1）省铜剂，也叫擦铜水，呈糊状。

（2）金属上光剂，含微量磨蚀剂、脂肪酸以及有机溶剂和水。

（3）地面蜡。地面蜡有封蜡和面蜡之分。

6. 溶剂类

溶剂为挥发性液体，常用于去除油垢，又可使怕水的物体避免水的浸湿。

第四节　清洁方法

一、去污除渍基本原则

（1）有了污渍要及时清除。

（2）清除污渍前要弄清造成污渍的原因、污渍的种类与性质、受污染材料的种类与特征。

（3）根据污渍的种类、性质与受污染材料的种类及特性选择清洁剂、清洁工具和操作方法。

（4）先做试验，检测效果。

（5）不要指望一次使用很多、很强的清洁剂一下子去除污渍，多次使用一种或者使用几种弱溶液去除污渍比前者的效果好得多。

（6）使用清洁剂前通常要预湿，这样可以减轻清洁剂对物品的损害。

（7）要避免污渍扩散而增加污渍面积，去除污渍应由外向内。

（8）清除力度要适中，过轻则无效，过重则容易损坏物品。

（9）要使用白色织物做抹布，避免染色。

（10）必要时请专业人员协助指导，不要盲目行事。

（11）如对造成污染的原因及污渍的种类和性质不清楚，则应按下列程序操作：

①用海绵蘸冷盐水擦洗；

②如去除不掉，则加温水浸泡30分钟左右；

③如仍去除不掉，则用生物剂溶液浸泡30分钟，再用清水清洁；

④如仍去除不掉，试用热合成剂溶液清洗，因高温可激活漂白能力；

⑤若仍去除不掉，吸干水分，用溶媒基清洁剂清除；

⑥若仍去除不掉，再吸干水分，用酸性去污剂清除；

⑦若仍去除不掉，还要吸干水分，用碱性去污剂清除；

⑧去除污渍最重要的是要耐心和细心。

（12）用过清洁剂后要用清水过洗，以减少残留物。

（13）污渍清除后，要对清洁的物体做必要的处理，如洗涤、烘干、清除痕迹，恢复原状。

如果原物品表面是经过特殊处理的，事后还要重新处理。

二、去污除渍的方法

1. 纺织品（地毯）上污渍的消除

（1）血渍：血渍最好是在血液未干时就处理。常用的方法是先用纸巾或干布将血液吸干，然后用冷盐水浸泡、清洗或用软而干净的抹布擦洗、吸干，再用清水过洗、吸干，最后清除清洗痕迹。

（2）口香糖：将口香糖去除剂喷在口香糖上，硬化后用钝刀将其刮除或用硬物将其敲碎、剔除。

（3）墨水：最好在未干时用纸巾或干布或吸水的滑石粉将其吸干，再用牛奶和柠檬汁或热盐水清洗，如仍有斑迹，可用少量漂白剂擦拭、吸干，最后用清水过洗、吸干。

（4）果汁：最好在未干时用纸巾或干布将其吸干，再用热水加硼砂擦拭，用清水过洗、吸干。

（5）油脂：先用纸巾吸干，再用热碱性溶液或溶剂擦洗，然后过洗、吸干。

（6）咖啡：在未干前用纸巾或干布将其吸干，再用热水加硼砂清除，最后用清水过洗、吸干。如仍有斑迹，可用少量漂白剂清除。

（7）尿液：在未干前用纸巾或干布将其吸干，然后用酸性溶液或白醋擦洗、吸干，再用温水过洗、吸干。

（8）指甲油：用丙酮溶液擦洗。

（9）唇膏：用合成清洁剂溶液洗涤或用冷水加甘油或凡士林擦洗。

（10）鞋油：用干洗剂擦拭，如有色斑，可用少量漂白剂擦拭。

（11）油漆：要尽快处理，要用甘油软化，然后用松节油擦拭。

（12）茶水：用中性清洁剂擦洗、吸干，再用清水过洗、吸干。

（13）牛奶、冰淇淋、巧克力：先吸干或刮除，再用干洗剂擦洗，然后用清水过洗、吸干。

（14）呕吐物：先刮除或吸干，再用碱性溶液或干洗剂擦洗，用温水过洗、吸干。

（15）蜡迹：将蜡渍刮去，在斑迹上铺上湿布，用熨斗熨烫，使蜡熔化被湿布吸干。

（16）番茄酱：先将其刮去，用中性清洁剂溶液擦洗、吸干，再用清水过洗、吸干。如有斑迹，可用少量漂白剂清除。

（17）葡萄酒：先吸干，然后用中性清洁剂溶液擦洗、吸干，再用温水过洗、吸干。

（18）烧痕：轻度烧伤的地毯，可用软刷轻刷，将烧焦的纤维清除，或用剪刀将烧焦的部分剪去，然后用中性清洁剂溶液擦洗、吸干，过洗、再吸干，最后用软刷将周围的纤维梳理好，清除痕迹。烧得比较严重的地毯，痕迹明显，无法用一般方法清除，则将烧焦部分剃除，再用同样大小、相同质量的地毯补上。补的办法有胶贴法和织补法等。无论用何种方法，都要尽量不留痕迹。

（19）压痕：对地毯压痕，可用蒸汽熨斗熨烫，然后用软刷梳理纤维即可。

2. 皮革、塑料制品上污渍的清除

（1）油漆：用松节油清除，再用肥皂水擦洗。

（2）油脂：先用纸巾或干布擦拭，再用溶剂擦洗，最后用清水过洗、擦干。

（3）墨水：用纯酒精擦拭，再用干净的湿布擦拭，最后用布擦干。

皮革制品除迹后，可用专用皮革护理剂擦拭保养，以保持皮革的柔软性和光泽。

3. 墙纸、墙布上污渍的清除

（1）唇膏：用软布蘸上酒精等溶剂类清洁剂轻轻擦拭，色斑用酒精或氨水清除。

（2）食品：用软布轻抹，如有油脂，用溶剂类清洁剂擦拭，再用酒精或氨水去除色斑。

（3）油脂：用溶剂擦拭，或在其上面铺上湿布，用熨斗熨烫。

（4）墨水：先立即吸干，用温水擦拭，再用酒精或氨水去除色斑。

（5）油漆：用松节油等溶剂擦拭。

（6）手印等一般污渍：用软刷、牙膏擦拭，再用干布擦干。

4. 木质面层上污渍的清除

（1）墨水：立即用纸巾或干布抹干。

（2）酒精、香水：立即用纸巾或干布抹干，再用薄荷油或柠檬汁、橄榄油涂擦、抹干、抛光。

（3）蜡液或油脂：可用干布抹除，必要时可用肥皂水清洗，但要立即抹干，避免受潮，然后用上光剂擦拭。

（4）烧痕：用粗制亚麻籽油和细滑石粉擦拭，再涂油、抹干后用软布擦拭。

（5）轻微凹痕：用纸巾或软布盖住，再用熨斗熨烫。

（6）刮伤：用上光蜡或清漆涂擦。

第五章　相关法律、法规常识

　　我国是一个法制化的国家，改革开放以来正在大力进行法制建设。法治社会的重要标志之一，是企业的生产经营活动、劳动者的执业活动和社会生活都必须在法律的规范和保护下进行。饭店行业处于社会的一个重要节点：对内存在着员工与员工、下级与上级、员工与饭店的关系；对外存在着饭店与客人、饭店与旅行社和接待单位、饭店与供应商协作单位、饭店与饭店、饭店与社会、饭店与环境、饭店与政府管理部门等错综复杂的关系，这些关系都需要通过法律手段来协调和规范。因此，饭店从业人员必须知法、懂法、守法，并且学会运用法律来保护自己和企业的合法权益。

第一节　劳动法相关知识

一、劳动法

　　劳动法是指调整劳动关系以及与劳动关系密切联系的社会关系的法律规范的总称，包括《中华人民共和国劳动法》及其他相关法律、法规。
　　我国劳动法的基本原则是：
　　（1）公民有劳动的权利和义务；
　　（2）各尽所能，按劳分配，在发展生产的基础上提高劳动报酬和福利待遇；
　　（3）劳动者享有休息和劳动保护的权利；
　　（4）劳动者有获得物质帮助的权利；
　　（5）劳动者有遵守劳动纪律的义务；
　　（6）劳动者有权依法参加和组织工会及参与民主管理；
　　（7）在劳动方面，男女平等、民族平等。

二、劳动合同

　　劳动合同是劳动者与用人单位确立劳动关系，明确双方权利和义务的协议。建立劳动关系应当订立劳动合同。
　　劳动合同的基本内容就是规定用人单位和劳动者双方的权利及义务。在不违背国家法律的前提下，劳动合同一经签订，即具有法律效力，成为双方必须遵守的行为准则，违者要承担法律责任。在现代法制社会里，用人单位与劳动者之间存在着错综复杂的利益关系，只有用法制手段才能有效地加以规范。劳动合同制是我国劳动制度现代化和法制化的重要手段。

劳动合同按照合同期限分为三种：有固定期限的劳动合同、无固定期限的劳动合同和以完成一定的工作为期限的劳动合同。

我国劳动法还规定，企业职工一方可以与企业签订集体合同。集体合同是由工会代表职工（没有建立工会的，由职工推举代表）与企业就劳动报酬、工作时间、休息休假、劳动安全卫生、保险福利等事项经过协商一致后签订的书面协议。集体合同制度有利于充分发挥工会的积极性，从整体上维护劳动者的合法权益。

1. 劳动合同的订立

（1）订立和变更劳动合同，应当遵循平等自愿、协商一致的原则，不得违反法律、行政法规的规定。劳动合同依法订立后即具有法律约束力，当事人必须履行劳动合同规定的义务。

（2）下列劳动合同无效：

①违反法律、行政法规的劳动合同；

②采取欺诈、威胁等手段订立的劳动合同。

无效的劳动合同，从订立的时候起，就没有法律约束力。确认劳动合同部分无效的，如果不影响其余部分的效力，其余部分仍然有效。劳动合同的无效，由劳动争议仲裁委员会或者人民法院确认。

（3）劳动合同应当以书面形式订立，并具有以下条款：

①劳动合同期限；

②工作内容；

③劳动保护和劳动条件；

④劳动报酬；

⑤劳动纪律；

⑥劳动合同中止的条件；

⑦违反劳动合同的责任。

劳动合同除前款规定的必备条款外，当事人还可以协商约定其他内容。

（4）劳动者在同一用人单位连续工作满十年、当事人双方同意续延劳动合同的，如果劳动者提出订立无固定期限劳动合同，应当订立无固定期限的劳动合同。

（5）劳动合同可以约定试用期，但试用期最长不得超过六个月。

（6）劳动合同当事人可以在劳动合同中约定保守用人单位商业秘密的有关事项。

2. 劳动合同的解除

（1）劳动期满或者当事人约定的劳动合同中止条件出现，劳动合同即行终止。

（2）经劳动合同当事人协商一致，劳动合同可以解除。

（3）劳动者有下列情形之一的，用人单位可以解除劳动合同：

①在试用期期间被证明不符合录用条件的；

②严重违反劳动纪律或者用人单位规章制度的；

③严重失职，营私舞弊，对用人单位利益造成重大损害的；

④被依法追究刑事责任的。

（4）有下列情形之一的，用人单位可以解除劳动合同，但是应该提前三十日以书面形式通知劳动者本人：

①劳动者患病或者非因负伤，医疗期满后，不能从事原工作也不能从事由用人单位另行安排的工作的；

②劳动者不能胜任工作，经过培训或者调整工作岗位，仍不能胜任工作的；

③劳动合同订立时所依据的客观情况发生重大变化，致使原劳动合同无法履行，用人单位与当事人就变更劳动合同经协商达不成协议的。

（5）用人单位濒临破产进行法定整顿期间或者生产经营状况发生严重困难，确需裁减人员的，应当提前三十日向工会或者全体职工说明情况，听取工会或者职工的意见，经向劳动行政部门报告后，可以裁减人员，但在六个月内录用人员时，应当优先录用被裁减的人员。

《劳动法》第二十八条规定：用人单位依据本法第二十四条、第二十六条、第二十七条的规定解除劳动合同的，应当依照国家有关规定给予经济补偿。

第二十九条规定：劳动者有下列情形之一的，用人单位不得依据本法第二十六条、第二十七条的规定解除劳动合同：

①患职业病或者因负伤并被确认丧失或者部分丧失劳动能力的；

②患病或者负伤，在规定的医疗期内的；

③女职工在孕期、产期、哺乳期内的；

④法律、行政法规规定的其他情形。

第三十条规定：用人单位解除劳动合同，工会认为不适当的，有权提出意见。如果用人单位违反法律、法规或者劳动合同，工会有权要求重新处理；劳动者申请仲裁或者提起诉讼的，工会应当依法给予支持和帮助。

第三十一条规定：劳动者解除劳动合同，应当提前三十日以书面形式通知用人单位。

第三十二条规定：有下列情形之一的，劳动者可以随时通知用人单位解除劳动合同：

①在试用期内；

②用人单位以暴力、威胁或者非法限制人身自由的手段强迫劳动的；

③用人单位未按照劳动合同约定支付劳动报酬或者提供劳动条件的。

第三十三条规定：企业职工一方与企业可以就劳动报酬、工作时间、休息休假、劳动安全卫生、保险福利等事项签订集体合同。集体合同草案应当提交职工代表大会或者全体职工讨论通过。

第三十四条规定：集体合同签订后应当报送劳动行政部门；劳动行政部门自收到集体合同文本之日起十五日内未提出异议的，集体合同即行生效。

第三十五条规定：依法签订的集体合同对企业和企业全体职工具有约束力。职工与企业订立的劳动合同中劳动条件和劳动报酬等标准不得低于集体合同的规定。

三、权利与义务

1. 劳动者享有的权利和义务

《劳动法》第三条规定：劳动者享有平等就业和选择职业的权利、取得劳动报酬的权利、休息休假的权利、获得劳动安全卫生保护的权利、接受职业技能培训的权利、享受社会保险和福利的权利、提请劳动争议处理的权利以及法律规定的其他劳动权利。

劳动者应当完成劳动任务，提高职业技能，执行劳动安全卫生规程，遵守劳动纪律和职业道德。

2. 工作时间和休息休假

（1）《劳动法》第三十六条规定：国家实行劳动者每日工作时间不超过八小时，平均每周工作时间不超过四十四小时的工时制度。

（2）第三十八条规定：用人单位应当保证劳动者每周至少休息一日。

（3）第四十四条规定：有下列情形之一的，用人单位应当按照下列标准支付高于劳动者正常工作时间工资的工资报酬：

① 安排劳动者延长工作时间的支付不低于工资的百分之一百五十的工资报酬；

② 休息日安排劳动者工作又不能安排补休的，支付不低于工资的百分之二百的工资报酬；

③ 法定休假日安排劳动者工作的，支付不低于百分之三百的工资报酬。

第四十五条规定：国家实行带薪年休假制度。

劳动者连续工作一年以上的，享受带薪年休假，具体办法由国务院规定。

3. 劳动安全与女职工的特殊保护

（1）劳动安全。

《劳动法》第五十二条规定：用人单位必须建立、健全劳动安全卫生制度，严格执行国家劳动安全卫生规程和标准，对劳动者进行劳动安全卫生教育，防止劳动过程中的事故，减少职业危害。

第五十三条规定：劳动安全卫生设施必须符合国家规定的标准。

新建、改建、扩建工程的劳动安全卫生设施必须与主体工程同时设计、同时施工、同时投入生产和使用。

第五十四条规定：用人单位必须为劳动者提供符合国家规定的劳动安全卫生条件和必要的劳动防护用品，对从事有职业危害作业的劳动者应当定期进行健康检查。

第五十五条规定：从事特种作业的劳动者必须经过专门培训并取得特种作业资格。

第五十六条规定：劳动者在劳动过程中必须严格遵守安全操作规程。

劳动者对用人单位管理人员违章指挥、强令冒险作业，有权拒绝执行，对危害生命安全和身体健康的行为，有权提出批评、检举和控告。

第五十七条规定：国家建立伤亡事故和职业病统计报告和处理制度。县级以上各级人民政府劳动行政部门、有关部门和用人单位应当依法对劳动者在劳动过程中发生的伤亡事故和劳动者的职业病状况，进行统计、报告和处理。

（2）女职工特殊保护。

《劳动法》第五十八条规定：国家对女职工和未成年职工实行特殊保护。

第五十九条规定：禁止安排女职工从事矿山井下、国家规定的第四级体力劳动强度的劳动和其他禁忌从事的劳动。

第六十条规定：不得安排女职工在经期从事高处、低温、冷水作业和国家规定的第三级体力劳动强度的劳动。

第六十一条规定：不得安排女职工在怀孕期间从事国家规定的第三级体力劳动强度的劳动和孕期禁忌从事的劳动。对怀孕七个月以上的女职工，不得安排其延长工作时间和夜班劳动。

第六十二条规定：女职工生育享受不少于九十天的产假。

第六十三条规定：不得安排女职工在哺乳未满一周岁的婴儿期间从事国家规定的第三级体力劳动强度的劳动和哺乳期禁忌从事的其他劳动，不得安排其延长工作时间和夜班劳动。

4. 培训、社会保险与福利

（1）培训。

《劳动法》第六十六条规定：国家通过各种途径，采取各种措施，发展职业培训事业，开发劳动者的职业技能，提高劳动者素质，增强劳动者的就业能力和工作能力。

第六十七条规定：各级人民政府应当把发展职业培训纳入社会经济发展的规划，鼓励和支持有条件的企业、事业组织、社会团体和个人进行各种形式的职业培训。

第六十八条规定：用人单位应当建立职业培训制度，按照国家规定提取和使用职业培训经费，根据本单位实际，有计划地对劳动者进行职业培训。

从事技术工种的劳动者，上岗前必须经过培训。

第六十九条规定：国家确定职业分类，对规定的职业制定职业技能标准，实行职业资格证书制度，由经过政府批准的考核鉴定机构负责对劳动者实施职业技能考核鉴定。

（2）社会保险。

《劳动法》第七十条规定：国家发展社会保险事业，建立社会保险制度，设立社会保险基金，使劳动者在年老、患病、工伤、失业、生育等情况先获得帮助和补偿。

第七十二条规定：社会保险基金按照保险类型确定资金来源，逐步实行社会统筹，用人单位和劳动者必须依法参加社会保险，缴纳社会保险费。

5. 劳动争议

《劳动法》第七十九条规定：劳动争议发生后，当事人可以向本单位劳动争议调解委员会申请调解；调解不成，当事人一方要求仲裁的，可以向劳动争议仲裁委员会申请仲裁。当事人一方也可以直接向劳动争议仲裁委员会申请仲裁。对仲裁裁决不服的，可以向人民法院提出诉讼。

第八十条规定：在用人单位内，可以设立劳动争议调解委员会。劳动争议调解委员会由职工代表、用人单位代表和工会代表组成。劳动争议调解委员会主任由工会代表担任。

劳动争议经调解达成协议的，当事人应当履行。

第八十一条规定：劳动争议仲裁委员会由劳动行政部门代表、同级工会代表、用人单位的代表组成。劳动争议仲裁委员会主任由劳动行政部门代表担任。

第八十二条规定：提出仲裁要求的一方应当自劳动争议发生之日起六十日内向劳动争议仲裁委员会提出书面申请。仲裁裁决一般应在收到仲裁申请的六十日内作出。对仲裁裁决无异议的，当事人必须履行。

第八十三条规定：劳动争议当事人对仲裁裁决不服的，可以自收到仲裁裁决书之日起十五日内向人民法院提出诉讼。一方当事人在法定期限内不起诉又不履行仲裁裁决的，另一方当事人可以申请人民法院强制执行。

第二节　消费者权益保护法相关知识

《中华人民共和国消费者权益保护法》于1993年10月31日经第八届全国人大常委会第四次会议通过，自1994年1月1日起施行。该法是保护消费者的合法权益，维护社会经济秩序，促进社会主义市场经济健康发展的一个重要法律。消费者权益保护法规定，经营者与消费者进行交易，应当遵循自愿、平等、公平、诚实信用的原则。

一、消费者的权利

国家保护消费者的合法权益不受侵害。保护消费者的合法权益是全社会的共同责任。消费者权益保护法规定消费者依法享有如下权利：

（1）消费者在购买、使用商品和接受服务时享有人身、财产安全不受侵害的权利。消费者有权要求经营者提供的商品和服务，符合保障人身、财产安全的要求。

（2）消费者享有知悉其购买、使用的商品或者接受的服务的真实情况的权利。消费者有权根据商品或者服务的不同情况，要求经营者提供商品的价格、产地、生产者、用途、性能、规格、等级、主要成分、生产日期、有效期限、检验合格证明、使用方法说明书、售后服务，或者服务的内容、规格、费用等有关情况。

（3）消费者享有自主选择商品或者服务的权利。消费者有权自主选择提供商品或者服务的经营者，自主选择商品品种或者服务方式，自主决定购买或者不购买任何一种商品、接受或者不接受任何一项服务。消费者在自主选择商品或者服务时，有权进行比较、鉴别和挑选。

（4）消费者享有公平交易的权利。消费者在购买商品或者接受服务时，有权获得质量保障、价格合理、计量正确等公平交易条件，有权拒绝经营者的强制交易行为。

（5）消费者因购买、使用商品或者接受服务受到人身、财产损害的，享有依法获得赔偿的权利。

（6）消费者享有依法成立维护自身合法权益的社会团体的权利。

（7）消费者享有获得有关消费和消费者权益保护方面的知识的权利。消费者应当努力掌握所需商品或者服务的知识和使用性能，正确使用商品，提高自我保护意识。

（8）消费者在购买、使用商品和接受服务时，享有其人格尊严、民族风俗习惯得到尊重的权利。消费者享有对商品和服务以及保护消费者权益工作进行监督的权利。消费者有权检举、控告侵害消费者权益的行为和国家机关及其工作人员在保护消费者权益工作中的违法失职行为，有权对保护消费者权益工作提出批评、建议。

国家采取措施，保障消费者依法行使权力，维护消费者的合法权益。国家鼓励、支持一切组织和个人对损害消费者合法权益的行为进行社会监督。大众传播媒介应当做好维护消费者合法权益的宣传，对损害消费者合法权益的行为进行舆论监督。

二、经营、服务者的义务

（1）经营、服务者向消费者提供商品或者服务，应当依照《中华人民共和国产品质量法》和其他有关法律、法规的规定履行义务。经营、服务者和消费者有约定的，应当按照约定履行义务，但双方的约定不得违背法律、法规的规定。

（2）经营、服务者应当听取消费者对其提供的商品或者服务的意见，接受消费者的监督。

（3）经营、服务者应当保证其提供的商品或者服务符合保障人身、财产安全的要求。对可能危及人身、财产安全的商品和服务，应当向消费者做出真实的说明和明确的警示，并说明和标明正确使用商品或者接受服务的方法以及防止危害发生的方法。经营、服务者发现其提供的商品或者服务存在严重缺陷，即使正确使用商品或者接受服务仍然可能对人身、财产安全造成危害的，应当立即向有关行政部门报告和告知消费者，并采取防止危害发生的措施。

（4）经营、服务者应当向消费者提供有关商品或者服务的真实信息，不得做引人误解的虚假宣传。经营、服务者对消费者就其提供的商品或者服务的质量和使用方法等问题提出的询问，应当做出真实、明确的答复。商店提供商品应当明码标价。

（5）经营、服务者应当标明其真实名称和标记。租赁他人柜台或者场地的经营、服务者，应当标明其真实名称和标记。经营、服务者提供商品或者服务，应当按照国家有关规定或者商业惯例向消费者出具购货凭证或者服务单据；消费者索要购货凭证或者服务单据的，经营、服务者必须出具。经营、服务者应当保证在正常使用商品或者接受服务的情况下其提供的商品或者服务应当具有的质量、性能、用途和有效期限；但消费者在购买该商品或者接受该服务前已经知道其存在瑕疵的除外。经营、服务者以广告、产品说明、实物样品或者其他方式表明商品或者服务的质量状况的，应当保证其提供的商品或者服务的实际质量与表明的质量状况相符。

（6）经营、服务者提供商品或者服务，按照国家规定或者与消费者的约定，承担包修、包换、包退或者其他责任的，应当按照国家规定或者约定履行，不得故意拖延或者无理拒绝。

（7）经营、服务者不得以格式合同、通知、声明、店堂告示等方式做出对消费者不公平、不合理的规定，或者减轻、免除其损害消费者合法权益应当承担的民事责任。

（8）经营、服务者不得对消费者进行侮辱、诽谤，不得搜查消费者的身体及其携带的物品，不得侵犯消费者的人身自由。

三、法律责任

《中华人民共和国消费者权益保护法》规定的法律责任主要包括民事责任和刑事责任。

（1）《中华人民共和国消费者权益保护法》规定：经营者提供商品或者服务有下列情形之一的，除本法另有规定外，应当按照《中华人民共和国产品质量法》和其他有关法律、法规的规定，承担相应的民事责任：

①商品存在缺陷的；

②不具备商品应当具备的使用性能而出售时未做说明的；

③不符合在商品或者其包装上注明采用的商品标准的；

④不符合商品说明、实物样品等方式表明的质量状况的；

⑤生产国家明令淘汰的商品或者销售失效、变质的商品的；

⑥销售的商品数量不足的；

⑦服务的内容和费用违反规定的；

⑧对消费者提出的修理、重做、更换、退货、补足商品数量、退还货款和服务费用或赔偿损失的要求，故意拖延或者无理拒绝的；

⑨法律、法规规定的其他损害消费者权益的情形。

（2）经营、服务者提供商品或者服务，造成消费者或者其他受害人人身伤害的，应当支付医疗费、治疗期间的护理费、因误工减少的收入等费用，造成残疾的，还应当支付残疾者生活自助费、生活补助费、残疾赔偿金以及由其扶养的人所必需的生活费等费用；构成犯罪的，依法追究刑事责任。

（3）经营、服务者提供商品或者服务，造成消费者或者其他受害人死亡的，应当支付丧葬费、死亡赔偿金以及由死者生前扶养的人所必需的生活费等费用；构成犯罪的，依法追究刑事责任。

（4）经营、服务者违反本法第二十五条规定，侵害消费者的人格尊严或者侵犯消费者人身自由的，应当停止侵害，恢复名誉，消除影响，赔礼道歉，并赔偿损失。

（5）经营、服务者提供商品或者服务，造成消费者财产损害的，应当按照消费者的要求，以修理、重做、更换、退货、补足商品数量、退还货款和服务费用或者赔偿损失等方式承担民事责任。消费者与经营、服务者另有约定的，按照约定履行。

（6）对国家规定或者经营者与消费者约定包修、包换、包退的商品，经营者应当负责修理、更换或者退货。在保修期内两次修理仍不能正常使用的，经营者应当负责更换或者退货。对包修、包换、包退的大件商品，消费者要求经营者修理、更换、退货的，经营者应当承担运输等合理费用。

（7）经营、服务者以预收款方式提供商品或者服务的，应当按照约定提供。未按照约定提供的，应当按照消费者的要求履行约定或者退回预付款，并应当承担预付款的利息、消费者支付的合理费用。

（8）经营、服务者提供商品或者服务有欺诈行为的，应当按照消费者的要求增加赔偿其受到的损失，增加赔偿的金额为消费者购买商品的价款或者接受服务的费用的一倍。

第三节　治安管理处罚条例相关知识

《中华人民共和国治安管理处罚条例》于 1994 年 5 月 12 日经第八届全国人大常委会第七次会议通过，自公布之日起施行。该条例是加强治安管理，维护社会秩序和公共安全，保护公民的合法权益，保障社会主义现代化建设的顺利进行的一个重要法规。

公安机关对违反治安管理，扰乱社会秩序，妨害公共安全，侵犯公民人身权利，侵犯公私财产，但又尚不够刑事处罚的人，坚持教育与处罚相结合的原则。

一、处罚的种类

对违反治安管理行为的处罚分为三种：

（1）警告。

（2）罚款。罚款金额为一元以上二百元以下。本条例第三十条、第三十一条、第三十二条另有规定的，依照规定。

（3）拘留。拘留时间为一日以上十五日以下。

二、处罚的运用

1. 一般处罚

（1）违反治安管理所得的财物和查获的违禁品，依照规定退回物主或者没收。违反治安管理本人使用的所有工具，可以依照规定没收。具体办法由公安部另行规定。

（2）违反治安管理造成的损失或者伤害，由违反治安管理的人赔偿损失或者负担医疗费用；如果违反治安管理的人是无行为能力人或者限制行为能力人，本人无力赔偿或者负担的，由其监护人依法负责赔偿或者负担。

（3）已满十四周岁不满十八周岁的人违反治安管理的，从轻处罚；不满十四周岁的人违反治安管理的，免予处罚，但是可以予以训诫，并责令其监护人严加管教。

（4）精神病人在不能辨认或者不能控制自己行为的时候违反治安管理的，不予处罚，但是应当责令其监护人严加看管和治疗。间歇性的精神病人在精神正常的时候违反治安管理的，应给予处罚。

（5）盲人或者又聋又哑的人违反治安管理的，可以从轻、减轻或者不予处罚。

（6）醉酒的人违反治安管理的，应给予处罚。醉酒的人在醉酒状态中，对本人有危险或者对他人的安全有威胁的，应当将其约束到酒醒。

（7）一人有两种以上违反治安管理行为的，分别裁决，合并执行。

（8）二人以上共同违反治安管理的，根据情节轻重，分别处罚。

（9）教唆或者胁迫、诱骗他人违反治安管理的，按照其所教唆、胁迫、诱骗的行为处罚。

（10）机关、团体、企业、事业单位违反治安管理的，处罚直接责任人员；单位主管人员指使的，同时处罚该主管人员。

（11）违反治安管理有下列情形之一的，可以从轻或者免予处罚：

①情节特别轻微的；

②主动承认错误及时改正的；

③由于他人胁迫或诱骗的。

（12）违反治安管理有下列情形之一的，可以从重处罚：

①有较严重后果的；

②胁迫、诱骗他人或者教唆不满十八周岁的人违反治安管理的；

③对检举人、证人打击报复的；

④屡教不改的。

2. 具体运用

《中华人民共和国治安管理处罚条例》规定：有下列扰乱公共秩序行为之一，尚不够刑事处罚的，处十五日以下拘留、二百元以下罚款或者警告：

（1）扰乱机关、团体、企业、事业单位的秩序，致使工作、生产、营业、医疗、教学、科研不能正常进行，尚未造成严重损失的；

（2）扰乱车站、码头、民用航空站、市场、商场、公园、影剧院、娱乐场、运动场、展览馆或者其他公共场所的秩序的；

（3）扰乱公共汽车、电车、火车、船只等公共交通工具上的秩序的；

（4）结伙斗殴，寻衅滋事，侮辱妇女或者进行其他流氓活动的；

（5）捏造或者歪曲事实、故意散布谣言或者以其他方法煽动扰乱社会秩序的；

（6）谎报险情，制造混乱的。

第四节　旅馆业治安管理办法相关知识

"没有安全就没有旅游事业。"《旅馆业治安管理办法》（以下简称《管理办法》）于1987年9月23日经国务院批准，同年11月10日由公安部发布执行。制定该办法的目的是保障旅馆业的正常经营和旅客的生命财产安全，维护社会治安。

根据《管理办法》第十九条规定，各省、自治区、直辖市公安厅（局）制定了实施细则。北京市人民政府于1990年9月11日批准、北京市公安局于同年10月22日发布了《北京市实施〈旅馆业治安管理办法〉细则》（以下简称《细则》），作为学习《管理办法》的参考，本文将该《细则》有关条款一并介绍。

一、关于旅馆安全管理

1. 安全设施

《管理办法》第三条规定：开办旅馆，其房屋建筑、消防设备、出入口和通道等，必须符合《中华人民共和国消防条例》等有关规定，并且要具备必要的防盗安全设施。

《细则》第三条具体规定：开办旅馆须符合下列安全条件：

（1）房屋建筑、出入口和通道等，必须符合建筑安全、消防安全规定，并经有关部门验收合格。利用地下室和人防工程开办旅馆，须设两个以上出入口。距出入口最远的客房不得超过60米，且通风良好。

利用人防工程开办旅馆，按照《北京市实施〈人民防空工程维护管理规定〉的细则》办理。

（2）有相应的消防设备、设施，并保持完好有效。

（3）有固定的从业人员和必要的治安防范措施。

军事禁区、重要仓库和要害部门周围规定的范围内，不得开办旅馆。

2. 安全制度

《管理办法》第五条规定：经营旅馆，必须遵守国家的法律，建立各项安全管理制度，设置治安保卫组织或者制定安全保卫人员。

第十四条规定：公安机关对旅馆治安管理的职责是指导、监督旅馆建立各项安全管理制度和落实安全防范措施，协助旅馆对工作人员进行安全业务知识的培训，依法惩办侵犯旅馆和旅客合法权益的违法犯罪分子。

公安人员到旅馆执行公务时，应当出示证件，严格依法办事，要文明礼貌待人，维护旅馆的正常经营和旅客的合法权益。旅馆工作人员和旅客应当予以协助。

《细则》第六条具体规定：经营旅馆，必须遵守下列治安管理规定：

（1）大中型旅馆要建立治安保卫组织，小型旅馆要设专职或兼职治安保卫人员。

（2）建立健全门卫、值班、情况报告等各项安全管理制度。

（3）接待旅客住宿，必须设专人查验旅客身份证件，按公安机关规定的项目如实登记，并发给旅客住宿证。登记材料应按规定妥善保管，满3年后，交当地公安机关统一处理。

接待境外旅客住宿，应填写临时住宿登记表，并在24小时内报送主管公安机关。

（4）建立旅客会客验证登记制度；在客房会客时间不得超过23小时。

（5）服务台昼夜有人值班；客房区不设服务台的楼层，昼夜有人值班巡查。

（6）设置旅客财物、行李保管室或保险箱（柜），指定专人负责保管。对旅客寄存的财物要当面验清，建立登记、领取和交接制度。公共区域内临时存放团体旅客的行李应加盖行李罩，并有人看守。

（7）客房床柜，应保证室内行走方便，不得自行增设床位。

（8）不得用色相招徕旅客；不得为卖淫、嫖娼提供条件；不得纵容、包庇赌博、卖淫、嫖娼等违法犯罪活动。

（9）安置旅客住宿，除直系亲属外，应以男女分别安置为原则。

（10）妥善保管旅客遗留的财物，并设法归还物主或揭示招领；经招领3个月后无人认领的，应登记在册，送交当地公安机关。对旅客遗弃的违禁物品和可疑物品，旅馆保卫部门应指定专人负责保管，并及时报告当地公安机关处理。

（11）附设宴会厅、舞厅、歌厅、游泳池、健身房、酒吧等公共娱乐场所的，应设立衣帽间，并有专人维持秩序。公共娱乐场所、商业区与客房区之间应分隔开；无法分割开的，应在连接客房区的通道处设专人管理。

（12）对旅馆工作人员进行安全业务培训。未经培训的，不得上岗。

（13）在旅馆内举办展览、展销、文艺、体育等活动，应按有关规定报告当地公安机关。

（14）对旅客进行防盗、防火、防火害事故的宣传教育。

（15）遵守国家和本市其他有关法律、法规、规章。

3. 严令禁止的物品和活动

《管理办法》第十一条规定：严禁旅客将易燃、易爆、剧毒、腐蚀性和放射性等危险物品带入旅馆。

第十二条规定：旅馆内，严禁卖淫、嫖宿、赌博、吸毒、传播淫秽物品等违法犯罪活动。

第十三条规定：旅馆内，不得酗酒滋事，大声喧哗，影响他人休息，旅客不得私自留客住宿或者转让床位。

《细则》第七条具体规定：旅客住宿必须遵守下列规定：

（1）向旅馆工作人员交验居民身份证或护照，或其他能够证明本人身份的证件。按规定登记住宿。

（2）携带的贵重物品应及时寄存。

（3）禁止私自留客住宿或转让、转租房间、床位。不经旅馆工作人员同意，不准自行倒换房间、床位。

（4）禁止在客房内增设电加热设备。特殊情况需要增设电加热设备的，须经旅馆同意，并由旅馆派人安装。

（5）严禁将枪支、弹药和剧毒、放射性、腐蚀性、易燃、易爆等危险物品带入旅馆。

（6）遵守旅馆各项管理制度。

二、关于旅馆工作人员安全责任

《管理办法》第九条规定：旅馆工作人员发现违法犯罪分子、形迹可疑的人员和被公安机关通缉的罪犯，应当立即向当地公安机关报告，不得知情不报或隐瞒包庇。

《细则》第七条规定：旅馆及其工作人员应当认真执行《旅馆业治安管理办法》和本《细则》，如实向公安人员反映情况，协助工作。发现旅客违反本《细则》和管理制度的，应予劝阻和制止；对不听劝阻、制止的，或发现有违法犯罪活动和形迹可疑的人员，应立即向旅馆保卫部门或当地公安机关报告。

旅馆工作人员不得利用工作之便，进行违法犯罪活动。

第五节 旅游安全管理暂行办法相关知识

《旅游安全管理暂行办法》1990年2月20日作为中华人民共和国国家旅游局令第1号发布，制定该暂行办法的目的是贯彻"安全第一，预防为主"的方针，加强旅游安全管理工作，保障旅游者人身、财产安全。

为贯彻落实该暂行办法，国家旅游局于1994年1月22日又颁布了《旅游安全管理暂行办法实施细则》（以下简称《实施细则》）。现将涉及饭店业的主要条款介绍如下。

一、安全管理

1. 《暂行办法》中对安全管理的要求

《暂行办法》要求各级旅游行政管理部门，遵循统一指导、分级管理，以以基层为主为原则，必须建立和完善旅游安全管理机构，在当地政府的领导下，会同有关部门，对旅游安全进行管理，并且规定了旅游安全管理机构的职责：

（1）指导、督促、检查本地区旅游企、事业单位贯彻执行本办法及国家制定的涉及旅游安全的各项法规的情况；

（2）组织、实施旅游安全教育和宣传；

（3）会同有关部门对旅游企、事业单位进行开业前的安全设施检查验收工作；

（4）督促、检查旅游企、事业单位落实有关旅游者人身、财务安全的保险制度；

（5）受理旅游者有关安全问题的投诉，并会同有关部门妥善处理；

（6）建立健全安全检查工作制度，定期召开安全工作会议；

（7）参与涉及旅游者人身、财务安全的事故处理。

2. 《实施细则》中对安全管理的要求

在《实施细则》中，对旅游饭店等企、事业单位的安全管理工作职责做了进一步的规定：

（1）设立安全管理机构，配备安全管理人员；

（2）建立安全规章制度，并组织实施；

（3）建立安全管理责任制，将安全管理的责任落实到每个部门、每个岗位、每个员工；

（4）接受当地旅游行政管理部门对旅游安全管理工作的行业管理和监督检查；

（5）把安全教育、职工培训制度化、经常化，培养职工的安全意识，普及安全常识，提高安全技能，对新招聘的职工，必须经过安全培训，合格后才能上岗；

（6）新开业的旅游企、事业单位，在开业前必须向当地旅游行政管理部门申请对安全设施设备、安全管理机构、安全规章制度的检查验收，检查验收不合格者，不得开业；

（7）坚持日常的安全检查工作，重点检查安全规章制度的落实情况和安全管理漏洞，及时消除安全隐患；

（8）对用于接待旅游者的汽车、游船和其他设施，要定期进行维修和保养，使其始终处于良好的安全技术状态，在运行前进行全面的检查，严禁带故障运行；

（9）对旅游者的行李要有完备的交接手续，明确责任，防止损坏或丢失；

（10）在安排旅游团队的游览活动时，要认真考虑可能影响安全的诸项因素，制定周密的行程计划，并注意避免司机处于过度疲劳状态；

（11）负责为旅游者投保；

（12）直接参与处理涉及单位的旅游安全事故，包括事故处理、完善处理及赔偿事项等；

（13）开展登山、狩猎、探险等特殊旅游项目时，要事先制定周密的安全保护预案和急救措施，重要团队必须按规定报有关部门审批。

二、事故处理

1. 《暂行办法》相关规定

事故发生单位在事故发生后，应按下列程序处理：

（1）陪同人员应立即上报主管部门，主管部门应当及时报告归口管理部门；

（2）会同事故发生地的有关单位严格保护现场；

（3）协同有关部门进行抢救、侦查；

（4）有关单位负责人应及时赶赴现场处理；

（5）对特别重大事故，应当严格按照国务院《特别重大事故调查程序暂行规定》进行处理。

2. 《实施细则》相关规定

《实施细则》认定凡涉及旅游者人身、财务安全的事故均为旅游安全事故，并将旅游安全事故分为轻微、一般、重大和特大事故四个等级，分别做出如下界定：

（1）轻微事故是指一次事故造成旅游者轻伤，或经济损失在 1 万元以下者；

（2）一般事故是指一次事故造成旅游者重伤，或经济损失在 1 万元至 10 万元（含 1 万元）者；

（3）重大事故是指一次事故造成旅游者死亡或旅游者重伤致残，或经济损失在 10 万元至 100 万元（含 10 万元）者；

（4）特大事故是指一次事故造成旅游者死亡多名，或经济损失在 100 万元以上，或性质特别严重，产生重大影响者。

《实施细则》还对事故处理做出如下补充规定：

（1）事故发生后，现场有关人员应立即向本单位和当地旅游行政管理部门报告；

（2）地方旅游行政管理部门在接到一般、重大、特大安全事故报告后，要尽快向当地人民政府报告，对重大、特大安全事故，要同时向国家旅游行政管理部门报告；

（3）一般、重大、特大安全事故发生后，地方旅游行政管理部门和有关旅游企、事业单位要积极配合有关方面，组织对旅游者进行紧急救援，并妥善处理善后事宜。

3. 处理外国旅游者重大伤亡事故时，应当注意下列事项

（1）立即通过外事管理部门通知有关国家驻华使领馆和组织单位；

（2）为前来了解、处理事故的外国使领馆人员和组织单位及伤亡者家属提供方便；

（3）与有关部门协调，为国际急救组织前来参与对在国外投保的旅游者（团）的伤亡处理提供方便；

（4）对在华死亡的外国旅游者严格按照外交部《外国人在华死亡后的处理程序》进行处理。

对于外国旅游者的赔偿，按照国家有关保险规定妥善处理。

事故处理后，立即写出事故调查报告，其内容包括事故经过及处理情况、事故原因及责任、事故教训、今后防范措施等。

三、奖励与惩罚

1. 《暂行办法》规定

在旅游安全工作中做出显著成绩或有突出贡献的单位或个人，应给予表彰或奖励。对违反有关安全法规而造成旅游者伤亡事故和不履行本办法的，由旅游行政管理部门会同有关部门分别给予直接责任人和责任单位以下处罚：

（1）警告；

（2）罚款；

（3）限期整改；

（4）停业整顿；

（5）吊销营业执照。

触犯刑律者，由司法机关依法追究刑事责任。

2. 《实施细则》对奖励和惩罚做出的具体规定

（1）对在旅游安全管理工作中有下列先进事迹之一的单位，由各级旅游行政管理部门进行评比考核，给予表扬和奖励：

①旅游安全管理制度健全，预防措施落实，安全教育普及，安全宣传和培训工作扎实，在防范旅游安全事故方面成绩突出，一年内未发生一般性事故的；

②协助事故发生单位进行紧急救助，避免重大损失，成绩突出的；

③在旅游安全其他方面做出突出成绩的。

（2）对在旅游安全管理工作中有下列先进事迹之一的个人，由各级旅游行政管理部门进行评比考核，给予表扬和奖励：

①热爱旅游安全工作，在防范和杜绝本单位发生安全事故方面成绩突出的；

②见义勇为，救助旅游者，或保护旅游者财物安全免受重大损失的；

③及时发现事故隐患，避免重大事故发生的；

④在旅游安全其他方面做出突出成绩的。

（3）对在旅游安全管理工作中有下列情形之一者，由各级旅游行政管理部门检查落实，对当事人或当事单位负责人给予批评或处罚：

①严重违反旅游安全法规，发生一般、重大、特大安全事故者；

②对可能引发安全事故的隐患，长期不能发现和消除，导致重大、特大安全事故发生者；

③旅游安全设施、设备不符合标准和技术要求，长期无人负责，不予整改者；

④旅游安全管理工作混乱，造成恶劣影响者。

第六节　消防安全管理相关知识

一、消防安全管理的意义

消防安全管理是我国各机关、团体、企业、事业单位，根据《中华人民共和国消防法》及其他有关法律、法规、规章，贯彻以预防为主、防消结合的方针，加强自身的消防安全管理，履行消防安全职责，预防火灾和减少火灾危害，保障国家和人民财产安全以及人身安全的重要安全管理制度。

二、消防安全管理主要规定

1. 消防安全责任制和责任人

法人单位的法定代表人或者非法人单位的主要负责人是单位的消防安全责任人，对本单位的消防安全工作全面负责。单位可以根据需要确定本单位的消防安全管理人，对单位的消防安全负责。单位应当落实逐级消防安全责任制，明确逐级岗位的消防安全职责，确定各级、各岗位的消防安全责任人。在饭店中，根据职权范围的不同，消防安全责任人既包括饭店总经理，也包括每一名员工。

2. 消防安全职责

单位消防安全职责主要有：

（1）贯彻执行消防安全法规，保证单位消防安全符合规定，掌握本单位、本岗位的消防安全情况；

（2）将消防工作与本单位的生产、科研、经营、管理等活动统筹安排，批准实施年度消防工作计划；

（3）为单位的消防安全提供必要的经费和组织保障；

（4）确定逐级消防安全责任，批准实施消防安全制度和保障消防安全的操作规定；

（5）组织防火检查，督促落实火灾隐患整改，及时处理涉及消防安全的重大问题；

（6）根据消防法规的规定建立专职消防队、义务消防队；

（7）组织制定符合本单位实际的灭火和应急疏散预案，并实施演练。

3. 消防安全重点单位

根据消防安全管理规定，商场（市场）、宾馆（饭店）、体育场（馆）、会堂、公共娱乐场所等公众聚集场所是消防安全重点单位，应当按照规定的要求，实行严格管理。

公众聚集场所应当在具备下列消防安全条件后，向当地公安消防机构申报进行消防安全检查，经检查合格后方可开业使用：

（1）依法办理建筑工程消防设计审核手续，并经消防验收合格；

（2）建立健全消防安全组织，消防安全责任明确；

（3）建立消防安全管理制度和保障消防安全的操作规程；

（4）员工经过消防安全培训；

（5）建筑消防设施和必要的消防器材齐全、完好、有效；

（6）制定灭火和应急疏散预案。

4. 单位消防安全制度

单位应当按照国家有关规定，结合本单位的特点，建立健全各项消防安全制度，保障消防安全的操作规程，并公布执行。

单位消防安全制度主要包括以下内容：

（1）消防安全教育、培训；

（2）防火巡查、检查；

（3）安全疏散设施管理；

（4）消防（控制室）值班；

（5）消防设施、器材维护管理；

（6）火灾隐患整改；

（7）用火、用电安全管理；

（8）易燃易爆危险品和场所的管理与防火防爆措施；

（9）专职和义务消防队的组织管理；

（10）灭火和应急疏散预案演练；

（11）燃气和电气设备的检查与管理（包括防雷、防静电）；

（12）消防安全工作考评和奖惩；

（13）其他必要的消防安全内容。

5. 消防安全重点部位

单位应当将容易发生火灾、一旦发生火灾可能严重危及人身和财产安全以及对消防安全有重大影响的部位确定为消防安全重点部位，对其设置明显的防火标志，实行严格管理。

6. 动用明火管理

单位应当对动用明火实行严格的消防安全管理。禁止在具有火灾、爆炸危险的场所使用明火；因有特殊情况需要进行电焊、气焊等明火作业的，动火部门和人员应当按照单位的用火管理制度办理审批手续，落实现场监护人，在确认无火灾、无爆炸危险后方可动火施工。动火施工人员应当遵守消防安全规定，并落实相应的消防安全措施。

7. 疏散通道和安全出口的管理

单位应当保证疏散通道、安全出口畅通，并设置符合国家规定的消防安全疏散指示标志和应急照明设施，保持防火门、防火卷帘、消防安全疏散指示标志、应急照明、机械排烟送风、火灾事故广播等设施处于正常状态。

严禁下列行为：

（1）占用疏散通道；

（2）在安全出口或者疏散通道上安装栅栏等影响疏散的障碍物；

（3）在营业、生产、教学、工作等期间将安全出口上锁、遮挡或者将消防安全疏散指示标志遮挡、覆盖；

（4）其他影响安全疏散的行为。

8. 火灾扑救措施及注意事项

单位发生火灾时，应当立即实施灭火和应急疏散预案，务必做到及时报警，迅速扑救火灾，及时疏散人员。单位应当为公安消防机构抢救人员扑救火灾提供便利和条件。火灾扑灭后，起火单位应当保护现场，接受事故调查，如实提供火灾事故的情况，协助公安消防机构调查火灾原因，核定火灾损失，查明火灾事故责任。未经公安消防机构同意，不得擅自清理火灾现场。

9. 防火检查

根据《机关、团体、企业、事业单位消防安全管理规定》有关条款，消防安全重点单位的防火检查主要包括：每日防火巡查、每月防火检查、消防设施检查维修保养、自动消防设施全面检查测试及灭火器维护保养和维修检查五种形式。

（1）每日防火巡查。

消防安全重点单位应当进行每日防火巡查，并确定巡查的人员、内容、部位和频次。其他单位可以根据需要组织防火巡查。巡查的内容应当包括：

①用火、用电有无违章情况；

②安全出口、疏散通道是否畅通，安全疏散指示标志、应急照明是否完好；

③消防设施、器材和消防安全标志是否在位、完整；

④常闭式防火门是否处于关闭状态，防火卷帘下是否堆放物品，影响使用；

⑤消防安全重点部位的人员在岗情况；

⑥其他消防安全情况。

公共聚集场所在营业期间的防火巡查应当至少每2小时1次；营业结束时应当对营业现场进行检查，消除遗留火种。消防安全重点单位可以结合实际情况组织夜间巡查。

防火巡查人员应当及时纠正违章行为，妥善处置火灾危险，无法当场处置的，应当立即报告。发现初起火灾应当立即报警并及时扑救。

防火巡查应当填写巡查记录，巡查人员及其主管人员应当在巡查记录上签名。

（2）每月防火检查。

除机关、团体、事业单位外，其他单位应当每月至少进行一次防火检查。检查的内容应当包括：

①火灾隐患的整改情况以及防范措施的落实情况；

②安全疏散通道、疏散指示标志、应急照明和安全出口情况；

③消防车通道、消防水源情况；

④灭火器材配置及其有效情况；

⑤用火、用电有无违章情况；

⑥重点工种人员以及员工消防知识的掌握情况；

⑦消防安全重点部位的管理情况；

⑧易燃易爆危险物品和场所防火防爆措施的落实情况以及其他重要物资的防火安全情况；

⑨消防（控制室）值班情况和设施运行、记录情况；

⑩防火巡查情况；

⑪消防安全标志的设置情况和完好有效情况；

⑫其他需要检查的内容。

防火安全检查应当填写检查记录。检查人员和被检查部门负责人应当在检查记录上签名。

（3）消防设施检查维修保养。

单位应当按照建筑消防设施检查维修保养有关规定的要求，对建筑消防设施的完好有效情况进行检查和维修保养。

（4）自动消防设施全面检查测试。

设有自动消防设施的单位，应当按照有关规定定期对其自动消防设施进行全面检查测试，并出具检测报告，存档备查。

（5）灭火器维护保养和维修检查。

单位应当按照有关规定定期对灭火器进行维护保养和维修检查。对灭火器应当建立档案资料，记明配置类型、数量、设置位置、检查维修单位（人员）、更换药剂的时间等有关情况。

三、消防安全培训

单位应当通过多种形式开展经常性的消防安全宣传教育。消防安全重点单位对每名员工应当每年至少进行一次消防安全培训。宣传教育和培训内容应当包括：

（1）有关消防法规、消防安全制度和保障消防安全的操作规程；

（2）本单位、本岗位的火灾危险性和防火措施；

（3）有关消防设施的性能、灭火器材的使用方式；

（4）报火警、扑救初起火灾以及自救逃生的知识和技能。

公众聚集场所对员工的消防安全培训应当每半年至少一次，培训的内容还应当包括组织、引导在场群众疏散的知识和技能。

单位应当组织新上岗和进入新岗位的员工进行上岗前的消防安全培训。

第七节　入境人员住宿登记规定

入境人员住宿登记是指入境人员依照入境国的法律规定，在入境国住宿时办理的登记手续。

入境人员临时住宿登记是指短期来华的外国人、港澳台同胞和华侨短时间内在华居住或持有我国公安机关出入境管理部门颁发的"外国人居留证"、"外国人临时居留证"或"港澳华侨暂住证"的入境人员离开自己的长住住所到其他地方临时住宿所必须进行的登记。

我国目前尚无专门的、全国性的住宿登记法规，现在执行的主要是各地政府依据《中华人民共和国外国人入境出境管理法》、《中华人民共和国外国人入境出境管理法实施细则》、《中华人民共和国公民出境入境管理法》、《中华人民共和国公民出境入境管理法实施细则》、《中华人民共和国户口登记条例》等法律、法规制定的地方管理规章。

一、住宿登记的法律依据

1. 《中华人民共和国外国人入境出境管理法》的有关规定

第五条规定：外国人在中国境内，必须遵守中国法律，不得危害中国国家安全、损害社会公共利益、破坏社会公共秩序。

第十七条规定：外国人在中国境内临时住宿，应当依照规定，办理住宿登记。

第二十九条规定：对违反本法规定，非法入境、出境的，在中国境内非法居留或者停留的，未持有效旅行证件前往不对外国人开放的地区旅行的，伪造、涂改、冒用、转让入境、出境证件的，县级以上公安机关可以处以警告、罚款或者十日以下的拘留处罚；情节严重，构成犯罪的，依法追究刑事责任。

2. 《中华人民共和国外国人入境出境管理法实施细则》的有关规定

第二十九条规定：外国人在宾馆、饭店、旅店、招待所、学校等企业、事业单位或者机关、团体及其他机构内住宿，应当出示有效护照或者居留证件，并填写临时住宿登记表，在非开放地区住宿还要出示旅行证。

第三十二条规定：长期在中国居留的外国人离开自己的住所临时在其他地方住宿，应当按本实施细则第二十九条、第三十条、第三十一条规定申报住宿登记。

第三十三条规定：外国人在移动性住宿工具内临时住宿，须于24小时内向当地公安机关申报。为外国人的移动性住宿工具提供场地的机构或者个人，应于24小时前向当地公安机关申报。

第四十五条规定：对违反本实施细则第四章规定，不办理住宿登记或者不向公安机关申报住宿登记或者留宿未持有效证件外国人的责任者，可处以警告或者50元以上500元以下的罚款。

第四十九条规定：本章规定的各项罚款、拘留处罚，也适用于协助外国人非法入境或出境、造成外国人非法居留或停留、聘雇私自谋职的外国人、为未持有效旅行证件的外国人前往不对外国人开放的地区旅行提供方便的有关责任者。

3. 《中华人民共和国公民出境入境管理法》的有关规定

第十一条规定：入境定居或者工作的中国公民，入境后应当按照户口管理规定，办理常住户口登记。入境暂住的，应当按照户口管理规定办理暂住登记。

4. 《中华人民共和国公民出境入境管理法实施细则》的有关规定

第十三条规定：定居国外的中国公民短期回国，要按照户口管理规定，办理暂住登记。在宾馆、饭店、旅店、招待所、学校等企业、事业单位或者机关、团体及其他机构内住宿的，应当填写临时住宿登记表；住在亲友家的，由本人或者亲友在24小时（农村72小时）内到住地公安派出所或者户籍办公室办理暂住登记。

5. 《中国公民来往台湾地区管理办法》的有关规定

第十八条规定：台湾居民短期来大陆，应当按照户口管理规定，办理暂住登记。在宾馆、饭店、旅店、招待所、学校等企业、事业单位或者机关、团体及其他机构内住宿的应当填写临时住宿登记表；住在亲友家的，由本人或者亲友在 24 小时（农村 72 小时）内到当地公安派出所或者户籍办公室办理暂住登记手续。

第十九条规定：台湾居民来大陆后，需在大陆居留三个月以上的，应当向当地市、县公安局申请办理暂住证。

第三十七条规定：违反本办法第十八条、第十九条的规定，不办理暂住登记或暂住证的，处以警告或者一百元以上五百元以下的罚款。

6. 《中国公民因私事往来香港地区或者澳门地区的暂行管理办法》的有关规定

第十七条规定：港澳同胞短期来内地，要按照户口管理规定，办理暂住登记。在宾馆、饭店、旅店、招待所、学校等企业、事业单位或者机关、团体及其他机构内住宿的应当填写临时住宿登记表；住在亲友家的，由本人或者亲友在 24 小时（农村 72 小时）内到当地公安派出所或者户籍办公室办理暂住登记。

7. 《旅馆业治安管理办法》的有关规定

第六条规定：旅馆接待旅客住宿必须登记。登记时，应当查验旅客的身份证件，按规定的项目如实登记。接待境外旅客住宿，还应当在 24 小时内向当地公安机关报送住宿登记表。

8. 《中华人民共和国治安管理处罚条例》的有关规定

第二十九条规定：违反户口或者居民身份证管理，有下列第一项至第三项行为之一的，处五十元以下罚款或者警告；有第四项或者第五项行为的，处一百元以下罚款或者警告。

（1）不按规定申报户口或者申领居民身份证，经公安机关通知拒不改正的；

（2）假报户口或者冒用他人户口证件、居民身份证的；

（3）故意涂改户口证件的；

（4）旅店管理人员对住宿的旅客不按照规定登记的；

（5）出租房屋或者床铺供人住宿，不按照规定申报登记住宿人户口的。

9. 《中华人民共和国户口登记条例》的有关规定

第二十条规定：有下列情形之一的，根据情节轻重，依法给予治安管理处罚或者追究刑事责任：

（1）不按照本条例的规定申报户口的；

（2）假报户口的；

（3）伪造、涂改、转让、出借、出卖户口证件的；

（4）冒名顶替他人户口的；

（5）旅店管理人不按照规定办理旅客登记的。

二、住宿登记管理

1. 住宿登记的对象

根据我国出入境管理法规的规定，临时住宿登记的对象是：

（1）临时来华旅游、探亲、访问、洽谈贸易、进行科技文化交流和从我国过境的外国人，以及进入我国的国家交通工具的乘务人员，他们一般持有临时记者（J-2）、访问（F）、旅游（L）、过境（G）、乘务（C）签证。

（2）短期来大陆探亲、观光、旅游等的港澳台同胞。

（3）定居国外短期回国，住在宾馆、饭店、招待所等留宿单位的中国公民（华侨）。

（4）已在我国长期定居或已取得居留证或临时居留证，离开自己的住所临时外出旅行或进行其他活动需要住宿的外国人。

（5）在驻华外交机构馆舍以外临时住宿的享有外交特权和豁免权的外国人。

（6）外国驻华使领馆、外交领事官员留宿的持普通护照、不享有外交特权和豁免权的外国人。

2．住宿登记的范围

临时住宿登记范围包括在固定性的留宿单位或中外居民家中住宿以及在移动性住宿工具中临时住宿。

固定性留宿单位指宾馆、饭店、旅店、招待所、学校等企业、事业单位或者机关、团体或其他中外机构。

移动性住宿工具指外国人在临时搭设的帐篷内住宿，或有关单位在某些场地或旅游景点设置的帐篷、汽车旅馆等。

3．住宿登记的作用

临时住宿登记是户口管理工作的一种形式，它的任务是通过临时住宿登记，掌握境外流动人员的基本情况。随着我国对外开放的不断深入发展，境外人员数量越来越大，活动区域越来越广，加强对境外人员的住宿登记管理既是公安机关的一项重要管理措施，也是对境外人员依法实施管理的一项基础工作，具有十分重要的作用。

（1）通过住宿登记管理工作，可以及时掌握境外人员的基本情况。

准确地掌握入境人数、国籍、身份、入境时间、地点以及流量等情况，为我国制定相应的政策、规定，规划发展旅游事业和各地区的经济建设提供可靠的数据，为公安机关出入境管理部门研究入境人员在我国的活动规律，加强和改善管理工作提供可靠的资料。

（2）通过住宿登记管理工作，有利于发现违法人员。

可以及时发现非法入境、非法居留、非法旅行的境外人员，还可以发现刑事犯罪可疑情况以及其他违法活动，为及时防范、打击境外人员中的违法犯罪活动提供信息，以维护国家安全和社会秩序。

（3）通过住宿登记管理工作，为查询工作提供信息。

①可以及时查控不法入境人员（包括国际恐怖分子、走私贩毒分子和已列入不准入境人员名单者），以及需要侦控的可疑人员，掌握其去向行踪，适时采取对策；

②保护境外人员的合法权益，保障其在我国境内的活动顺利进行，为其亲友、单位和所属国的临时查找提供确切信息。

第三编 中级客房服务员鉴定指南

第一章 中级客房服务员理论知识部分鉴定要素细目表

表 3－1 对中级客房服务员的工作要求

职业功能	工作内容	技能要求	相关知识
迎客准备	了解客情	1. 能用计算机查询客房信息 2. 能按宾客的等级安排接待规格	饭店计算机管理系统一般操作方法
	检查客房	1. 能向客人正确介绍客房设备的各项性能 2. 能布置各种类型的客房	1. 报修程序 2. 客房类型及布置要求
应接服务	迎候宾客	能用英语介绍客房服务的内容	1. 饭店常用接待用语 2. 中外礼仪、习俗常识
	介绍情况	1. 能向客人介绍客房所有设备的使用方法 2. 能向客人介绍饭店各项服务以及特点	饭店各部门的服务设施与功能

（续上表）

职业功能	工作内容	技能要求	相关知识
对客服务	清洁客房与卫生间	1. 能发现初级客房服务员在工作中存在的问题，并给予指导 2. 能清洁贵宾房	贵宾房清洁要求
	清洁楼层公共区域和进行计划卫生	1. 能实施"大清洁"计划 2. 能正确使用清洁剂 3. 能定期对清洁设备进行保养	1. 清洁设备的维护保养常识 2. 各类清洁剂的成分、性能 3. "大清洁"计划的范围、内容及程序
	特殊情况处理	能掌握住店生病客人及醉酒客人的基本情况，并给予适当的照顾、帮助	1. 基本护理常识 2. 客人个人资料
	代办客人洗衣及擦鞋服务	1. 能介绍洗衣服务项目、收费事项 2. 能正确核对洗衣单 3. 能根据客人需要提供擦鞋服务	1. 洗衣单填写要求 2. 皮革保养常识
会议服务	会议布置与服务	1. 能根据宾客要求，布置、安排不同类型的会议室，安排服务人员 2. 能准备所需文具、用品 3. 能提供饮品服务 4. 能使用视听设备	1. 会议室布置规范 2. 会议礼仪常识 3. 会议服务常识 4. 视听设备使用基础知识
客房用品管理	楼层库房的管理	1. 能进行楼层库房物品的保管 2. 能正确掌握客房的储备量 3. 能正确使用登记表	1. 一次性用品的名称与数量配备 2. 一次性用品的收发制度 3. 有关表格填写常识
	控制客用品	1. 按客房等级发放一次性用品 2. 按饭店规定，计算客房每日、每月、每季客用品的使用量 3. 能进行盘点	盘点知识
	布草管理	1. 能掌握楼层布草间的基本储存量 2. 能进行布草的盘点工作 3. 能根据使用情况，适时提出更换处理旧布草的意见 4. 能正确填写报损单	1. 布草质量的要素与规格 2. 楼层布草房管理基本要求 3. 楼层布草配备标准 4. 布草的收发制度

第二章 理论知识模拟试卷

职业技能鉴定国家题库
中级客房服务员理论知识试卷（模拟卷一）

注 意 事 项

1. 考试时间：120分钟。
2. 本试卷依据2001年颁布的《客房服务员国家职业标准》命制。
3. 请首先按要求在试卷的标封处填写您的姓名、准考证号和所在单位的名称。
4. 请仔细阅读各种题目的回答要求，在规定的位置填写您的答案。
5. 不要在试卷上乱写乱画，不要在标封区填写无关的内容。

	一	二	总 分
得 分			

得 分	
评分人	

一、单项选择（第1题~第160题。选择一个正确的答案，将相应的字母填入题内的括号中。每题0.5分，满分80分。）

1. 下列说法正确的是（　　）。
A. 电热水壶的功率为950瓦左右，水容量不大于2升，电压220~240伏
B. 电热水壶的功率为2 000瓦左右，水容量不大于2升，电压220~240伏
C. 电热水壶的功率为950瓦左右，水容量不大于2升，电压110~220伏
D. 电热水壶的功率为500瓦左右，水容量不大于2升，电压220~240伏

2. 会谈室摆设物品的种类有鲜花或绿色植物、文件夹、（　　）、矿泉水、水杯、杯垫。
A. 咖啡杯、勺　　　B. 水果　　　C. 点心　　　D. 干果

3. 皮革保养要做到（　　）。
A. 折叠好存放　　　　　　　　B. 日照好的地方存放

C. 通风阴凉地方存放 　　　　　　 D. 勤上油、勤擦拭

4. 客房部棉织品总量是根据单房配备量按客房（　　）配备的。

A. 实际出租率　　 B. 出租率75%　　 C. 出租率95%　　 D. 出租率100%

5. 使用中的布草应能够满足客房出租率达（　　）时的使用和周转需要。

A. 100%　　　　 B. 95%　　　　 C. 90%　　　　 D. 80%

6. （　　）客房服务中心的工作具有挑战性。

A. 小型饭店　　　 B. 中型饭店　　　 C. 大型饭店　　　 D. 微型饭店

7. （　　）不属于饭店重要部分配置的安全报警装置内容。

A. 微波报警器　　　　　　　　　 B. 被动红外线报警器

C. 主动红外线报警器　　　　　　　 D. 手动报警器

8. "This room is spacious and cozy" 的中文译法是（　　）。

A. 这个房间既宽敞又舒适　　　　 B. 这个房间很温和

C. 这个房间很适合您　　　　　　 D. 这个房间很便宜

9. 服务台应（　　）；客房区不设服务台的楼层，应（　　）。

A. 白天有人值班　　 有报警装置　　 B. 昼夜有人值班　　 昼夜有人值班巡查

C. 昼夜有人值班　　 昼夜有人值班　　 D. 昼夜有人值班　　 白天有人值班

10. VIP接待A等服务的迎送内容是（　　）。

A. 视情况去机场、火车站迎送客人

B. 销售部经理、大堂副理在大厅门口列队迎送客人

C. 总经理率饭店管理人员及部门员工在大厅门口列队迎送客人

D. 视情况总经理或副总经理在大厅门口迎送客人

11. 客房软床摆放的位置应是（　　）。

A. 窗前摆放　　　 B. 迎门摆放　　　 C. 房间较暗处　　 D. 房间光线最暗处

12. 客房清洁保养质量控制是（　　）、布置规格、工作定额和清洁卫生标准。

A. 没有浮尘　　　 B. 不留死角　　　 C. 整理次数　　　 D. 不漏项

13. 控制苍蝇的方法是经常开启的窗户要装纱窗、（　　）、垃圾桶盖严、经常喷洒杀虫剂、安装电子灭蝇灯，特别注意垃圾房、废物桶的卫生，定期清洁消毒。

A. 准备苍蝇拍　　　　　　　　　 B. 及时处理残羹剩饭和食品包装物

C. 室内通风　　　　　　　　　　 D. 经常喷洒空气清新剂

14. 国家实行劳动者每日工作时间不超过八小时、（　　）的工作制度。

A. 每周工作时间不超过四十八小时　 B. 平均每周工作时间不超过四十八小时

C. 平均每周工作时间不超过四十四小时 D. 每周工作时间不超过四十小时

15. 物品摆放标准为（　　）、文件夹、咖啡、矿泉水、茶包、柠檬片等。

A. 烟灰缸　　　　 B. 小香巾　　　　 C. 文具一套　　　 D. 鲜花

16. 所有星级饭店都设有不同数量、不同形式、（　　）的会议室。

A. 不同装饰风格　 B. 不同大小面积　 C. 不同功能　　　 D. 不同档次

17. 在饭店中，根据职权范围的不同，消防安全责任人既包括饭店总经理，也包括（　　）。

A. 分管安全工作的副总经理　　　　 B. 安全保卫部经理

C. 每一名员工　　　　　　　　　D. 安全保卫部员工

18. 采取欺诈、威胁等手段订立的劳动合同属于（　　　）。

A. 侵权合同　　　B. 违法合同　　　C. 单边劳动合同　　D. 无效劳动合同

19. "大清洁"计划的分类是（　　　）、楼层周期计划卫生，季度、年度"大清洁"。

A. 分项限时"大清洁"　　　　　　B. 每天彻底"大清洁"

C. 分时分段"大清洁"　　　　　　D. 临时突击"大清洁"

20. 控制螨的方法是（　　　），及时处理废弃的食物和包装物，保持家具和床上用品的清洁，定期翻晒床垫，喷洒杀虫剂。

A. 改善室内通风和空调效果　　　B. 经常紫外线消毒

C. 喷洒空气清新剂　　　　　　　D. 储存物中放入驱虫药盒

21. 签字仪式就国家（团体、各级组织）之间谈判，内容包括政治、（　　　）、经济、技术、文化等各领域达成协议，举行签字仪式。

A. 市场开发　　　B. 环境治理　　　C. 军事　　　　D. 教育

22. 为了把好质量关，要做到（　　　）、经得起上级检查、让宾客满意。

A. 领班检查　　　B. 经理检查　　　C. 同行业人员检查　D. 认真自查

23. 矛盾房 SKIP 的含义是（　　　）。

A. 有账没人　　　B. 有人没账　　　C. 有账有人　　　D. 没账没人

24. 生产国家明令淘汰的商品或者销售失效、变质的商品的，应当依照《中华人民共和国产品质量法》和其他有关法律、法规的规定，承担（　　　）。

A. 刑事责任　　　B. 法律责任　　　C. 赔偿责任　　　D. 民事责任

25. 客房的种类里"junior suite"应是（　　　）。

A. 标准间　　　B. 单人间　　　C. 双床间　　　D. 普通套间

26. 客房部领班每日例行查房，保证所有客房都查到，保证所有员工都查到，（　　　），以便发现问题及时纠正。

A. 保证对全过程的检查　　　　　B. 保证质量过关

C. 保证不留死角　　　　　　　　D. 保证100%的查房率

27. 签字仪式开始后，服务员托着放有斟好酒的香槟杯的托盘，分别站在距签字桌两侧约（　　　）处。

A. 1. 2 米　　　B. 1. 5 米　　　C. 2. 5 米　　　D. 2 米

28. "presidential suite"应译为（　　　）。

A. 豪华套间　　　B. 商务套间　　　C. 总统套间　　　D. 双套间

29. 正确的库房温度与湿度应为（　　　）和（　　　）。

A. 22℃　　50%　　B. 25℃　　50%　　C. 24℃　　45%　　D. 20℃　　50%

30. VIP 客人接待规格是（　　　）。

A. 政府代表团的规格

B. 特殊团队和散客的规格

C. 等级、迎送、房内用品配备、餐饮和安全保卫规格

D. 豪华旅游团的规格

31. 饭店的（　　）有留言等待指示灯的功能。

A. 客房系统　　　　B. 互联网　　　　C. 程控交换机　　　D. 前台系统

32. 饭店禁止客人私自（　　）或转让、转租房间、床位。不经饭店工作人员同意，不准（　　）。

A. 外宿不归　　自行退房　　　　　B. 留客住宿　　占用空床

C. 留客住宿　　自行倒换房间、床位　D. 与人同宿　　自行倒换床位

33. 旅馆及其工作人员应当认真执行《旅馆业治安管理办法》和《细则》，向公安人员（　　）。

A. 听取指导，查找坏人　　　　　　B. 了解治安形势，加强保卫

C. 如实反映情况，协助工作　　　　D. 学习侦破技术，开展工作

34. （　　）不是盥洗空间功能主要设备。

A. 浴缸　　　　　B. 脸盆　　　　C. 吹风机　　　　D. 恭桶

35. 签字厅的布置要求为（　　），长条桌并排摆放，桌面铺绿色台呢，扶手椅或座椅，照相梯或脚架，文本和绿色植物。

A. 屏风或挂画　　　　　　　　　　B. 茶杯、烟灰缸

C. 鲜花、水果　　　　　　　　　　D. 音像设备

36. （　　）的优势之一是服务员可以安排自己的任务。

A. 程控交换机系统　　　　　　　　B. 客房控制系统

C. 电视系统　　　　　　　　　　　D. 楼控系统

37. 控制老鼠的方法是（　　），清除所有能提供其做巢的废料和环境，保持环境卫生，尤其是厨房，要对食品妥善存放，请专业人员指导，投放鼠药。

A. 堵塞所有可供其出入的洞口　　　B. 投放老鼠夹

C. 投放专门粘老鼠的胶　　　　　　D. 养猫、狗

38. 订立和变更劳动合同，应当遵循（　　）的原则，不得违反法律、行政法规的有关规定。

A. 依法办事、求真务实　　　　　　B. 实事求是、顾全大局

C. 真诚友好、互谅互让　　　　　　D. 平等自愿、协商一致

39. 职业道德的原则与企业为保障其发展所制定的一系列规章制度的（　　）是一致的。

A. 条文　　　　　B. 要求　　　　C. 精神实质　　　D. 程序标准

40. DDD 是（　　）电话

A. 市话　　　　　B. 国内　　　　C. 国际　　　　D. 店内

41. 客房床的种类很多，一般普通双人床的尺寸规格为（　　）。

A. 200 厘米 ×130 厘米　　　　　　B. 200 厘米 ×150 厘米

C. 200 厘米 ×180 厘米　　　　　　D. 200 厘米 ×200 厘米

42. 库房盘点工作是一项细致、艰苦的工作，要求工作人员要细心、（　　）、有责任心。

A. 热心　　　　　B. 能力强　　　　C. 耐心　　　　D. 不怕黑

43. 消防过滤式自救呼吸器，防毒时间大于等于（　　），具有防毒、防火、防热辐射、防烟多种保护，密封性好。

A. 10 分钟　　　　　B. 40 分钟　　　　　C. 30 分钟　　　　　D. 50 分钟

44. 用人单位的劳动争议调解委员会由（　　）组成。

A. 职工代表、总经理和工会主席　　　　B. 职工代表、用人单位代表和工会代表

C. 职工代表、用人单位代表和工会主席　D. 职工代表、党委书记和工会代表

45. 单刷慢速打蜡机的转速是（　　），它适合于（　　）。

A. 100～150 转/分　　　打蜡　　　　　B. 120～175 转/分　　　洗擦地板

C. 150～200 转/分　　　喷磨　　　　　D. 200～250 转/分　　　抛光

46. 擦鞋服务时，要注意防止混淆客人的鞋，应（　　）。

A. 在纸条上写好房间号并将之放入鞋内　B. 按房号顺序依次进行

C. 擦一双送一双　　　　　　　　　　　D. 用心记下每双鞋的号码

47. 会谈桌呈一字形摆放，主谈人的席位居中，而按我国的习惯，会谈的译员安排在（　　）。

A. 主谈人的右侧　　　　　　　　　　　B. 主谈人的左侧

C. 主谈人的左身后　　　　　　　　　　D. 主谈人的右身后

48. 凡是身份较高的人士会见身份较低的客人，称之为（　　）。

A. 访问　　　　　B. 采访　　　　　C. 探访　　　　　D. 接见

49. 客房用品的消耗量应（　　）汇总，每月统计，定期分析比较。

A. 每天　　　　　B. 每班次　　　　　C. 每周　　　　　D. 每月

50. "大清洁"计划的组织实施应加强计划性、（　　）、狠抓落实和检查验收。

A. 统筹安排　　　　B. 认真动员布置　　　C. 制定标准　　　D. 巡视指导

51. 一般饭店常见的害虫是苍蝇、蚊子、蟑螂、（　　）。

A. 跳蚤　　　　　B. 白蚁　　　　　C. 蜘蛛　　　　　D. 臭虫

52. 认真登记客衣准确内容是（　　）。

A. 地址准确　　　　　　　　　　　　　B. 姓名准确

C. 接待单位准确　　　　　　　　　　　D. 房号、件数、要求准确

53. VOD 系统可以（　　）电影。

A. 录制　　　　　B. 拍摄　　　　　C. 编辑　　　　　D. 点播

54. 韩国人崇拜太阳神，自称为太阳神的子孙，故他们的民族服装也喜欢用（　　）。

A. 白色　　　　　B. 金黄色　　　　　C. 蓝色　　　　　D. 红色

55. 小型宴会厅（雅间）的功能特点是（　　）。

A. 独立的房间，完全与外界隔绝的环境　B. 面积一般不小于 20 平方米

C. 用餐、交谈办事不受任何干扰　　　　D. 便于身份较高、保密性强的宴请

56. "顾客是上帝"，新世纪的服务是（　　）的服务。

A. 高星级　　　　B. 讲求享乐　　　C. 规范化　　　D. 以客人需求为中心

57. 单位发生火灾时，应当立即实施灭火和应急疏散预案，务必做到（　　），迅速扑救火灾，（　　）。

A. 及时报告领导　　尽可能抢救物资　　B. 及时报警　　及时疏散人员

C. 及时报告保卫部　　迅速切断电源　　D. 及时报警　　及时关闭火门

58. 认真做好客衣收送的内容是，看清、认准房号并进行核对，及时送交客人（　　）。

A. 注意存放　　　B. 做好记录　　　C. 做好交接　　　D. 讲明件数、金额

59. 普通团队的特点包括（　　）。

A. 服务快捷准确、行李较少、进出频繁

B. 来去集中、住好、吃好、玩好、消费水平相对较高

C. 日程安排紧凑、店外活动较多

D. 人数多，成员之间差异大，活动多而日程紧，服务快捷、准确，吃、住、玩好

60. 客房摆件的布置特点是（　　）。

A. 有规律不呆板

B. 有呼有应，有虚有实

C. 大兼小，高兼低，明暗互衬托，相映成趣，轻重均匀

D. 灵活不零乱，不能相互干扰或者重叠而破坏整体感

61. 常规会议室的布置内容是（　　），提供投影机、放像机，座位与人数相等，桌椅距离规范。

A. 会场布置成排桌排椅　　　　　　　B. 会场布置成"T"字形

C. 会场布置成长方形　　　　　　　　D. 会场布置成马蹄形

62. 注重（　　）是英国菜的特点。

A. 甜、不要太咸　　　　　　　　　　B. 酸和微辣

C. 清淡，讲究花样和色、味、香、形　　D. 少而精、有热量

63. 下列不属于物品摆设要求的是（　　）。

A. 矿泉水放左上方　　　　　　　　　B. 文件夹放于座位的正前方

C. 杯把与桌面成45度角　　　　　　　D. 咖啡碟边与文件夹底部成一直线

64. 饭店要创造（　　）、人尽其才的价值观和良好的文化氛围。

A. 塑造人、任用人、尊重人　　　　　B. 理解人、尊重人、培育人

C. 提拔人、激励人、督导人　　　　　D. 培育人、管理人、使用人

65. 会见厅的布置形式一般为（　　）。

A. 正方形　　　B. 半圆形　　　C. 马蹄形　　　D. "T"字形

66. 由于某种特殊原因（如节日、客人生日等），有时饭店在客房里（　　）一盆鲜花，向客人表示祝贺或敬意。

A. 简单布置　　　　　　　　　　　　B. 临时布置

C. 有针对意义地布置　　　　　　　　D. 特意布置

67. 宾客之间会见，就其内容来说，可分为（　　）、政治性，事务性等。

A. 礼节性　　　B. 重要性　　　C. 好奇性　　　D. 神秘性

68. 下列不属于吸尘机应用范围的是（　　）。

A. 地板　　　B. 地毯　　　C. 纸篓　　　D. 垫套

69. 应该由（　　）来完成清洁贵宾房（包括为贵宾服务）的工作。

A. 自身业务强的服务员　　　　　　B. 个人修养好的服务员

C. 中级服务员　　　　　　　　　　D. 知识面宽的服务员

70. 国家星级饭店标准规定，四至五星级饭店客房使用的方巾尺寸是（　　），重量是（　　）。

A. 35 厘米 × 35 厘米　　60 克　　B. 38 厘米 × 38 厘米　　65 克

C. 25 厘米 × 25 厘米　　45 克　　D. 32 厘米 × 32 厘米　　55 克

71. 当签字双方签字完毕，互相站起握手交换文本时，服务员应（　　）。

A. 撤除签字椅　　　　　　　　　　B. 及时上香槟酒

C. 准备安排照相　　　　　　　　　D. 献花祝贺

72. "O" 形台、方形台与三角形台的布置特点是（　　），不具严肃的谈判性质，与会者可以围桌而坐，表示彼此地位平等，避免席次上的争执。

A. 用于与会者身份都较重要的国际会议　B. 形式独特

C. 内容繁多　　　　　　　　　　　D. 人员复杂

73. 客房服务员应严格按照员工行走路线出入，乘员工专用电梯，使用（　　）卫生间。

A. 公共　　　　　B. 员工指定　　　　C. 开放　　　　D. 非公共

74. 重要宾客的特点是（　　）。

A. 同系统的机构负责人或高级职员

B. 知名度高的外交家、艺术家、政界和经济界的要人、社会名流

C. 身份和知名度较高

D. 社会活动多与安排有序、身份知名度高与注重礼仪、服务效率高与保密性强

75. （　　）共同构筑了两道职业秩序保护线。

A. 岗位责任制和工作纪律　　　　　B. 操作规程和操作标准

C. 法律和职业道德　　　　　　　　D. 员工守则和劳动合同

76. 会见服务所需服务用品包括茶杯、垫碟、垫碟巾、烟灰缸、（　　）、火柴、圆珠笔或铅笔等。

A. 香烟　　　　　B. 鲜花　　　　　C. 小香巾　　　　D. 水果

77. 中央空调的性能特点是（　　）。

A. 省电又经济

B. 噪音小、造价低

C. 恒温、恒湿，空气洁净、干湿平衡，室内空气不受外界影响，调节方便

D. 调节方便，舒适度好

78. 认真做好收取洗衣费工作的内容是（　　），现金当面点清，自费客人要签字，账单要当日结算、转交。

A. 账单应在单位签字后转账　　　　B. 做好底单处理

C. 做好交接　　　　　　　　　　　D. 记录存档

79. 当事人一方（　　）劳动争议仲裁委员会申请仲裁。对仲裁裁决不服的，可以向（　　）提出诉讼。

A. 可以直接向　　　人民法院　　　　　　B. 也可以向　　　人民法院

C. 可以直接向　　　人民检察院　　　　　D. 也可以向　　　人民检察院

80. 下列说法正确的是（　　　）。

A. 商务饭店的特点是应有豪华总统套房

B. 商务饭店的特点是应有各类餐厅

C. 商务饭店的特点是应是五星级饭店

D. 商务饭店的特点是装潢豪华和商务设施、设备齐全并配有现代化通信系统

81. 长条桌呈横一字或竖一字形摆放，在布置会谈厅时是以（　　　）为形式。

A. 装饰风格　　　　B. 朝向　　　　C. 门的位置　　　　D. 方位

82. 控制蠹虫的方法是保持衣物、布料、床上用品、皮革制品及软木制品等干净无异味；储存物品时，将其密封于聚乙烯口袋中；（　　　）；经常清洗地毯并定期在地毯边缘和家具底下喷洒灭虫药剂。

A. 室内通风　　　　　　　　　　　B. 喷洒空气清新剂

C. 储存物中放樟脑丸、防蛀药物　　D. 烟熏

83. 客房双人床使用的特大床单规格一般以（　　　）为宜。

A. 240 厘米 × 260 厘米　　　　　　B. 230 厘米 × 270 厘米

C. 230 厘米 × 290 厘米　　　　　　D. 270 厘米 × 290 厘米

84. 俄罗斯人对颜色颇有研究，他们认为红色是（　　　）。

A. 危险和警告的提示　　　　　　　B. 庄严和热烈的象征

C. 吉祥和美丽的象征　　　　　　　D. 富裕和欢乐的象征

85. 收取客衣的内容是（　　　），客人将要洗的衣服装入洗衣袋内，连同洗衣单一同交服务员。

A. 客人告知服务员有洗的衣服

B. 客人通知服务中心

C. 客人把装有要洗的衣服的洗衣袋放在沙发上

D. 客人把装有要洗的衣服的洗衣袋放在行李架上

86. 分项限时"大清洁"半月计划是清洁热水器、洗杯机、冰箱除霜清洁、用酒精棉球清洁电话和（　　　）。

A. 干洗地毯、沙发、床头板　　　　B. 干（湿）洗毛毯

C. 卫生间地面磨洗　　　　　　　　D. 清洁空调出风口、百叶窗

87. 表示饭店房间状态为干净空房是的（　　　）。

A. CL \ VA　　　　B. DI \ AE　　　　C. OO \ OS　　　　D. CL \ DN

88. 下列属于健身服务项目的是（　　　）。

A. 按摩房　　　　B. 卡拉 OK　　　　C. 音乐厅　　　　D. 音乐茶座

89. 进口的计量器具必须经（　　　）以上人民政府计量行政部门检定合格后，方可销售。

A. 县级　　　　B. 省级　　　　C. 地级　　　　D. 区级

90. 套间的书房布置，除应配备（　　　）外，还应适当增加一些供工作、学习后小憩

的家具。

    A. 沙发、茶几、电视　　　　　　　B. 写字台、椅子

    C. 书写和阅读家具　　　　　　　　D. 会客家具

91. 控制蚊子的方法是保持室内外环境清洁，消灭蚊子滋生的死角，如废旧容器，臭水河，安装纱窗，（　　　），在室内外合适地点安置灭蚊灯，诱杀成蚊。

    A. 纱窗纱门刷药　　　　　　　　　B. 喷洒空气清新剂

    C. 定期喷洒杀虫剂　　　　　　　　D. 随见随灭

92. 参加会见的主人一般在会见正式开始前（　　　）左右到达现场。

    A. 10 分钟　　　　　B. 20 分钟　　　　　C. 30 分钟　　　　　D. 5 分钟

93. "祝您在这儿玩得高兴"的英文译法是（　　　）。

    A. I hope you playing pleasant here　　　B. I hope you'll have a good time here

    C. I hope you'll enjoy here　　　　　　D. I hope you'll spend a happy time here

94. 一般事故是指一次事故造成旅游者（　　　），或经济损失在（　　　）者。

    A. 重伤　　　　1 万元至 10 万元（含 1 万元）

    B. 轻伤　　　　1 万元以下

    C. 轻伤　　　　1 万元至 10 万元（含 1 万元）

    D. 重伤　　　　1 万元至 5 万元（含 1 万元）

95. 饭店根据工作需要，可调动员工的（　　　）。任职期间因工作不胜任或出现较大过失的，饭店可视情况做出（　　　）的决定。

    A. 工作关系　　　调出饭店　　　　　B. 积极性　　　脱产培训

    C. 工资关系　　　停薪留用　　　　　D. 工作部门或工作岗位　　　免职或降职

96. 客房使用的大号枕套规格一般以（　　　）为宜。

    A. 55 厘米 × 95 厘米　　　　　　　B. 50 厘米 × 80 厘米

    C. 45 厘米 × 75 厘米　　　　　　　D. 50 厘米 × 90 厘米

97. 特殊团队、散客的特点是（　　　）。

    A. 个性差异大与饭店逗留时间较短

    B. 消费水平相对较高、行李相对较少

    C. 动作迟缓与行动不便，经济富裕与要求舒适、服务周到与环境安静

    D. 爱买纪念品、日程安排紧、店外活动多与来去集中

98. 送洗客衣应认真核对的内容是（　　　）。

    A. 件数准确　　　　B. 价值　　　　C. 物　　　　　D. 尺寸

99. 重要宾客的范围是（　　　）。

    A. 对饭店业务发展有极大帮助或可能给饭店带来业务者

    B. 知名度高的外交家、艺术家、政界和经济界的要人、社会名流

    C. 同系统的机构负责人或高级职员，饭店业同行负责人或高级职员

    D. 业务发展与同系统、同行业负责人，经济效益与社会影响者

100. 下列说法正确的是（　　　）。

    A. 日本人忌讳把烟作为礼品送人

B. 日本人忌讳把服装作为礼品送人

C. 日本人忌讳把首饰物品作为礼品送人

D. 日本人忌讳把菊花和装饰有菊花图案的物品作为礼品送人

101. 有关布置客房家具的原则说法正确的是（　　　）。

A. 舒适感与均衡感　　　　　　　　B. 美观实用与搭配合理

C. 整体感与豪华感　　　　　　　　D. 家具与客房的协调性

102. 消费者享有对商品和服务以及保护消费者权益工作进行（　　）的权利。

A. 评价　　　　B. 评估　　　　C. 监督　　　　D. 指导

103. 楼层服务员要求会使用传真机是因为（　　　）。

A. 工程部经理不会使用　　　　　　B. 质量检查部经理不会使用

C. 客房部经理不会使用　　　　　　D. 客人不会使用

104. "How are you today, sir?" 的中文译法是 "（　　　）"？

A. 先生，您今天感觉怎么样　　　　B. 先生，您吃了吗

C. 先生，您多大了　　　　　　　　D. 先生，您有什么事

105. 控制甲虫的方法是（　　　），用专门杀虫剂喷涂所有可能发生虫害的地方，定期使用有杀虫、防虫作用的抛光蜡剂。

A. 保持木制品表面清洁，对其进行油漆、打蜡或上塑

B. 保证室内通风、干燥

C. 喷洒空气清新剂

D. 经常用紫外线消毒

106. 可以使用洗衣厂的（　　　）对客人签单。

A. 银柜　　　　B. 洗衣机　　　　C. POS 系统　　　　D. 刷卡机

107. 制定《旅游安全管理暂行办法》的目的是贯彻（　　　）的方针，加强旅游安全管理工作，保障旅游者人身、财产安全。

A. 安全第一，预防为主　　　　　　B. 没有安全就没有旅游事业

C. 安全工作 "三同时"　　　　　　D. 旅游大计，安全第一

108. 客房内所配备的客用物品，是以客房的类别和档次为依据，在品种、数量、（　　　）、质量及摆放要求等方面应有统一标准。

A. 星级　　　　B. 大小　　　　C. 规格　　　　D. 样式

109. 做好病虫害预防工作的内容有外来货物必须经过检查，（　　　），垃圾房严格管理，定期消毒，地下室、库房、阳台等角落必须保持通风，前台、后台区域和室内环境卫生，员工个人卫生。

A. 吃剩食物不许乱丢，必须放进垃圾袋存放

B. 教育员工

C. 加强巡视

D. 控制人员流动

110. 制定《旅馆业治安管理办法》的目的是（　　　），维护社会治安。

A. 保障旅馆业的正常经营和旅客的生命财产安全

B. 保障旅馆业的经济效益和旅客的生命财产安全

C. 保障旅馆业的正常经营和旅客的起居出入方便

D. 保障旅馆业的繁荣发展和旅客的行动自由

111. 产生病虫害的诱因，有些是外界因素给饭店造成的，比如附近有建筑物拆迁和公共设施整修，（　　），装修房间，人员流动，野猫野狗的流窜等。

  A. 每天进出各种车辆和物资   B. 外国客人携带的物品

  C. 长期不消毒、打药   D. 室内通风、光照差

112. 社会主义社会的分配原则是（　　），在发展生产的基础上提高劳动报酬和福利待遇。

  A. 各尽所能，各取所需   B. 各尽所能，按劳分配

  C. 能者多劳，多劳多得   D. 劳动光荣，勤劳致富

113. 送餐服务（room service）有（　　）两种方式：前者以"份"作为计价单位；后者以"套"作为计价单位。

  A. 中餐和西餐 B. 零点和套餐 C. 早餐和正餐 D. 现金和记账

114. 单位应当对动用明火实行严格的消防安全管理，禁止在（　　）的场所使用明火。

  A. 没有消防器材 B. 有客人活动 C. 未设安全标志 D. 具有火灾、爆炸危险

115. 根据实际情况，有时宾主各坐一边，（　　），译员、记录员安排在主人、主宾后面就座。

  A. 穿插而坐 B. 主人一侧 C. 随意而坐 D. 主人左侧

116. 经营、服务者不得以各种合同、通知、声明、店堂告示等方式做出对消费者（　　）规定，或者（　　）其损害消费者合法权益应当承担的民事责任。

  A. 不利的、不公平 减轻、免除 B. 不公平、不合理 减轻、免除

  C. 不真实、不及时 推脱   D. 不公正、不公开 加重

117. 起蜡时，控制机器保持在（　　）的速度进行刷地起蜡，机器走向以左至右来回走动2～3次，上下行距互叠（　　）厘米。

  A.20米/分 5 B.30米/分 10 C.50米/分 10 D.70米/分 15

118. 关于会谈服务说法正确的是（　　）。

  A. 服务员应事先了解会见内容

  B. 服务员应事先了解会见性质

  C. 服务员应事先了解会见特点

  D. 服务员应事先了解会见时间、人数、主办单位

119、自觉接受上级领导的明查、暗查，（　　）等各种方式的检查和群众的监督。

  A. 总经理重点检查   B. 质检人员专职检查

  C. 抽查   D. 管理人员日常检查

120、下列不属于表格填写的内容要求是（　　）。

  A. 内容详细 B. 报送及时 C. 特殊要求 D. 数据真实

121. 度假型饭店的特点是（　　）。

  A. 服务项目、服务设施及康乐设施齐全

B. 装潢豪华、饭店设施及康乐设施齐全

C. 交通便利、自然风景优美、周围环境宁静怡人

D. 以接待会议客人为主

122. 白蚁喜欢在阴暗潮湿和不通风的地方生活，对竹木制品、（　　　）、皮革制品、纸制品、化纤塑料制品都有严重的危害。

　　A. 食品　　　　　　B. 库房　　　　　　C. 动植物制品　　　D. 厨房

123. 作为墙饰的要求，墙饰的风格特点要与（　　　）相一致。

　　A. 本地区风俗习惯及宗教信仰　　　　　B. 客房的家具布置风格

　　C. 客房的等级和墙面的大小　　　　　　D. 客房的间数与规模

124. 凡是与布草使用和保管等有关的员工，都必须知道布草应该存放的地点，放置的具体位置、种类、（　　　）及摆放方法。

　　A. 常识　　　　　　B. 规定　　　　　　C. 要求　　　　　　D. 数量

125. 控制蟑螂的方法是保持环境清洁，食物收藏好，死角定期打扫，（　　　），在专家指导下安放药物、诱饵。

　　A. 随见随灭

　　B. 向有蟑螂出没的地方（管道、水池）喷洒专门杀虫剂

　　C. 布放粘蟑螂的胶

　　D. 通风、喷洒空气清新剂

126. 摆放茶杯的规范要求是（　　　）。

　　A. 茶杯把与客人平行，距桌边约 30 厘米

　　B. 茶杯把向客人左手方向，距桌边约 30 厘米

　　C. 茶杯把向客人右手方向，距桌边约 30 厘米

　　D. 茶杯把向客人的正前方，距桌边约 30 厘米

127. 墙饰壁挂艺术品在处理手法上要突出主墙，一般应置于（　　　）的墙上。

　　A. 床左侧　　　　　B. 床右侧　　　　　C. 沙发对面　　　　D. 床尾一侧

128. 当楼层或客房内的浓烟达到一定浓度时，（　　　）的红灯闪亮，表明已报警。

　　A. 手动报警器　　　B. 红外线报警器　　C. 烟感器　　　　　D. 热感器

129. 下列不属于布草报废条件的是（　　　）。

　　A. 使用期已到，为了保证质量标准要及时报废

　　B. 由于某种原因布草损坏，无法修补

　　C. 有无法清除的污渍

　　D. 变色

130. 房态转换最主要的（　　　）是前台接待人员。

　　A. 服务对象　　　　B. 服务目的　　　　C. 消费对象　　　　D. 消费目的

131. 会场布置好后，具体检查验收的内容是照明、窗帘、卫生、各种饮品、空调系统、（　　　）。

　　A. 文件　　　　　　B. 香烟　　　　　　C. 水果　　　　　　D. 音响设备

132. 签字仪式结束后的工作有（　　　）、按电梯、送别客人、检查有无客人遗留物品。

　　A. 为宾客开门　　　B. 收拾物品　　　　C. 清洁卫生　　　　D. 准备其他工作

133. 清洁剂包括酸性、中性、碱性、（　　　）、上光剂和表面活性剂。

A. 空气清新剂　　　　B. 挥发剂　　　　C. 填充剂　　　　D. 溶剂

134. 根据职责，单位消防安全负责人负责组织本单位的防火检查，督促落实火灾隐患整改，及时处理（　　　）。

A. 涉及消防安全的重大问题　　　　B. 涉及消防安全的各种问题

C. 涉及消防安全的一般问题　　　　D. 涉及消防安全的关键问题

135. 热情友好是树立良好的饭店形象，（　　　）的条件之一。

A. 培育市场观念、开发新的市场　　　　B. 培育竞争意识、引导客人消费

C. 培育全员销售意识、争当销售状元　　　　D. 培育"忠诚顾客"、吸引回头客

136. 饭店电子门锁使用的是（　　　）。

A. 磁卡锁、感应卡锁　　　　B. 虹膜辨识、IC 卡锁

C. 指纹锁、感应卡锁　　　　D. 声音识别、磁卡锁

137. 总服务台的功能是（　　　）。

A. 提供预订、登记服务

B. 提供饭店内外各种信息

C. 支援对外营销活动

D. 提供准确信息和财务，对外接待宾客，对内做好衔接

138. 前厅部是（　　　）。

A. 饭店的营业橱窗

B. 饭店给客人留下第一印象和最后印象的地方

C. 饭店具有一点的经济往来业务的地方

D. 美好印象与衔接内外联系的岗位

139. 转换房态可以使用（　　　）。

A. 饭店前台系统　　　　B. 饭店后台系统　　　　C. 空调系统　　　　D. 电视系统

140. 盘点的目的就是使仓库管理员随时掌握仓库客房用品的收发、储存、（　　　）情况，同时根据盘库结果，编制下一年物资采购计划，为补充库房内短缺物品做准备。

A. 数量　　　　B. 耗损　　　　C. 记账　　　　D. 质量

141. 一至二星级饭店客房使用的大浴巾规格一般选择（　　　），重量以（　　　）为宜。

A. 120 厘米×60 厘米　　400 克　　　　B. 130 厘米×70 厘米　　500 克

C. 100 厘米×50 厘米　　300 克　　　　D. 90 厘米×45 厘米　　250 克

142. 属于客房一次性消耗物品的是（　　　）。

A. 梳子、棉花球、棉签　　　　B. 住宿须知、服务指南

C. 电话使用说明、送餐菜单　　　　D. 烟灰缸、防火指南

143. 《劳动法》第六十条规定：不得安排女职工在（　　　）从事高处、低温、冷水作业和国家规定的第三级体力劳动强度的劳动。

A. 经期　　　　B. 哺乳期　　　　C. 孕期　　　　D. 三期

144. 饭店员工要互相尊重，互相学习，善于倾听别人意见，（　　　）。

A. 有则改之、无则加勉　　　　B. 取人之长、补己之短

C. 知无不言、言无不尽   D. 严于律己、宽以待人

145. 服务员为客人上茶时，其顺序为（   ）。

A. 先主后宾，按序进行   B. 先宾后主，依次进行

C. 先女后男，依次进行   D. 先老后少，依次进行

146. 下列属于日本人最常见的礼节是（   ）的鞠躬礼。

A. 15 度   B. 90 度   C. 30 至 45 度   D. 30 度

147. 前厅收银处、财务部、贵重物品保险柜、商场和仓库都应配置安装（   ），一旦发生事件，报警信号会立即在监控中心显示。

A. 手动报警器   B. 手压报警器   C. 烟感器   D. 主动红外线报警器

148. 美国人喜欢白色，他们认为白色是（   ）。

A. 纯洁的象征   B. 爱情的象征   C. 阳光的象征   D. 光明的象征

149. 下列不属于盘点工作内容的是（   ）。

A. 清点工作间   B. 清点工作车   C. 清点小库房   D. 清点服务台

150. 下列关于旅游饭店的特点说法正确的是（   ）。

A. 建筑装潢豪华和服务设施齐全

B. 各种房间、餐厅和相配套的康乐、邮购设施

C. 设备齐全、现代化程度高

D. 装潢豪华

151. 应该将企业精神、经营理念、职业道德、员工信念和各种规章制度，由企业家的追求变成（   ）。

A. 全店上下的共同意志   B. 基层员工的行动

C. 企业的根本大法   D. 全店员工的行动准则

152. 磁卡门锁的性能有（   ）。

A. 开启房门、提示关门、取电和记录进房时间、次数

B. 开启房门与取电

C. 消费记账和开启房门

D. 点播 CDOO 系统

153. 会见厅应该（   ）。

A. 布置成美观、雅致的环境   B. 布置成舒适、安全的环境

C. 布置成温馨、舒适的环境   D. 布置成严肃、庄重的环境

154. 消防安全重点单位对每名员工应当（   ）消防安全培训。

A. 每半年进行一次   B. 每年至少进行一次

C. 每年进行一次   D. 每季度进行一次

155.《劳动法》第五十二条规定：用人单位必须建立、健全劳动安全卫生制度，严格执行国家劳动安全卫生规程和标准，对劳动者进行劳动安全卫生教育，防止（   ），减少（   ）。

A. 工伤事故   职业病   B. 食物中毒   病菌感染

C. 劳动过程中的事故   职业危害   D. 蚊蝇四害   病菌传播

156. 签字仪式服务所用物品主要包括：签字桌、台呢（深绿色）、签字笔、（   ）、酒及酒杯。

A. 水果 　　　　　 B. 茶杯 　　　　　 C. 托盘 　　　　　 D. 鲜花

157. 插花用的花枝，修剪后要（   ）使用。

A. 尽快 　　　　　 B. 等收浆后 　　　　 C.10 分钟后 　　　　 D. 风干后

158. 会谈服务用品应在开会前半小时摆上（   ）等。

A. 茶杯、铅笔、烟灰缸、便笺 　　　　　 B. 咖啡、小点心

C. 铅笔、便笺、名卡、垫碟、方巾托 　　 D. 干果、水果

159. 楼层服务员对于电子门锁要做到（   ）。

A. 发现问题报修 　　 B. 能拆卸电子门锁 C. 能安装电子门锁 D. 能修理电子门锁

160. （   ）的防火检查主要包括：每日防火巡查、每月防火检查、消防设施检查维修保养、自动消防设施全面检查测试及灭火器维护保养和维修检查五种形式。

A. 消防安全重点单位 　　　　　 B. 企事业单位

C. 消防单位 　　　　　　　　　 D. 一般单位

得　分	
评分人	

二、判断题（第 161 题～第 200 题。将判断结果填入括号中。正确的填"√"，错误的填"×"。每题 0.5 分，满分 20 分。）

161. （   ）宴请费用价格的确定主要依据宴请招待标准和与会人数。因地区不同，目前使用的主要有"人"和"桌"两种计价单位。

162. （   ）店外客人醉酒打坏物品与住店客人醉酒打坏物品赔偿是有区别的。

163. （   ）睡眠空间的功能包括床与床头区域范围。

164. （   ）饭店的可租房间数等于饭店房间数减去维修房间数。

165. （   ）壁柜长度各饭店因客房空间而定，但进深不应少于 40 厘米。

166. （   ）仓库盘点就是定期对仓库内每种物品的件数进行清点。

167. （   ）星级饭店规定，每个房间摆放香皂两块，五星级饭店其中至少一块净重不低于 45 克。

168. （   ）客人在饭店中的消费权应当得到充分的尊重。

169. （   ）宾客醉酒回房间，一男服务员可以搀扶客人回房间休息。

170. （   ）目前市场供应充足，楼层库房物品应勤申购，勤领用，少积压。

171. （   ）住店客人生病后，服务员一定要询问客人是否会传染。

172. （   ）步入市场经济后，社会主义职业道德又增加了保守商业秘密、保护知识产权、不出卖本企业利益、避免不正当竞争等新内容。

173. （   ）在法国，一般在葬礼上才可以送菊花。

174. （   ）公寓饭店的特点是给客人准备好日常生活用品。
175. （   ）高档卫生间噪声不大于55分贝，峰值不超过45分贝。
176. （   ）布草变色原因很多，一旦发生，基本报损。
177. （   ）客房中级以上服务员应会操作视听设备。
178. （   ）要做好安全保卫工作，必须对整个饭店的安全设施器材的配备及其功能有一个基本的了解。
179. （   ）应当注意加强岗位之间、工作之间、部门之间的横向联系和沟通，做到快速反应，协调合作。
180. （   ）客人因心脏病死亡，不是传染病可以不用消毒客房。
181. （   ）硫酸钠可用于清洁卫生间恭桶。
182. （   ）一段时间内如果客房出租率急剧上升，超出预定出租率，使物品使用过量，属于正常消耗。
183. （   ）"Could you add an extra bed in my room?"的中文译法是"在我的房间加一张床行吗"？
184. （   ）填写特殊要求的表格，姓名、具体时间、批准人、批准时间、接收人签章和时间都应按照特殊的要求正确填写。
185. （   ）人们对职业道德的评价和衡量主要是通过个人信念、传统习惯和社会舆论做出的。
186. （   ）自助餐的特点是设有服务员为客人服务的一种用餐形式。
187. （   ）消费者享有公平交易的权利。
188. （   ）"Don't worry, madam, We'll see to it"的中文译法是"别着急，夫人，我们查看一下"。
189. （   ）了解会见服务的有关内容，是为了有针对性地服务，效果更好。
190. （   ）德国人在吃飞禽、火鸡时喝中低度的红葡萄酒。
191. （   ）会见服务制定的计划，应由主办单位的领导审批。
192. （   ）房态转换的顺序是干净房→脏房→待查房。
193. （   ）电动机器清洁设备一是不污染环境，二是使用方便、效率高、效果好。
194. （   ）楼层库房的物品保管要做到谁用谁领谁登记，填写领物单。
195. （   ）连续性会议和展览一般要历时多天，甚至需要在一段时间内包租场，可以"场/日"为计价单位。"日"的计算以每日中可利用"次"数为依据，一般6"次"换算为1"日"。
196. （   ）地巾一般采用粗号纱，制成低密度、高层度的毯状织物。
197. （   ）客房的客用品是日常生活中用得上的生活资料，因此，免不了出现漏洞。
198. （   ）特殊情况，如遇有额外需要客用品的客人，视情况也应满足供应。
199. （   ）解决了布草受潮湿、受热使用，就能延长布草的使用寿命。
200. （   ）饭店在制定易耗品的标准时，基本上是以客房的档次为依据。

职业技能鉴定国家题库
中级客房服务员理论知识试卷（模拟卷二）
注 意 事 项

1. 考试时间：120 分钟。
2. 本试卷依据 2001 年颁布的《客房服务员国家职业标准》命制。
3. 请首先按要求在试卷的标封处填写您的姓名、准考证号和所在单位的名称。
4. 请仔细阅读各种题目的回答要求，在规定的位置填写您的答案。
5. 不要在试卷上乱写乱画，不要在标封区填写无关的内容。

	一	二	总　分
得　分			

得　分	
评分人	

一、单项选择（第 1 题～第 160 题。选择一个正确的答案，将相应的字母填入题内的括号中。每题 0.5 分，满分 80 分。）

1. 总台的收银服务包括：入账、结账、外汇兑换和（　　　）。
A. 现金支出　　　　B. 接收预定　　　　C. 贵重物品保管　　D. 接待安排

2. 饭店为防止客人在床上吸烟不慎引起火灾，常在床头控制柜上放置（　　　）。
A. 烟缸　　　　B. 防火须知　　　　C. 安全疏散图　　　D. 防火标志牌

3. 在冷餐酒会服务中，服务员的主要工作是（　　　）。
A. 巡回斟酒与上菜　　　　　　　B. 做好卫生工作
C. 分菜、派菜　　　　　　　　　D. 控制食品、酒水、饮料的数量

4. 服务员在收回客房用餐的餐具前，应先用电话征求客人可否收回餐具，如客人不方便时，送餐员要（　　　）。
A. 告知半个钟后去取
B. 做好记录并通知其他员工按客人确定的时间上房收回餐具
C. 报告领班
D. 告知下一班，再与客人联系

5. 双方签字完毕，服务员将放有香槟酒杯的托盘，分别端至双方签字人员面前，请

其端取，然后（　　）。

    A. 从两边为参签人员依次上酒

    B. 从桌后站立的参签人员中间开始向两边依次分上

    C. 请参签人员端取

    D. 按先宾后主原则，分别向参签人员上酒

6. 饭店产品既有实物形式的有形产品，也有服务形式的无形产品，下列选项中，（　　）属有形产品。

    A. 导游服务、健身服务、委托代办服务　B. 客房服务、客房用品、客房送餐服务

    C. 饭店建筑、旅游汽车、菜肴食品　　　D. 餐厅服务、宴会服务、康乐服务

7. 住店宾客经常向服务员询问有关电话号码或通过电话找人。当客人要求总机帮助找人时，总机（　　）。

    A. 不能代为找人，并致歉　　　　　B. 停下手中工作设法帮助找到客人

    C. 婉拒客人的要求，并致歉　　　　D. 在不影响正常工作的前提下，尽力帮忙

8. 客房卫生间的热水温度应控制在（　　）为宜，过低不利于客人调选，温度过高则易发生烫伤事故。

    A. 40℃~50℃　　　B. 70℃~80℃　　　C. 50℃~60℃　　　D. 60℃~70℃

9. 如用自来水插花，最好先将水（　　），以防水变臭。

    A. 烧开　　　　　B. 放几小时　　　C. 加热　　　　D. 加入漂白粉

10. 商场部（商品部、购物中心）基本职能是（　　）。即组织商品从生产领域到消费领域的流通，实现商品价值。

    A. 商品管理　　　B. 商品经营　　　C. 提供服务　　　D. 商情预测

11. 四星级和五星级饭店配备的信纸、便笺纸质不低于（　　）。

    A. 32克　　　　B. 50克　　　　C. 56克　　　　D. 70克

12. 豪华套间卫生间应配备电话副机，摆有（　　）或常青花草植物。

    A. 插花　　　　B. 小盆景　　　C. 一枝鲜花　　　D. 一束绢花

13. VIP用房卫生配备的低值消耗品中，面巾要求是（　　）。

    A. 经过消毒的　　　B. 未使用过的　　　C. 洁白干净的　　　D. 干净整洁的

14. 前厅部与（　　）一般属同级机构，在日常工作中必须不断相互提供客房入住情况，以保证掌握最新房态。

    A. 营销部　　　B. 餐饮部　　　C. 公关部　　　D. 客房部

15. 如客人提出机场接送的服务要求，饭店（　　）车辆接送。

    A. 可安排或不安排　　B. 不必安排　　C. 也要准时安排　　D. 顺便安排

16. "SF，£，Can $，HK $"是指（　　）。

    A. 法郎、英镑、加元、港元　　　　　B. 瑞士法郎、英镑、加元、港元

    C. 法郎、日元、马克、加元　　　　　D. 法国法郎、卢布、加元、港元

17. Pale Ale，Dreher，Lowenbrau 分别为（　　）啤酒。

    A. 美国干姜、意大利德莱赫、德国的慕尼黑

    B. 英国淡麦、意大利德莱赫、德国卢云堡

C. 美国华盛顿、干姜、淡麦

D. 德国的慕尼黑、卢云堡、多特蒙德

18. "住宿费多少？"英文是（　　　）

A. How much do you charge for the room per night?

B. What is rent every week?

C. What price is it?

D. What does it cost?

19. 接待政府代表团，要严格按照有关部门和接待单位的要求，注意做好（　　　）工作。

  A. 保密   B. 宣传   C. 消毒   D. 灭菌

20. 对政府代表团，应根据客人特点采取（　　　）服务。

  A. 标准化   B. 程序化   C. 规范化   D. 针对性

21. 去除衣物上面积小的食用油渍，可用软毛刷或干净的旧布蘸（　　　）轻轻擦拭。

  A. 少量氨水   B. 少量酒精   C. 少量肥皂水   D. 少量汽油

22. 客房服务员发现住店客人患病时，应（　　　）。

  A. 给其服药   B. 送其去医院   C. 立即报告上级   D. 为其购药

23. 客用保险箱服务的关键是（　　　）。

  A. 客人亲自存取   B. 确保其钥匙的安全

  C. 规定存取时间   D. 确信是贵重物品

24. 宾客患突发性疾病，服务员要沉着冷静，在没有（　　　）的情况下，不可对客人施予任何治疗。

  A. 医务人员   B. 家属陪同   C. 接待单位   D. 征得饭店领导同意

25. 一星级和二星级饭店客房大浴巾的重量不低于（　　　）克。

  A. 300   B. 400   C. 500   D. 600

26. 星级饭店客房卫生间配备的牙刷要求刷毛洁净、柔软整洁，牙膏应（　　　）。

  A. 在保质期内   B. 无软化现象   C. 黏度适中   D. 包装完好

27. 某饭店有客房 300 间，年平均出租率为 60%，单房配备香皂为 2 块/间天，香皂的年度消耗额为（　　　）块。

  A. 13.14 万   B. 11.14 万   C. 12.14 万   D. 12 万

28. 下列属于客房多次性消耗物品的是（　　　）。

  A. 起瓶器、冰桶、化妆品   B. 床上用品、卫生用品、文具用品

  C. 烟缸、火柴、茶叶   D. 电话使用说明、服务指南、房间用餐菜单

29. 客房迎宾工作程序主要内容有（　　　）。

  A. 迎梯、迎领入房、客房介绍、端茶送水

  B. 梯口迎接、开床、介绍、道别离房

  C. 摆放开水、端茶送水、道别离房

  C. 礼貌问候、详细介绍、道别离房

30. 会见厅布置，记录员座位应安排在（   ）。
    A. 主人的后面   B. 主宾的后面   C. 主人的左边   D. 主宾的右边

31. 为了向宾客提供优质服务，使宾客满意，服务人员除了应具备良好的职业道德、广博的业务知识和熟练的专业技能之外，还要讲究礼节礼貌，注重（   ）。
    A. 超常服务   B. 个人卫生   C. 仪表仪容   D. 个性服务

32. 体育代表团的生活特点和作息时间往往与他们的（   ）有关，针对这一点，客房服务员应满足他们的合理要求，提供周到服务。
    A. 年龄   B. 个人爱好   C. 身份   D. 所从事的职业

33. "SF，¥，RMB¥"符号分别代表（   ）。
    A. 法国法郎、日元、人民币   B. 法郎、人民币、日元
    C. 瑞士法郎、日元、人民币   D. 马克、法郎、日元

34. 洗涤后的布草必须检查质量后，方能叠好入库，不洁的布草一般应（   ）。
    A. 报损   B. 做抹布   C. 做其他用途   D. 送回重洗

35. 干粉灭火器不适用于（   ）失火的扑救。
    A. 油脂类物品   B. 精密仪器、电视机
    C. 电路走火   D. 纺织品、纸类

36. "U"字形会场的布置适用于（   ）性质的会议。
    A. 报告   B. 演讲   C. 会谈   D. 商谈

37. 旅游涉外饭店客房部的组织机构设置，应主要考虑饭店的（   ）和运行机制。
    A. 位置、服务、管理方式   B. 性质、规模、管理方式
    C. 设备、标准、管理方式   C. 设施、档次、管理方式

38. 设立客房服务中心的首要前提是客房楼层需有较高的（   ）。
    A. 服务水平   B. 服务技能   C. 工作效率   D. 安全保障

39. 伏特加酒起源于前苏联，通常呈（   ）色。
    A. 粉红   B. 红   C. 金黄   D. 无

40. 三星级饭店客房小酒吧内的软饮料应不低于（   ）。
    A.5 种   B.3 种   C.2 种   D.8 种

41. 客房项目中的"turn-down service"是（   ）。
    A. 做夜床   B. 程序服务   C. 流动服务   D. 房间整理

42. 重要客人抵、离店时，饭店组织有关人员列队欢迎、欢送是对客人的（   ）服务。
    A. 礼仪   B. 针对性   C. 超常   D. 常规

43. 会谈续水操作要领：服务员左脚向两椅子的空档跨出半步，（   ）把水倒入杯中，然后盖上杯盖。
    A. 将杯盖翻过来靠在杯盘边，端下茶杯
    B. 左手小指和无名指夹住杯盖，端下茶杯，在座位的右后侧
    C. 右手小指和无名指夹住杯盖，端下茶杯，在座位的左后侧
    D. 将水瓶口对准杯口缓缓地

44. 根据（　　）划分，中国酒可分为：白酒、黄酒、葡萄酒、啤酒。

A. 酿造工艺　　　　　B. 酒的性质　　　　　C. 颜色　　　　　　D. 商业经营习惯

45. 当服务人员无法满足客人的合理要求时，要设法让客人明白：并不是服务人员怕麻烦、不愿意为他提供服务，而是由于条件所限，实在无法办到。这样做的心理依据是（　　）。

A. 通过"补偿"来消除挫折感　　　　　B. 通过"替代"来消除挫折感

C. 通过"合理化"来消除挫折感　　　　D. 通过"宣泄"来消除挫折感

46. 饭店为防止客人因吸烟不慎引起火灾，在房间内（　　）放置防火标志牌。

A. 写字台上　　　B. 茶几上　　　C. 床头控制柜上　　　D. 卫生间台面上

47. "Do you have anything to be cleaned?" 在客房服务中译作"（　　）"？

A. 你有什么东西要清洗　　　　　　B. 您有衣服要洗吗

C. 这些衣服什么时候洗　　　　　　D. 您有哪些东西要清洗

48. 会见结束后，服务员清理客人会场，发现客人遗留物品，而此时客人已离现场，物品应交（　　）。

A. 公关部　　　B. 主办单位　　　C. 前厅部　　　D. 财务部

49. 一般对于学术讲座或报告会，服务员要随时为（　　）。

A. 主讲人续水送巾　　　　　　B. 与会者续水送巾

C. 主讲人更换烟缸　　　　　　D. 与会者更换烟缸

50. 长住客人期待对居住的客房有家的感觉，服务员对其应（　　）。

A. 提供高效率的服务　　　　　　B. 提供舒适便利的服务

C. 配备专门的服务用具　　　　　D. 提供餐饮器具

51. 我国饭店星级划分的依据是饭店的（　　）及管理、服务水平。

A. 位置、卫生、设施、设备　　　　B. 规模、服务、设施、设备

C. 清洁、服务、设施、设备　　　　D. 建筑、装饰、设施、设备

52. 为适应我国国际旅游业发展的需要，尽快提高旅游涉外饭店的管理和服务水平，中华人民共和国国家旅游局于（　　）正式颁布《中华人民共和国评定旅游涉外饭店星级的规定和标准》。

A. 1991 年 9 月 1 日　　　　　　B. 1986 年 12 月 1 日

C. 1993 年 9 月 1 日　　　　　　D. 1988 年 9 月 1 日

53. 旅游饭店的主要接待对象是旅游者，饭店一般要为宾客提供饮食、住宿、（　　）等多种服务。

A. 旅行游览、购物、娱乐健身　　　B. 贸易、展览、会议、业务洽谈

C. 办公、会议、业务洽谈、健身　　D. 停车、加油、汽车租用、汽车美容

54. 对挂有"请勿打扰"牌的客房，清扫服务员要（　　）。

A. 敲门进房打扫　　　　　　B. 打电话后进房打扫

C. 和领班一同进房打扫　　　D. 记下房号暂不打扫

55. "a TV set" 通常是指（　　）。

A. 电视装置　　　B. 电视接收机　　　C. 电视机　　　D. 电视接收机

56. "叫醒服务"英语写作（　　　）。

A. morning call　　　B. awake service　　　C. wake service　　　D. morning service

57. 迎宾服务工作的四个环节是了解客情、（　　　）、楼层迎宾、分送行李。

A. 清扫客房　　　B. 端茶送水　　　C. 地毯吸尘　　　D. 布置房间

58. 家具基本色调是根据所选家具的（　　　）来确定的。

A. 材料　　　B. 档次　　　C. 价格　　　D. 格式

59. 在书房的装饰布置中，书房所用的家具，最低限度不少于（　　　）。

A. 一桌一椅一书柜　　　　　　　B. 一桌一椅一沙发

C. 一桌二椅　　　　　　　　　　D. 一桌一椅

60. 湿洗后的客衣要做到（　　　）。

A. 干净、不褪色　　　　　　　　B. 完好、不染色

C. 干净、完好、不染色　　　　　D. 完好、不褪色、不染色

61. 如果住店客人不慎将饭店财产损坏，应根据饭店财产损坏赔偿制度，据财产本身价值、损坏程度等情况，（　　　）。

A. 记入客人账单　　　　　　　　B. 加倍记入客人账单

C. 向客人索赔　　　　　　　　　D. 加倍向客人索赔

62. 按国际通行的划分标准，拥有客房（　　　）间的饭店为中型饭店。

A. 600 ~ 800　　　B. 300 ~ 600　　　C. 200 ~ 400　　　D. 150 ~ 250

63. 烘干棉织品时，应按照棉织品洗涤标准（　　　）。

A. 50% 的布巾量　　　B. 30% 的布巾量　　　C. 60% 的布巾量　　　D. 80% 的布巾量

64. 水洗棉织品时，应按照棉织品洗涤标准（　　　）。

A. 定时加放原料　　　　　　　　B. 定量加放原料

C. 根据纤维的性能加放原料　　　D. 定时、定量加放原料

65. 同一客房卫生间的毛巾配备要求（　　　）相同。

A. 数量　　　B. 质量　　　C. 种类　　　D. 颜色

66. 墙饰的位置应（　　　）。

A. 高于房内家具　　　　　　　　B. 低于房内家具

C. 与房内家具平行　　　　　　　D. 与室内家具高低相适应

67. 客房配置的剃须刀、指甲具、文具用品属于（　　　）。

A. 一次性消耗品　　　B. 备品　　　C. 固定物品　　　D. 多次性消耗品

68. 客房配备的小方巾、烟缸、酒具等属于（　　　）。

A. 一次性消耗品　　　B. 馈赠品　　　C. 固定资产　　　D. 多次性消耗品

69. 用作床单的织物密度一般为每 10 平方厘米（　　　）。

A. 200 根 ×240 根　　　　　　　B. 288 根 ×244 根

C. 188 根 ×244 根　　　　　　　D. 180 根 ×200 根

70. "希望你好好休息，早日康复"的英语是（　　　）

A. Please take a good rest and I hope you will get well soon.

B. Please take a rest and I hope you'll get well soon.

C. Please take several rests and I hope you'll get well soon.

D. Please go to rest, I hope you'll get well soon.

71. 规模小的会见，会见厅形式可按（　　）布置。

A. "T"字形　　　B. 马蹄形　　　C. 长方形　　　D. 会议形

72. 双边会谈的厅室布置形式，通常将桌椅摆放成（　　）。

A. 长方形　　　B. 马蹄形　　　C. "T"字形　　　D. 凸凹形

73. 饭店一般将（　　）视为重要客人。

A. 劳动部门负责人　　　　　　B. 人事部门负责人

C. 知名演员　　　　　　　　　D. 给饭店带来业务者

74. 客房内正常配备的客用物品通常可分为两大类，即（　　）。

A. 客用固定物品和客人借用物品　　B. 针棉织品和客用消耗品

C. 客用固定物品和客用消耗用品　　D. 针棉织品和客用固定物品

75. 会谈桌呈一字形摆放，主谈人的席位应（　　）。

A. 在会谈桌的左端　　B. 靠右　　C. 居中　　D. 在会谈桌的右端

76. （　　）型的客人对自然风光、名胜古迹最感兴趣，他们一般早出晚归，所以客房要做好早晚服务工作。

A. 观光　　　B. 公务　　　C. 会议　　　D. 商务

77. 客房毛巾制品烘干取出后应（　　）。

A. 立即叠好　　B. 立即放平　　C. 立即入库　　D. 立即点数

78. 客房部一般规定在（　　）对客用品领用、耗用、结存情况进行全面清点盘库，确保账物相符，并填写盘库表。

A. 月底　　　B. 中旬　　　C. 月初　　　D. 下旬

79. 饭店客房某一楼层，月客房用品的消耗总金额可按（　　）公式计算。

A. 全部用品的消耗标准 = 客房月出租率×每间客房配备的用品总价×平均消耗率

B. 全部用品的消耗标准 = 客房月出租间天数×每间客房配备的用品总价×平均每天消耗量

C. 全部用品的消耗标准 = 客房月出租率×每间客房配备的用品总价×平均每天消耗量

D. 全部用品的消耗标准 = 客房月出租间天数×每间客房配备的用品总价×平均消耗率

80. 当宾客到达会见厅，主人到门口迎接的时候服务员应（　　）。

A. 在适当的位置恭候　　　　　B. 准备茶水或冷饮

C. 撤下主人用过的小茶杯　　　D. 上茶或饮品

81. 会见厅的形式一般是根据（　　）来布置的。

A. 会见的性质　　　　　　　　B. 会见者的身份

C. 会见的内容　　　　　　　　D. 参加会见的人数

82. 规模较大的会见，其会见厅形式可布置成（　　）。

A. "T"字形　　　B. 马蹄形　　　C. 凹字形　　　D. 长方形

83. 与客人见面时应礼貌地说（   ）。

A. It was nice meeting you.

B. Nice to meet you.

C. I enjoyed meeting you.

D. See you.

84. 饭店洗涤后的床单要求做到（   ）。

A. 清洁、洁白

B. 柔软、洁白

C. 清洁、平整、洁白

D. 柔软、清洁

85. 饭店服务的"一次性"（或称即逝性）的特点，是指饭店的服务（   ）。

A. 不能像工业产品那样，做得不好可以重新返工

B. 可以一次完成

C. 能被贮藏以应付将来之需要

D. 客人可以先试用一次，再决定是否购买

86. 国务院总理会见美国代表团一行 12 人，会见厅形式可布置成（   ）。

A. "T"字形

B. 会议形

C. 长方形

D. 马蹄形

87. 饭店服务的无形性，是指饭店企业很难有效地向宾客描述或展示服务项目，也就是说，饭店很难将服务产品（   ）。

A. 统一化、科学化

B. 具体化、数量化

C. 程序化、规范化

D. 标准化、科学化

88. 楼层领班基本职责是负责客房楼层公共区域保洁，填报设备维修单，楼层员工日常上岗培训，处理客人遗留物品，协助楼层员工满足客人服务要求，此外还负责（   ）等。

A. 客房清扫

B. 为住客做夜床

C. 客房水杯的清洁消毒

D. 客房小酒吧控制

89. 一组摆件要求色彩（   ）。

A. 柔和

B. 明亮

C. 柔和明亮，相互衬托

D. 明暗相互衬托

90. 根据我国的习惯，会见厅客人与主人的座位安排是（   ）。

A. 客人在主人的右边

B. 客人在主人的左边

C. 穿插坐在一起

D. 对面而坐

91. （   ）型的客人不易和别人交往，个人观念很强，平时言语不多，但有主见，容易和别人发生矛盾，以满足自己需要为主要目的。

A. 寡言

B. 固执

C. 犹豫

D. 排他

92. 布置客房家具，要使房间整体布局有（   ），尽量避免过于集中室内某一区域。

A. 整齐感

B. 安全感

C. 舒适感

D. 均衡感

93. 设立楼层服务台的优点是有利于（   ），突出人情味，还有利于对楼层的安全管理。

A. 提高服务效率

B. 加强对客人的面对面服务

C. 集中统一调控

D. 强化客房管理

94. 摆放客房家具时，要注意家具摆放实用、（　　）。

A. 安全高雅　　　　B. 搭配合理　　　　C. 舒适豪华　　　　D. 整齐清雅

95. 宾客退房离开房间，服务员应迅速（　　）。

A. 打扫房间　　　　　　　　　　　B. 检查房间、卫生间

C. 通知接待处　　　　　　　　　　D. 通知收银处

96. 按照当今较流行的方式，客房地毯、床罩、厚窗帘等颜色应（　　）。

A. 部分相同　　　　　　　　　　　B. 各不相同

C. 基本相同或相近　　　　　　　　D. 统一为一种

97. 按岗位的劳动强度、职责轻重、环境好坏、易难程度等条件，把奖金与工资合在一起，按岗位工资的形式发放。这种奖金发放方法称为（　　）。

A. 岗位工资法　　　B. 年功等级法　　　C. 百分计算法　　　D. 技术等级法

98. 清洁员在清扫走客房时，房间如有异味，应（　　）。

A. 开空调换气　　　　　　　　　　B. 喷空气清新剂以改异味

C. 点香改味　　　　　　　　　　　D. 打开门窗，进行通风

99. "洗衣服务"英语写作（　　）。

A. laundry room　　　B. dry-cleaning　　　C. use soap　　　D. laundry service

100. 晚间整理房间时，卫生间内的防滑垫，应（　　）。

A. 放在卫生间门口地下　　　　　　B. 平放在浴缸内的适中位置

C. 放在卫生间浴缸边　　　　　　　D. 放在浴缸边沿上

101. 服务员打扫住客房时，对写字台上客人的零散物品，正确做法是（　　）。

A. 不动客人的物品，以免客人怀疑丢失物品和损坏物品

B. 为了保持客房的整洁，可将客人的零散物品放入皮包内

C. 为了保持客房的整洁，应将客人的零散物品整理整齐

D. 为了保持客房的整洁，应将客人的零散物品放在抽屉里

102. 住客房应每日（　　）检查小酒吧。

A. 做夜床时

B. 上午整理客房时

C. 上午清洁客房时，傍晚做夜床时两次

D. 上午清洁客房时，午后清理客房时，傍晚做夜床时三次

103. 楼层领班每日检查服务员清扫房间的情况使用（　　）。

A. 客房维修报告单　　　　　　　　B. 房态表

C. 楼层住客登记表　　　　　　　　D. 房间检查表

104. 饭店客房部经理的主要工作任务是（　　）。

A. 具体操作　　　　B. 督导实施　　　　C. 经营决策　　　　D. 经营管理

105. 客房服务员正确使用服务用语，要做到口齿清楚、语音适当，必要时可以（　　）。

A. 用眼神示意　　　B. 大声讲话　　　C. 贴近耳朵讲话　　　D. 配合使用手势

106. 客房服务项目中的"lost and found"译作"（　　）"。

A. 失物认领　　　　B. 失物保管　　　C. 失物登记　　　D. 失物招领单

107. 客房的整体布置，首先应立足于（   ）。

A. 方便、舒适、安全
B. 温馨、雅观、整齐
C. 舒适、协调、安静
D. 温暖、雅致、安全

108. （   ）是客房部的主体。它的职能是负责客房区域的清洁保养和对客服务工作。

A. 客房服务中心
B. 客房楼层
C. 公共区域
D. 洗衣场

109. 为了给宾客创造一个良好的休息和居住的环境，在客房装饰布置时，必须注意色彩的合理运用。装饰布置朝南和朝北的客房分别宜采用（   ）的色调。

A. 中性偏暖和中性偏冷
B. 中性偏冷和中性偏暖
C. 较冷
D. 较暖

110. 客房服务员正在服务台听电话，而有客人来到面前时应（   ）。

A. 不予理睬
B. 礼貌示意，尽快结束通话，并道歉
C. 让客人等候
D. 立即挂断电话

111. 客房服务过程中，（   ）是第一节环节，又是其他工作顺利进行的基础环节。

A. 迎宾服务
B. 准备工作
C. 行李服务
D. 布置房间

112. 设立客房服务中心这种模式可以减少人员编制，降低劳动力成本支出，并有利于（   ）。

A. 提高服务效率
B. 突出人情味的服务
C. 对客房服务进行集中统一调控
D. 安全管理

113. 为了保证客房服务工作效率，保证信息的畅通，客房服务中心要有（   ）。

A. 高级电传机
B. 高级传真机
C. 先进的通讯联络设备
D. 高速复印机和打字机

114. （   ）是客房部的信息中心，其基本职能是统一调度对客服务工作，正确显示客房状况。保管宾客的遗留物品以及与其他部门进行联络协调等。

A. 客房服务中心
B. PA 中心
C. 客房部办公室
D. 康乐中心

115. 我国饭店最传统的、最普遍的客房服务模式是通过（   ）向客人提供服务。

A. 客房服务中心
B. 楼层服务台和客房服务中心的结合
C. 服务总台
D. 楼层服务台

116. 楼层服务台是国内饭店客房服务（   ）的模式。

A. 最标准
B. 最传统
C. 最合理
D. 最规范

117. 客房内小酒吧英语名称为（   ）。

A. mini bar
B. bar room
C. in bar
D. bar

118. 散客的最大特点是（   ）。

A. 敏感好动
B. 逗留时间短、行李简单、人数较少
C. 行李少、要求高
D. 人数少

119. 服务员与客人话别时常用（   ）

A. I hope you enjoyed your stay.
B. I hope you will enjoy your stay.
C. I hope you have enjoyed your stay.
D. I enjoyed meeting you.

120. 美国人用手势表示"OK"，其本意是（   ）。

A. 赞成　　　　　B. 赞扬　　　　　C. 允许　　　　　D. 对或是

121. 常住客是指（   ）。

A. 居住饭店时间较长的客人　　　　B. 重要客人

C. 多次来店住宿者　　　　　　　　D. 折扣房价住宿者

122. 英国政府代表团来华访问，有一位客人入住客房后，发现客房只有绿茶和花茶，但他爱喝红茶，服务员给他换了红茶，这属于（   ）服务范畴。

A. 标准化　　　　B. 规范化　　　　C. 程序化　　　　D. 针对性

123. 在迎接政府代表团到来时，客房部的首要工作是（   ）。

A. 安排专人迎接　　　　　　　　　B. 注意礼节礼貌

C. 房间布置与检查　　　　　　　　D. 消防安全

124. 确定客房的（   ）后，才能选择家具的式样。

A. 色调　　　　　B. 基本格式　　　C. 档次　　　　　D. 价格

125. 在宾客到达前，对有空调设备的房间应调整好室温，温度应以（   ）左右为宜。

A. 18℃　　　　　B. 20℃　　　　　C. 23℃　　　　　D. 26℃

126. 设立楼层服务台的弊端是花费的（   ）较多。

A. 人力　　　　　B. 物力　　　　　C. 时间　　　　　D. 投资

127. 政府代表团具有（   ）的特点。

A. 身份高、日程安排紧　　　　　　B. 注重仪表、休息较晚

C. 年龄大、讲究服务　　　　　　　D. 时间观念强、注重服饰

128. （   ）具有身份高、日程安排紧、店外活动多等特点。

A. 旅游观光团　　B. 政府代表团　　C. 文艺团队　　　D. 会议团队

129. 了解客情是正确地进行接待准备的依据，服务员除应了解宾客的风俗习惯、宗教信仰外，还应了解（   ）等情况。

A. 姓名性别、籍贯、车船班次　　　B. 工作单位、职务级别、政治面貌

C. 健康状况、生活特点、接待标准　D. 抵店事由、抵店时间、职务级别

130. 服务员在房间里或在公共区域拾到客人遗留物品都应交（   ），并做好失物招领记录。

A. 总经办　　　　B. 客房部　　　　C. 保安部　　　　D. 财务部

131. "double bed"是指（   ）。

A. 双人床　　　　B. 单人床　　　　C. 大床　　　　　D. 加床

132. 被客人呼唤入房间的服务人员，客人让座时，应表谢意，（   ）。对客人的吩咐要留心听清，办完事立刻离开，离开房间时要面对客人轻轻将门关上。

A. 但不宜坐下　　B. 坐在沙发上　　C. 坐在床边　　　D. 坐在写字椅上

133. 家具的基本格式有时可以决定客房的（   ）。

A. 等级　　　　　B. 种类　　　　　C. 客源　　　　　D. 安全

134. "shopping bags" 指的是 （   ）。

A. 洗衣袋　　　　　B. 塑料袋　　　　　C. 实用袋　　　　　D. 购物袋

135. 在对伊拉克政府代表团的服务中，除了遵照日常工作程序外，还应注意宾客的
（   ），采取针对性服务。

A. 身份　　　　　B. 作息时间　　　　　C. 宗教信仰　　　　　D. 性别

136. "disposable slippers" 中文是 （   ）。

A. 拖鞋　　　　　B. 一次性拖鞋　　　　　C. 无跟鞋　　　　　D. 配置无跟鞋

137. "床单" 英文称为 （   ）。

A. a clean sheet　　　　　　　　　B. a pay sheet

C. bed spreads　　　　　　　　　　D. a bed sheet

138. "Twin Beds" 指的是 （   ）。

A. 床　　　　　B. 单人床　　　　　C. 双人床　　　　　D. 大床

139. 大多数饭店将 （   ）视为重要客人，服务中给予特殊的关照。

A. 商务客人　　　　　　　　　　B. 对本店业务发展有极大帮助者

C. 长住饭店的客人　　　　　　　　D. 企业经理

140. 饭店客房中的 "pillow cases" 指的是 （   ）。

A. 枕套　　　　　B. 枕头　　　　　C. 靠垫　　　　　D. 手套

141. 服务员用中指关节有节奏地轻敲房门三下，如房内无人回答，约 （   ）秒后，
再第二次敲门。

A. 2　　　　　B. 5　　　　　C. 7　　　　　D. 10

142. "你不舒服吗?" 英文为 （   ）

A. What's the matter with him?　　　　B. What's wrong with you ?

C. Do you have a temperature?　　　　D. What wrong with that?

143. 客人使用过的刀、叉、勺、咖啡壶等器具，最好用 （   ）进行消毒。

A. 沸煮的消毒法　　　B. 浸泡的消毒法　　C. 化学消毒法　　　D. 高温消毒法

144. 服务员在工作期间，发现有住客将钥匙留在房门的钥匙孔上，若客人在房间，必
须 （   ）。

A. 敲门提醒客人，将钥匙放入客房内　　B. 拔下钥匙，放入钥匙格内

C. 拔下钥匙，交前台处理　　　　　　　D. 拔下钥匙，自行保管

145. "Do you feel better now?" 译为 （   ）?

A. 你今天怎么了　　　　　　　　　B. 你不舒服吗

C. 你今天好些了吗　　　　　　　　D. 你发烧吗

146. "Your laundry are ready." 在饭店洗衣服项中译作 （   ）。

A. 你的衣服洗好了　　　　　　　　B. 你的衣服准备好了

C. 你的衣服正在洗　　　　　　　　D. 你的衣服正在准备

147. 楼层服务员得知贵宾抵店的时间和房号后，应立即在相应房间 （   ）。

A. 换床单、换枕套、换灯具　　　　　B. 换毛毯、换地毯、换被套

C. 给家具上蜡、擦亮铜器、为地毯除迹 D. 换毛巾、换家具、换茶具

148. 如果客人预计到店时间较晚（20点以后），晚间客房整理可（   ）。

A. 提前做好 　　　　　　　　　　　　B. 在客人抵达后再做

C. 和客人协商时间后再做 　　　　　　D. 不做

149. 迎客房内洗衣袋、洗衣单及刷衣工具配备齐全，一般放置在（   ）。

A. 写字台内　　　B. 行李柜上　　　C. 衣橱内　　　D. 床头柜内

150. 服务员带初次入店的客人进房后，介绍客房设备、服务项目、住客须知等要热情、大方、自信，一般时间掌握在（   ）左右为宜。

A. 2分钟　　　　　B. 5分钟　　　　　C. 8分钟　　　　　D. 10分钟

151. 对迎客房卫生的检查应遵循（   ）、部门经理巡视检查的制度，做到分工明确、责任清楚。

A. 服务员自查、领班全面检查、主管分段检查

B. 服务员自查、领班抽查、主管分段检查

C. 服务员自查、领班抽查、主管全面检查

D. 服务员自查、领班全面检查、主管重点检查

152. 房间布置好后，检查卫生间，各处水龙头要放一次水，目的是防止客人用水时（   ）。

A. 下水不畅 　　　　　　　　　　　　B. 马桶水箱无水

C. 水质浑浊 　　　　　　　　　　　　D. 淋浴不出水

153. 对于宾客有宗教信仰方面忌讳的用品，禁止在房间摆放，以示对客人的（   ）。

A. 关心　　　　　B. 尊重　　　　　C. 重视　　　　　D. 礼遇

154. 布置客房各种家具应造型美观、质地优良、色彩柔和、使用舒适，其档次规格应与（   ）相适应。

A. 客房等级和酒店星级标准 　　　　　B. 客房朝向

C. 客房面积 　　　　　　　　　　　　D. 客房类型

155. 检查空调时，关闭空调机再启动，应至少停机（   ）。

A. 1分钟　　　　　B. 2分钟　　　　　C. 3分钟　　　　　D. 5分钟

156. 检查离店客人房间如发现有遗留物品，应立即送交客人。若客人已经离店，一般应将遗留物品交（   ）保管。

A. 客房服务中心　　　B. 主管　　　　　C. 领班　　　　　D. 经理

157. 检查房间时，若发现设备损坏，物品缺少，应立即（   ）。

A. 通知客房部 　　　　　　　　　　　B. 请客人赔偿

C. 通知总台或客房服务中心 　　　　　D. 通知保安部

158. 台班服务员带客人去客房途中，应走在客人的（   ）。

A. 正前方　　　　　B. 右前方　　　　　C. 左前方　　　　　D. 侧前方

159. 一般饭店规定台班服务员接客人时，应笑脸相迎，鞠躬（   ），主动打招呼问好。

A. 30°　　　　　B. 15°　　　　　C. 45°　　　　　D. 60°

160. 台班服务员接到客人住房信息或电梯铃响时，应（　　　），等候客人。

A. 迅速站到相应的位置　　　　　　B. 在值班室里

C. 站立于服务台内　　　　　　　　D. 在客人入住房门前

得　分	
评分人	

二、判断题（第 161 题～第 200 题。将判断结果填入括号中。正确的填"√"，错误的填"×"。每题 0.5 分，满分 20 分。）

161. （　　）饭店在选择客用品时，主要考虑保证质量，而无须顾及价格因素。

162. （　　）前厅部的基本任务是销售客房、提供信息、协调对客服务、正确显示客房状况、建立客账，所以人们常用"神经中枢"来形容前厅部在饭店中的作用与地位。

163. （　　）饭店机场代表的职责就是代表饭店为预定客人提供接送服务。

164. （　　）接待员为客人办完登记手续即请行李员引领客人去房间。

165. （　　）商务楼层散客一般对服务效率要求较高，面对服务价格不太敏感。

166. （　　）英语中欢送信奉基督教的西方宾客上飞机时，应礼貌地说"Good luck"或"Have a good journey"！

167. （　　）灯光是客房效果的关键。

168. （　　）中餐宴会服务中，撤换餐具应站在客人右边进行。

169. （　　）金酒用谷物发酵蒸馏而成，因在制造过程加入"杜松子"香料故又名杜松子酒。

170. （　　）店外迎接人员外出迎接客人时，应手持一块接人牌，牌子的正面一般要写有客人的中文姓名，反面写有客人的英文或汉语拼音姓名。

171. （　　）中餐宴会上菜的位置应在陪同和翻译之间进行，即在副主人右侧的第二位、第三位客人之间进行。

172. （　　）水洗布巾时，布巾投放要适量，以确保有足够的水能正常循环。

173. （　　）托婴服务中，要确保婴儿的安全，不要随便给小孩食物吃。

174. （　　）为客人代修物品中，修好后的物品应核查验收并及时交给客人。

175. （　　）饭店开展客房预订业务时，其程序为：接受处理客人的订房要求，记录、储存预订资料。

176. （　　）总台排房时，应将老、弱、病、残客人尽量安排在楼房服务台附近的客房。

177. （　　）前厅部任务一般包括：出售客房，为客人提供舒适的房间，随时为客人提供客房服务等。

178. （　　）作为签字厅一定要在宽敞高大和有气派的挂有壁画作为照相背景的厅室

内进行。

179. （   ）客人反映在房间内丢失贵重财物时，服务员应报告上级。

180. （   ）对待醉酒客人，通常应尽量将其安置回客房休息，但要注意房内动静。

181. （   ）在家具的选择上，既要美观，又要舒适实用。

182. （   ）对团体旅游客人，服务员可向他们介绍附近景区的情况。

183. （   ）临时布置一般是出于某种特殊原因，在客房里临时摆放鲜花，向客人表示祝贺或敬意。

184. （   ）VIP 离店后服务员迅速检查房间，其目的是检查有无未熄灭的烟蒂，防止失火。

185. （   ）娱乐是一种奢侈性消费。

186. （   ）饭店酒吧按规定一般只提供烈性酒、啤酒和佐酒的小食品。

187. （   ）商务中心接收到发来的电传或传真后，首先应查找接收人姓名、核对份数、页数等。

188. （   ）理智型消费者对娱乐产品和服务的价格十分敏感，既要求物美，也要求价廉。

189. （   ）娱乐服务一般具有即时出售、客人即时消费等特点。

190. （   ）餐厅服务中的口布折花趋向是美观大方，形象逼真。

191. （   ）中餐上菜服务规范中规定，上菜时一定要将菜肴的观赏面正对主位（或主宾位）。

192. （   ）由于商务中心工作的特殊性，在人员配备上要挑选一些优秀的服务人员，且要懂得机器设备的使用及保养知识。

193. （   ）收到的邮件如果没写明房号，服务员须认真查核客人的房间号。

194. （   ）饭店只为客人提供服务指南中列明的代办事项。

195. （   ）服务员在引领客人进房时，应与客人并排行走。

196. （   ）客房区域一旦发生火灾，服务员应按照饭店指定的消防安全规则做到及时报警、迅速扑救、疏导宾客以及保护现场。

197. （   ）会谈中间休息时，服务员应整理会谈桌，增补便笺、铅笔等。

198. （   ）客房用品包括"sheet, pillow case, blanket"。

199. （   ）通常情况下，饭店每隔 2 年交换整个饭店的钥匙系统，以保安全。

200. （   ）为了饭店安全，饭店除配有消防设施外，还应经常进行消防演习。

职业技能鉴定国家题库
中级客房服务员理论知识试卷（模拟卷三）

注 意 事 项

1. 考试时间：120 分钟。
2. 本试卷依据 2001 年颁布的《客房服务员 国家职业标准》命制。
3. 请首先按要求在试卷的标封处填写您的姓名、准考证号和所在单位的名称。
4. 请仔细阅读各种题目的回答要求，在规定的位置填写您的答案。
5. 不要在试卷上乱写乱画，不要在标封区填写无关的内容。

	一	二	总 分
得 分			

得 分	
评分人	

一、单项选择（第 1 题 ~ 第 160 题。选择一个正确的答案，将相应的字母填入题内的括号中。每题 0.5 分，满分 80 分。）

1. 职业道德的原则与企业为保障其发展所制定的一系列规章制度的（   ）是一致的。

　　A. 条文　　　　　　B. 要求　　　　　　C. 精神实质　　　　D. 程序标准

2. 内心信念与社会舆论和传统习惯的不同之处在于：前者是一种（   ），后者是一种（   ）。

　　A. 内在的规范方式　　来自外部的约束力

　　B. 精神的力量　　社会的力量

　　C. 自我评判　　社会仲裁

　　D. 个人的道德标准　　社会的道德标准

3. 尊重客人的隐私权表现在（   ）。

　　A. 不与客人谈私人性质的话题　　　　B. 保持住宿区域安静

　　C. 不叫不扰、随叫随到　　　　　　D. 减少清扫服务的进房间次数

4. 衡量饭店经营管理和服务水平的重要标志之一是提供各种（   ），让客人（   ）全方位享受。

A. 便利　　从生理到心理　　　　B. 服务　　从精神到物质
C. 产品　　从菜点到服务　　　　D. 服务　　从店内到店外

5. 规范化服务与个性化服务相结合的模式有三个方面的特点：服务工作微观化、内拓化；服务工作宏观化、外延化；服务工作（　　）。
A. 人性化、情感化　　　　　　　B. 细致化、体贴化
C. 到位化、规范化　　　　　　　D. 扩大化、优质化

6. 饭店管理应当理顺管理体系，健全机制，避免或减少职能交叉，严格贯彻执行（　　），做到职责明确，各司其职，分工不分家。
A. 国家旅游局颁布的星级饭店标准　　B. 垂直领导、逐级负责的经营管理责任制
C. 操作规程和操作标准　　　　　　D. 岗位责任制

7. 职业道德是在法律基本要求之外，企业或者行业内为保证正常的工作秩序，全体从业人员约定俗成、共同认可的公约，或者由管理部门或组织制定、颁布的纪律和规定，要求（　　）履行。
A. 从业人员一律必须　　　　　　B. 企业中的一部分人必须
C. 行业中的某些人必须　　　　　D. 从业人员按职责要求予以

8. 我国法定计量单位是在国际单位制单位的基础上，根据我国国情，适当选用一些（　　）构成的。
A. 国际单位制单位　　　　　　　B. 市制单位
C. 非国际单位制单位　　　　　　D. 国际单位

9. 立方分米的单位符号是（　　）。
A. mm^2　　　B. km^3　　　C. dm^3　　　D. cm^2

10. 进口的计量器具必须经（　　）以上人民政府计量行政部门检定合格后，方可销售。
A. 县级　　　B. 省级　　　C. 地级　　　D. 区级

11. 下列不属于机器清洁设备的是（　　）。
A. 洗地机　　　B. 打蜡机　　　C. 挤水机　　　D. 洗地毯机

12. 控制洗地毯机的走向，应由左至右，保持（　　）的速度为宜，上下行距互叠（　　）厘米。
A. 35 米/分　　15 厘米　　　B. 25 米/分　　10 厘米
C. 30 米/分　　15 厘米　　　D. 40 米/分　　10 厘米

13. "结晶"蜡打磨，使用（　　）刷地机、针座、百洁刷、钢丝垫进行操作，喷蜡后以（　　）的速度进行打磨。
A. 200 转/分　　30 米/分　　　B. 500 转/分　　50 米/分
C. 300 转/分　　50 米/分　　　D. 800 转/分　　60 米/分

14. 硫酸钠 pH＝5，可与尿碱起中和反应，可用于清洁卫生间（　　）。
A. 脸盆　　　B. 恭桶　　　C. 浴缸　　　D. 地面

15. 客房的种类里"普通套房"应译为（　　）。
A. standard room　　B. junior suite　　C. single room　　D. two beds room

16. "presidential suite" 应译为（　　）。

A. 豪华套间　　　　B. 商务套间　　　　C. 总统套间　　　　D. 双套套间

17. 劳动法是指（　　）的总称，包括《中华人民共和国劳动法》及其他相关法律、法规。

A. 调整生产关系与生产力的法律规范

B. 调整人事劳资关系的法律规范

C. 调整劳动关系以及其他社会关系的法律规范

D. 调整劳动关系以及与劳动关系密切联系的法律规范

18. 在现代法制社会里，用人单位与劳动者之间存在着错综复杂的利益关系，只有用（　　）才能有效地加以规范。

A. 强有力的行政手段　　　　　　　　B. 法律手段

C. 管理手段　　　　　　　　　　　　D. 法制手段

19. 采取欺诈、威胁等手段订立的劳动合同属于（　　）。

A. 侵权合同　　　B. 违法合同　　　C. 单边劳动合同　　　D. 无效劳动合同

20. 劳动合同（　　）是劳动合同规定的必备条款。

A. 无效条件　　　B. 变更条件　　　C. 修改条件　　　D. 中止条件

21. 劳动者解除劳动合同，应当（　　）通知用人单位。

A. 提前十日以书面形式　　　　　　　B. 提前二十日以口头形式

C. 提前三十日以书面形式　　　　　　D. 提前三十日以口头形式

22. （　　）的，支付不低于工资的百分之二百的工资报酬。

A. 法定休假日安排劳动者工作　　　　B. 八小时工作制之外安排劳动者工作

C. 休息日安排劳动者工作　　　　　　D. 休息日安排劳动者工作又不能安排补休

23. 劳动者（　　），享受（　　）。

A. 工作二年以上　　带薪年休假　　　B. 连续工作一年以上　　带薪年休假

C. 连续工作一年以上　　年休假　　　D. 工作一年以上　　旅游假

24.《劳动法》第五十二条规定：用人单位必须建立、健全劳动安全卫生制度，严格执行国家劳动安全卫生规程和标准，对劳动者进行劳动安全卫生教育，防止（　　），减少（　　）。

A. 工伤事故　　职业病　　　　　　　B. 食物中毒　　病菌感染

C. 劳动过程中的事故　　职业危害　　D. 蚊蝇四害　　病菌传播

25.《劳动法》规定：劳动者在劳动过程中必须严格遵守（　　）。

A. 岗位责任制　　　　　　　　　　　B. 操作规程和标准

C. 职业道德　　　　　　　　　　　　D. 安全操作规程

26.《劳动法》第六十一条规定：不得安排女职工在怀孕期间（　　）的劳动和孕期禁忌从事的劳动。

A. 从事国家规定的第二级体力劳动强度　　B. 从事国家规定的第一级体力劳动强度

C. 从事国家规定的第三级体力劳动强度　　D. 从事国家规定的第四级体力劳动强度

27. 国家确定职业分类，对规定的职业（　　），实行（　　），由经过政府批准的考核鉴定机构负责对劳动者实施职业技能考核鉴定。

    A. 制定岗位操作标准　　持证上岗制度

    B. 制定职业技能标准　　职业资格证书制度

    C. 制定职业等级标准　　等级考核证书制度

    D. 制定工资等级标准　　考核晋级制度

28. 《劳动法》规定：劳动争议发生后，当事人可以向本单位（　　　）申请调解；调解不成，当事人一方要求仲裁的，可以向（　　　）申请仲裁。

    A. 劳动争议调解委员会　　　法院

    B. 劳动争议调解委员会　　　劳动争议仲裁委员会

    C. 工会　　　劳动争议仲裁委员会

    D. 职工代表大会　　　劳动争议仲裁委员会

29. 用人单位和劳动者（　　　）社会保险，缴纳社会保险费。

    A. 必须依法参加　　　　　　　　B. 可以自愿参加

    C. 根据自身条件参加　　　　　　D. 可以选择参加

30. 消费者享有对商品和服务以及保护消费者权益工作进行（　　　）的权利。

    A. 评价　　　　　B. 评估　　　　　C. 监督　　　　　D. 指导

31. 公安机关对违反治安管理，扰乱社会秩序，妨害公共安全，侵犯公民人身权利，侵犯公私财产，（　　　）的人，坚持教育与处罚相结合的原则。

    A. 但又尚不够刑事处罚　　　　　　B. 应当受到刑事处罚

    C. 免予刑事处罚　　　　　　　　　D. 已经受到刑事处罚

32. 制定《旅馆业治安管理办法》的目的是（　　　），维护社会治安。

    A. 保障旅馆业的正常经营和旅客的生命财产安全

    B. 保障旅馆业的经济效益和旅客的生命财产安全

    C. 保障旅馆业的正常经营和旅客的起居出入方便

    D. 保障旅馆业的繁荣发展和旅客的行动自由

33. 制定《旅游安全管理暂行办法》的目的是贯彻（　　　）的方针，加强旅游安全管理工作，保障旅游者人身、财产安全。

    A. 安全第一，预防为主　　　　　B. 没有安全就没有旅游事业

    C. 安全工作"三同时"　　　　　　D. 旅游大计，安全第一

34. 一般事故是指一次事故造成旅游者（　　　），或经济损失在（　　　）者。

    A. 重伤　　　1万元至10万元（含1万元）

    B. 轻伤　　　1万元以下

    C. 轻伤　　　1万元至10万元（含1万元）

    D. 重伤　　　1万元至5万元（含1万元）

35. 根据职责，单位消防安全负责人负责组织本单位的防火检查，督促落实火灾隐患整改，及时处理（　　　）。

    A. 涉及消防安全的重大问题　　　　B. 涉及消防安全的各种问题

    C. 涉及消防安全的一般问题　　　　D. 涉及消防安全的关键问题

36. 单位应当将容易发生火灾、一旦发生火灾可能严重危及人身和财产安全以及对消防安全有重大影响的部位，确定为（　　　）。

    A. 消防安全禁区　　　　　　　　　　B. 消防安全岗位

    C. 消防安全重点部位　　　　　　　　D. 消防安全部位

37. 严禁（　　）疏散通道和在安全出口或者疏散通道上（　　）等影响疏散的障碍物。

    A. 占用　　　安装栅栏　　　　　　　B. 使用　　　安装门

    C. 利用　　　安装标志　　　　　　　D. 备用　　　安装栅栏

38. 消防安全重点单位对每名员工应当（　　　）消防安全培训。

    A. 每半年进行一次　　　　　　　　　B. 每年至少进行一次

    C. 每年进行一次　　　　　　　　　　D. 每季度进行一次

39. 客房服务员应严格按照员工行走路线出入，乘员工专用电梯，使用（　　　）卫生间。

    A. 公共　　　　　　B. 员工指定　　　　C. 开放　　　　　　D. 非公共

40. 新招录的员工在（　　　）内发现不符合饭店要求的，饭店可以随时解除劳动合同。

    A. 待岗期　　　　　　B. 合同期　　　　　C. 试用期　　　　　D. 转正期

41. 饭店房间状态（　　　）是干净空房。

    A. CL \ AE　　　　　B. SLEEP　　　　　C. ASSIGNED　　　D. CL \ VA

42. 房态转换的顺序是脏房→干净房→（　　　）。

    A. 待查房　　　　　　B. 干净房　　　　　C. 空房　　　　　　D. 维修房间

43. 转换房态可以使用（　　　）。

    A. 空调系统　　　　　　　　　　　　B. 程控交换机系统

    C. 电视系统　　　　　　　　　　　　D. 饭店后台系统

44. 饭店使用电子门锁是为了（　　　）。

    A. 漂亮、美观、潮流　　　　　　　　B. 饭店的荣誉

    C. 饭店的喜好　　　　　　　　　　　D. 安全、易于管理、方便客人

45. 楼层服务员对（　　　）要做到使用封门卡封门。

    A. 程控交换机　　　B. 前台系统　　　　C. 电子门锁　　　　D. 电视系统

46. 饭店的（　　　）有留言等待指示灯的功能。

    A. 客房系统　　　　B. 互联网　　　　　C. 程控交换机　　　D. 前台系统

47. 客房电话在空房状态时，可以拨打（　　　）。

    A. 移动手机　　　　B. 市话　　　　　　C. 饭店内电话　　　D. 城市寻呼

48. 可以使用（　　　）的 POS 系统对客人洗衣签单。

    A. 洗衣厂　　　　　B. 花厂　　　　　　C. 饼房　　　　　　D. 热菜间

49. VOD 系统可以（　　　）电影。

    A. 录制　　　　　　B. 拍摄　　　　　　C. 编辑　　　　　　D. 点播

50. 矛盾房 SKIP 的含义（　　　）。

    A. 有人没账　　　　B. 有账没人　　　　C. 待查房　　　　　D. 干净空房

51. 客房部常用的报表有（　　）。

A. 预离报表、开床报表　　　　　　　　B. 开床报表、出纳报表

C. 预抵报表、采购报表　　　　　　　　D. 预离报表、资产报表

52. （　　）的优势之一是服务员可以安排自己的任务。

A. 程控交换机系统　　B. 客房控制系统　　C. 电视系统　　　　D. 楼控系统

53. 普通团队的特点包括（　　）。

A. 服务快捷准确、行李较少、进出频繁

B. 来去集中、住好、吃好、玩好、消费水平相对较高

C. 日程安排紧凑、店外活动较多

D. 人数多，成员之间差异大，活动多而日程紧，服务快捷、准确，吃、住、玩好

54. 特殊团队、散客的特点是（　　）。

A. 个性差异大与饭店逗留时间较短

B. 消费水平相对较高、行李相对较少

C. 动作迟缓与行动不便、经济富裕，要求舒适、服务周到与环境安静

D. 爱买纪念品、日程安排紧、店外活动多与来去集中

55. 重要宾客的范围是（　　）。

A. 对饭店业务发展有极大帮助或可能给饭店带来业务者

B. 知名度高的外交家、艺术家、政界和经济界的要人、社会名流

C. 同系统的机构负责人或高级职员，饭店业同行负责人或高级职员

D. 业务发展与同系统、同行业负责人，经济效益与社会影响者

56. VIP 客人接待规格是（　　）。

A. 政府代表团的规格

B. 特殊团队和散客的规格

C. 等级、迎送、房内用品配备、餐饮和安全保卫规格

D. 豪华旅游团的规格

57. VIP 接待 A 等服务的迎送内容是（　　）。

A. 总经理率饭店管理人员及部分员工在门口列队迎送客人

B. 总经理、大堂副理在大厅门口迎送客人

C. 副总经理、销售部经理、大堂副理在大厅门口迎送客人

D. 视情况总经理、副总经理在大厅门口迎送客人

58. （　　）不是 VIP 接待 A 等服务房内用品配备的规格。

A. 房内摆放盆花、插花（卧室或客厅）和瓶花（洗手间）

B. 做夜床时赠送一支鲜花或一块巧克力

C. 赠送饭店纪念品、工艺品

D. 房内客用品一律是豪华包装、布草特供

59. 中央空调的性能特点是（　　）。

A. 省电又经济

B. 噪音小、造价低

C. 恒温、恒湿，空气洁净、干湿平衡，室内空气不受外界影响，调节方便

D. 调节方便，舒适度好

60. 套房的书房布置，除应配备书写或阅读家具外，还应适当增加（   ）。

A. 客厅家具   B. 小憩家具   C. 书橱家具   D. 装饰性家具

61. 作为墙饰的要求，墙饰的风格特点要与（   ）相一致。

A. 本地区风俗习惯及宗教信仰   B. 客房的家具布置风格

C. 客房的等级和墙面的大小   D. 客房的间数与规模

62. "祝您在这儿玩得高兴"的英文译法是"（   ）"。

A. I hope you playing pleasant here

B. I hope you'll have a good time here

C. I hope you'll enjoy here

D. I hope you'll spend a happy time here

63. "Here is the light switch."的中文译法是"（   ）"。

A. 这是灯   B. 这是灯罩   C. 这是电源   D. 这是电灯开关

64. "Excuse me，could you post these letters for me?"的中文译法是"（   ）"？

A. 劳驾，帮我邮寄这些信件好吗   B. 劳驾，帮我买一些东西好吗

C. 劳驾，帮我把这些信件扔掉好吗   D. 劳驾，帮我把这些东西扔掉好吗

65. "Please take it easy，madam."的中文译法是"（   ）"。

A. 把它带走，夫人   B. 别走，夫人

C. 别着急，夫人   D. 你可以走了，夫人

66. 香港人喜欢（   ）的颜色。

A. 紫和橙   B. 红和黄   C. 棕和灰   D. 金和蓝

67. 日本人行鞠躬礼，相互之间是行（   ）的鞠躬礼。

A. 15 至 30 度   B. 30 至 45 度   C. 90 度   D. 45 至 60 度

68. 下列说法正确的是（   ）。

A. 日本人忌讳把把烟作为礼品送人

B. 日本人忌讳把服装作为礼品送人

C. 日本人忌讳把首饰作为礼品送人

D. 日本人忌讳把菊花和装饰有菊花图案的物品作为礼品送人

69. 韩国人崇拜太阳神，自称为太阳神的子孙，故他们的民族服装也喜欢用（   ）。

A. 白色   B. 金黄色   C. 蓝色   D. 红色

70. 注重（   ）是英国菜的特点。

A. 甜、不要太咸   B. 酸和微辣

C. 清淡，讲究花样和色、味、香、形   D. 少而精、有热量

71. 德国人讲究酒菜相配，饭前喝（   ）。

A. 开胃酒（雪利酒）   B. 香槟酒

C. 红葡萄酒   D. 啤酒

72. 国家技术监督局发布 GB6952—99 标准规定，高档卫生间噪声不大于（   ），峰

值不超过 65 分贝。

    A. 45 分贝   B. 30 分贝   C. 65 分贝   D. 55 分贝

73. 商务饭店的特点是（　　）。

A. 商务设施先进、场所齐全

B. 现代化程度高

C. 装潢豪华、备有商务活动的各种场所以及现代通信系统

D. 设施、设备相互配套（如幻灯机、投影仪、放映机等）

74. 下列关于旅游饭店的特点说法正确的是（　　）。

A. 建筑装潢豪华和服务设施齐全

B. 各种房间、餐厅和相配套的康乐、邮购设施

C. 设备齐全、现代化程度高

D. 装潢豪华

75. 公寓饭店的特点是（　　）。

A. 备有生活用具

B. 位于繁华市中心

C. 拥有方便日常生活和业务活动的设备设施

D. 物业管理到位

76. 前厅部是（　　）。

A. 营业部门

B. 具有一定的经济功能

C. 给客人第一印象和衔接内外联系的岗位

D. 衔接部门

77. 总服务台的功能是（　　）。

A. 提供预订、登记服务

B. 提供饭店内外各种信息

C. 支援对外营销活动

D. 提供准确信息和财务，对外接待宾客，对内做好衔接

78. 小型宴会厅的功能特点是（　　）。

A. 便于身份较高或保密性强的宴请   B. 独立的房间，一个与外界隔绝的环境

C. 面积不应小于 20 平方米   D. 便于客人活动，便于服务员操作

79. 自助餐厅的特点是（　　）。

A. 自己动手，任意选菜   B. 菜肴丰富，装饰精美

C. 就餐速度快，餐位周转率高   D. 价格便宜，无须等候

80. 下列不属于健身服务项目的是（　　）。

A. 网球   B. 台球   C. 壁球   D. 音乐茶座

81. 下列不属于睡觉空间功能设备的是（　　）。

A. 床   B. 床头柜   C. 卧具与杂志   D. 沙发与茶几

82. （　　）不是盥洗空间功能主要设备。

A. 浴缸   B. 脸盆   C. 吹风机   D. 恭桶

83. 安保部的设施器材是（　　　）。

A. 灭火器

B. 报警器

C. 电视监控、安全报警装置、灭火器、安全报警装置

D. 花洒自动喷水系统

84. 饭店重要部位配置（　　　），一旦发生盗窃、爆炸、抢劫，报警信号会立刻在保卫部的监控中心显示。

A. 烟感器 　　　　　　　　　　　B. 热感器

C. 花洒自动喷水系统 　　　　　　D. 微波报警器

85. 客房部领班每日例行查房，保证所有客房都查到，保证所有员工都查到，（　　　），以便发现问题及时纠正。

A. 保证对全过程的检查 　　　　　B. 保证质量过关

C. 保证不留死角 　　　　　　　　D. 保证100%的查房率

86. 客房清洁保养质量控制是（　　　）、布置规格、工作定额和清洁卫生标准。

A. 没有浮尘 　　　B. 不留死角 　　　C. 整理次数 　　　D. 不漏项

87. 为了把好质量关，要做到（　　　）、经得起上级检查、让宾客满意。

A. 领班检查 　　　　　　　　　　B. 经理检查

C. 同行业人员检查 　　　　　　　D. 认真自查

88. 自觉接受上级领导的明查、暗查及（　　　）等各种方式的检查和群众的监督。

A. 总经理重点检查 　　　　　　　B. 质检人员专职检查

C. 抽查 　　　　　　　　　　　　D. 管理人员日常检查

89. 清洁贵宾房（包括为宾客服务）应由（　　　）来完成。

A. 中级服务员 　　　B. 初级服务员 　　　C. 领班 　　　D. 主管

90. 分项限时"大清洁"半月计划是（　　　）、冰箱除霜清洁、酒精棉球清洁电话和清洁空调出风口、百叶窗。

A. 翻床垫 　　　　　　　　　　　B. 清洁被罩

C. 清洁灯罩 　　　　　　　　　　D. 清洁热水器、洗杯机

91. "大清洁"计划的组织实施应（　　　）、认真动员布置、狠抓落实和检查验收。

A. 加强计划性 　　　B. 统筹安排 　　　C. 制定标准 　　　D. 加强指导

92. 一般饭店常见的害虫是苍蝇、（　　　）、蟑螂、蜘蛛。

A. 跳蚤 　　　　　　B. 甲虫 　　　　　C. 白蚁 　　　　　D. 蚊子

93. 产生病虫害的诱因，有些是外界因素给饭店造成的，比如附近有建筑物拆迁和公共设施整修，（　　　），装修房间，人员流动，野猫野狗的流窜等。

A. 每天进出各种车辆和物资 　　　B. 外国客人携带的物品

C. 长期不消毒、打药 　　　　　　D. 室内通风、光照差

94. 请专业杀灭害虫的人员来做杀灭或消除工作，客房部的有关人员一定要自始至终陪同、引导、指引、（　　　），将杀灭工作做得干净彻底、不留后患。

A. 督导 　　　　　　B. 指挥 　　　　　C. 跟随 　　　　　D. 通力协作

95. 控制苍蝇的方法是经常开启的窗户要装纱窗、（　　）、垃圾桶盖严、经常喷洒杀虫剂、安装电子灭蝇灯，特别注意垃圾房、废物桶的卫生，定期清洁消毒。

A. 准备苍蝇拍　　　　　　　　　　B. 及时处理残羹剩饭和食品包装物

C. 室内通风　　　　　　　　　　　D. 经常喷洒空气清新剂

96. 控制蚊子的方法是保持室内外环境清洁，消灭蚊子滋生的死角，清理废旧容器、臭水河、（　　）、定期喷洒杀虫剂、在室内外合适地点安置灭蚊灯，诱杀成蚊。

A. 随见随灭　　　　　　　　　　　B. 安装纱门窗

C. 喷洒空气清新剂　　　　　　　　D. 纱窗纱门刷药

97. 控制老鼠的方法是堵塞所有可供其出入的洞口，（　　），保持环境卫生，尤其是厨房，要对食品妥善存放，请专业人员指导，投放鼠药。

A. 养猫、狗　　　　　　　　　　　B. 投放老鼠夹

C. 清除所有能提供其做巢的废料和环境　D. 投放专门粘老鼠的胶

98. 下列不属于控制蟑螂的方法是（　　）。

A. 请专家指导布放药物、诱饵

B. 向有蟑螂出没的地方（管道、水池）喷洒专门杀虫剂

C. 布放专门粘蟑螂的胶

D. 保持环境清洁，食物收藏好，死角定期打扫

99. 控制螨的方法是（　　）。

A. 经常紫外线消毒　　　　　　　　B. 喷洒空气清新剂

C. 储存物中放入驱虫药盒　　　　　D. 喷洒杀虫剂

100. 白蚁喜欢在阴暗潮湿和不通风的地方生活，对竹木制品、（　　）、皮革制品、纸制品、化纤塑料制品都有严重的危害。

A. 食品　　　　　　B. 库房　　　　　　C. 动植物制品　　　　D. 厨房

101. 霉菌喜生存于潮湿环境。严重的地方霉菌会造成墙纸变化或翘起、（　　）、墙面上的砖头或泥灰有盐析出，物体长出绒毛状物来。

A. 墙纸变黄　　　　　　　　　　　B. 木护墙板开裂

C. 墙面涂料剥落或褪色　　　　　　D. 墙纸出现灰黑色

102. 帮助和照顾生病住店宾客的内容是征询客人意见是否去医院，（　　），了解客人的生病原因，随时留意房内动静。

A. 根据病情，采取相应措施　　　　B. 礼貌询问客人病情

C. 买药　　　　　　　　　　　　　D. 简单救治

103. 处理病危客人的方法是（　　）。

A. 做好护理记录　　　　　　　　　B. 注意保密

C. 准备好客梯　　　　　　　　　　D. 帮助客人找药、买药

104. 宾客酗酒现象在饭店时有发生，其处理方式因人而异，一般应根据醉酒客人的情况，大致可分为（　　）、破坏饭店财产。

A. 大吵大闹　　　　　　　　　　　B. 干扰其他客人

C. 谩骂无关人员　　　　　　　　　D. 随地乱吐

105. 下列不属于住店宾客醉酒处理内容的是（　　）。

A. 将房间火柴、打火机撤出，以防意外

B. 轻度醉酒应劝客人回房休息

C. 醒酒后再回房间，避免弄脏卧具、地毯

D. 重度醉酒应及时报告上级

106. 收取客衣的内容是（　　）。

A. 客人将要洗的衣服放在行李架上

B. 客人通知洗衣房

C. 客人将要洗的衣服装入洗衣袋内，放在房间的床上

D. 客人将要洗的衣服放在沙发上

107. 皮革保养要做到（　　）。

A. 折叠好存放　　　　　　　　　B. 日照好的地方存放

C. 通风阴凉地方存放　　　　　　D. 勤上油、勤擦拭

108. 下列不属于擦鞋服务注意事项的是（　　）。

A. 避免将鞋送错房间

B. 没有相同颜色的鞋油，可以用无色鞋油

C. 使用规范的鞋篮

D. 真皮表层极其脆薄，勿与坚硬物碰擦

109. 无论何种星级的饭店都会设有（　　）、不同形式、不同大小面积的会议室。

A. 不同数量　　B. 不同设施　　C. 不同规格　　D. 不同装饰风格

110. （　　）不属于常规会议的布置内容。

A. 会场布置成排桌排椅　　　　　B. 提供投影机、放映机

C. 座位与人数相等　　　　　　　D. 茶杯与垫碟

111. 常规会议室物品准备与摆放规范的内容是（　　），垫碟（或纸垫、垫巾），烟灰缸等。

A. 茶杯　　　　　B. 文具　　　　　C. 香烟　　　　　D. 水果

112. 会场布置好后，具体检查验收的内容是照明、窗帘、卫生、各种饮品、空调系统、（　　）。

A. 文件　　　　　B. 香烟　　　　　C. 水果　　　　　D. 音响设备

113. 会见厅的布置形式一般为（　　）。

A. 正方形　　　　B. 半圆形　　　　C. 马蹄形　　　　D. "T"字形

114. 会见厅应该（　　）。

A. 布置成美观、雅致的环境　　　B. 布置成舒适、安全的环境

C. 布置成温馨、舒适的环境　　　D. 布置成严肃、庄重的环境

115. 根据我国的习惯，会见厅主宾与主人的座位安排是（　　）。

A. 主宾在主人右侧　　　　　　　B. 主宾在主人左侧

C. 对面而坐　　　　　　　　　　D. 随意而坐

116. 签字仪式就国家（团体、各级组织）之间通过谈判，就某内容包括政治、军事、

（　　）、技术、文化等领域达成协议，举行签字仪式。

    A. 教育　　　　　　　B. 经济　　　　　　　C. 事务　　　　　　　D. 意向

117. 签字厅的布置要求为（　　），长条桌并排摆放，桌面铺绿色台呢，扶手椅或座椅，照相梯或脚架，文本和绿色植物。

    A. 屏风或挂画　　　B. 茶杯、烟灰缸　　C. 鲜花、水果　　　D. 音响设备

118. 一般会谈厅布置的形式以厅室（　　），将长条桌呈横一字或竖一字形摆放。

    A. 形状　　　　　　　B. 面积　　　　　　　C. 厅的位置　　　　　D. 方位

119. 会谈室摆设物品的种类有鲜花或绿色植物、矿泉水、（　　）、咖啡杯、勺。

    A. 香烟　　　　　　　B. 点心　　　　　　　C. 杯子、杯垫　　　　D. 水果

120. 下列不属于物品摆设要求的是（　　）。

    A. 矿泉水放左上方　　　　　　　　　　B. 文件夹放于座位的正前方

    C. 杯把与桌面成45度角　　　　　　　D. 咖啡碟边与文件夹底部成一直线

121. 物品摆放标准为（　　）、文件夹、咖啡、矿泉水、茶包、柠檬片等。

    A. 烟灰缸　　　　　　B. 小香巾　　　　　　C. 文具一套　　　　　D. 鲜花

122. "O"形台、方形台与三角台的布置特点是（　　），不具严肃的谈判性质，与会者可以围桌而坐，表示彼此地位平等，避免席次上的争执。

    A. 与会者身份都较重要的国际会议　　B. 形式独特

    C. 内容繁多　　　　　　　　　　　　D. 人员复杂

123. 凡是身份较高的人士会见身份较低的客人，称之为（　　）。

    A. 访问　　　　　　　B. 采访　　　　　　　C. 探访　　　　　　　D. 接见

124. 宾客之间会见，就其内容来说，可分为（　　）、政治性、事务性等。

    A. 礼节性　　　　　　B. 重要性　　　　　　C. 好奇性　　　　　　D. 神秘性

125. 下列不属于了解会见服务内容的是（　　）。

    A. 主、宾身份以及会见性质　　　　　B. 会见的准确时间

    C. 参加会见的人数　　　　　　　　　D. 大约进行的时间长短

126. 会见服务，制订的计划有（　　）。

    A. 采访、录音　　　　　　　　　　　B. 拍照、录像

    C. 礼品清单、人员安排、场地布置　　D. 会见程序

127. 会见服务所需服务用品包括茶杯、垫碟、垫碟巾、（　　）、小香巾、火柴、圆珠笔或铅笔等。

    A. 水果　　　　　　　B. 鲜花　　　　　　　C. 烟灰缸　　　　　　D. 文件夹

128. 参加会见的主人一般在会见正式开始前（　　）左右到达现场。

    A. 3分钟　　　　　　B. 15钟　　　　　　　C. 20分钟　　　　　　D. 30分钟

129. 服务员为客人上茶时，其顺序为（　　）。

    A. 先主后宾，按序进行　　　　　　　B. 先宾后主，依次进行

    C. 先女后男，依次进行　　　　　　　D. 先老后少，依次进行

130. 会谈桌呈一字形摆放，主谈人的席位居中，而根据我国的习惯，会谈的译员安排在（　　）。

    A. 主谈人的右侧　　　　　　　　　　B. 主谈人的左侧

C. 主谈人的左身后　　　　　　　D. 主谈人的右身后

131. （　　）不属于服务员会谈服务应事先掌握的内容。

A. 文件　　　　　B. 主、宾身份　　　C. 会见时间　　　D. 会见人数

132. 签字仪式服务所用物品主要包括：签字桌、台呢（深绿色）、签字笔、（　　）、酒及酒杯。

A. 水果　　　　　B. 茶杯　　　　　C. 托盘　　　　　D. 鲜花

133. 签字仪式开始后，服务员托着放有斟好酒的香槟杯的托盘，分别站在距签字桌两侧约（　　）处。

A. 1.2 米　　　　B. 1.5 米　　　　C. 2.5 米　　　　D. 2 米

134. 当签字双方签字完毕，互相站起握手交换文本时，服务员应（　　）。

A. 及时上香槟酒　　B. 整理签字台　　C. 撤除签字椅　　D. 鼓掌表示祝贺

135. 签字仪式结束后的工作有为宾客开门、（　　）、检查有无客人遗留物品。

A. 收拾物品　　　　　　　　　　　B. 清洁卫生

C. 准备其他工作　　　　　　　　　D. 按电梯及送别客人

136. 使用一体化调音台时，首先将（　　），然后接好调音台的电源，把调音台的单路推子或主控推拉到底，调音台电源开关打开，根据会场需要安装好话筒。

A. 扬声器的调音台进行连接　　　　B. 机器调试一遍

C. 机器放置好位置　　　　　　　　D. 设备检查一遍

137. 投影机设置避免在大于（　　）度的倾坡上，不然投影灯可能会出现故障。

A. 22　　　　　　B. 20　　　　　　C. 25　　　　　　D. 27

138. 客房内所配备的客用物品，要以客房的类别和（　　）为依据。

A. 数量　　　　　B. 大小　　　　　C. 档次　　　　　D. 星级

139. 下列不属于易耗品替换项目表内容的是（　　）。

A. 发放　　　　　B. 配置　　　　　C. 检查　　　　　D. 申报

140. 楼层库房的物品保管，要做到专人领发，（　　），责任到人。

A. 专人保管　　　B. 随用随领　　　C. 平时上锁　　　D. 谁用谁领

141. 关于星级标准的规定说法正确的是（　　）。

A. 每个房间两块，重量不低于 20 克

B. 每个房间两块，重量不低于 40 克

C. 每个房间两块，重量不低于 50 克

D. 每个房间两块，重量不低于 30 克

142. 在客用品消耗控制中，要加强统计分析，如果管理不善，在（　　）、使用、保管等环节就会出现问题。

A. 领取　　　　　B. 登记　　　　　C. 储存运输　　　D. 自然损耗

143. 准确掌握客房物品储备量的内容是，根据客观条件制定储备量，（　　）和消耗定额来制定。

A. 根据客房实际需要　　　　　　　B. 根据每周需要

C. 根据客房的拥有量制定的储备量　D. 根据每季度的需要

144. 下列属于客房多次性消耗物品的是（　　　）。

A. 牙刷、牙膏　　　　　　　　　B. 卫生纸、拖鞋

C. 烟茶、火柴　　　　　　　　　D. 电话使用说明、服务指南

145. 下列不属于表格填写的内容要求的是（　　　）。

A. 内容详细　　　B. 报送及时　　　C. 特殊要求　　　D. 数据真实

146. 表格填写常识的特殊要求需要一式二至三份，同时在表格上要使用统一的（　　　），填制人姓名和填制的具体时间、批准人姓名和批准时间、接收人签章和时间都应按照特殊要求正确填写。

A. 笔迹　　　B. 编号　　　C. 规格　　　D. 尺寸

147. 客用品控制的方法是（　　　），通过工作表控制房间客用品的添补，检查与督导，建立客用品责任制，建立楼层家产管理档案。

A. 根据客房等级领签不同等级客用品　　B. 门口设查包警卫

C. 员工不允许带包上岗　　　　　　　　D. 所有公共区域安装摄像头

148. 库房盘点工作是一项细致、艰苦的工作，要求工作人员要细心、耐心、（　　　）。

A. 热心　　　B. 不怕累　　　C. 能力强　　　D. 有责任心

149. （　　　）不是客房用品的消耗量应规定内容。

A. 每日汇总　　　B. 每月汇总　　　C. 定期分析比较　　　D. 制订来年方案

150. 不同质地的布草有不同的洗涤寿命，全棉床单的耐洗次数为（　　　）次。

A. 150～200　　　B. 400～450　　　C. 350～400　　　D. 250～300

151. 客房部棉织品总量是根据单房配备量按客房（　　　）配备的。

A. 实际出租率　　　B. 出租率的75%　　　C. 出租率的95%　　　D. 出租率的100%

152. 客房双人床使用的特大床单规格一般以（　　　）为宜。

A. 240厘米×260厘米　　　　　　B. 230厘米×270厘米

C. 230厘米×290厘米　　　　　　D. 270厘米×290厘米

153. 客房使用的大号枕套规格一般以（　　　）为宜。

A. 45厘米×75厘米　　　　　　　B. 55厘米×80厘米

C. 55厘米×95厘米　　　　　　　D. 40厘米×80厘米

154. 国家星级标准规定，一至二星级饭店客房使用的面巾尺寸为（　　　）。

A. 60厘米×30厘米　　　　　　　B. 55厘米×30厘米

C. 40厘米×30厘米　　　　　　　D. 45厘米×30厘米

155. 国家星级饭店标准规定，四至五星级饭店客房使用的地巾尺寸为（　　　），重量为（　　　）。

A. 60厘米×35厘米　　250克　　　B. 55厘米×35厘米　　240克

C. 75厘米×45厘米　　350克　　　D. 80厘米×45厘米　　400克

156. 国家星级饭店标准规定，四至五星级饭店客房使用的方巾尺寸为（　　　），重量为（　　　）。

A. 25厘米×25厘米　　40克　　　B. 30厘米×30厘米　　45克

C. 32厘米×32厘米　　55克　　　D. 35厘米×35厘米　　60克

157. 不属于布草保养要求内容的是（　　　）。

A. 尽量减少库存时间　　　　　　　B. 临时放置苫盖好

C. 洗涤后的布草要放置一段时间　　D. 要消除污染和损坏布草的隐患

158. 库房的温度以不超过（　　　）为佳，湿度不大于（　　　）。

A. 20℃　50%　　B. 22℃　50%　　C. 21℃　55%　　D. 23℃　55%

159. 布草报废的条件有使用期已到，为了保证质量标准要及时报废，由于某种原因布草损坏，无法修补和（　　　）。

A. 变色　　　　　　　　　　　　　B. 有霉点

C. 有无法清除的污迹　　　　　　　D. 长时间洗涤缩水变短

160. 使用中的布草应能够满足客房一天（　　　）小时运营的使用和周转需要。

A. 18　　　　　　B. 24　　　　　　C. 16　　　　　　D. 12

得　分	
评分人	

二、判断题（第 161 题～200 题。将判断结果填入括号中。正确的填"√"，错误的填"×"。每题 0.5 分，满分 20 分。）

161. （　　）步入市场经济后，社会主义职业道德又增加了保守商业秘密、保护知识产权、不出卖本企业利益、避免不正当竞争等新内容。

162. （　　）宣传职业道德有利于协调从业人员的价值观、行为模式与企业领导的管理要求之间的矛盾，力求取得一致。

163. （　　）当我们由于工作水平或粗心大意等原因，给客人造成不便或损失时，饭店和当事人除了要向客人解释外，还应当主动向客人表示歉意，争取客人的谅解。

164. （　　）可拆分的大套房和连通房可按照出租形式分别采用整套价或优惠价。

165. （　　）严格地讲有许多物质不纯属于清洁剂（比如家具蜡、上光剂、杀虫剂等）。

166. （　　）抛光推进速度以保持在 50 米/分为宜，来回抛光 1～2 次。

167. （　　）台灯的样式、色调与室内整体氛围没有直接的联系。

168. （　　）窗帘在一定程度上可以起到隔音作用。

169. （　　）劳动者在同一用人单位连续工作满二十年以上、当事人双方同意续延劳动合同的，如果劳动者提出订立无固定期限劳动合同，应当订立无固定期限劳动合同。

170. （　　）用人单位解除劳动合同，工会认为不适当的，有权提出意见。如果用人单位违反法律、法规或者劳动合同，工会有权要求重新处理；劳动者申请仲裁或者提起诉讼的，工会应当协助企业行政做工作。

171. （　　）饭店的可租房间数等于饭店房间数减去维修房间数。

172. （　　）散客的特点是个性化强且进出饭店频繁、无规律。

173. （　）磁卡门锁的性能方便了客人使用和饭店管理。

174. （　）布置客房家具应遵循家具美观实用、搭配合理的原则。

175. （　）客房软床的摆放，应按房间的具体房形情况而定。

176. （　）墙饰要突出主墙，沙发群的对面就是主墙。

177. （　）客房摆件要求色彩明暗相互衬托，尽量将颜色深浅一样的摆件放在一起。

178. （　）客房内的花草布置一般分为长期布置和临时布置两种。

179. （　）插花应注意颜色搭配，讲究造型艺术。

180. （　）"Fancy seeing you here."的中文译法是"真想不到在这儿见到您"。

181. （　）法国人认为，送花不要送牡丹花，不能送双数。

182. （　）消防过滤式自救呼吸器，防毒时间大于等于30分钟，同时有防毒、防火、防热辐射、防烟多种保护。

183. （　）电热水壶的功率为2 000瓦左右，水容量不大于2升，电压220～240伏。

184. （　）度假性饭店一般都是低星级饭店。

185. （　）烟感报警器是客房内最普遍安装的报警装置。

186. （　）应根据饭店位置重要的程度分别安装相应的安全报警器。

187. （　）实施"大清洁"计划是饭店为了整体卫生质量达标，由饭店亲自制订下达的。

188. （　）做好病虫害的预防工作重点是日常卫生和计划卫生的清洁质量。

189. （　）家具甲虫的幼虫常被称为蛀虫。

190. （　）在登记客衣时，要按照客人填写的洗衣单上的各种衣物认真分类、清点、核实，做到衣服的名称、件数准确。

191. （　）客人如要求快件，费用一样。

192. （　）客衣赔偿应双方协商解决。

193. （　）为了增添会谈桌上摆设的美感，烘托气氛，可以在桌子的纵向中轴线上摆几组插好的鲜花，花枝应不遮挡双方的视线。

194. （　）目前市场供应充足，楼层库房物品应勤申购，勤领用，少积压。

195. （　）盘点就是定期对仓库内的每种物品件数进行清点。

196. （　）盘点的目的就是账物相符。

197. （　）仓库盘点就是定期对仓库内每种物品件数进行清点，把清点数量按品种名称登记在物品盘库明细表上，以备与账、卡核对，同时还要与货架或物品上所挂标签的名称、编号核实。

198. （　）饭店档次的高低，决定了物品提供的质量与规范。

199. （　）布草变色原因很多，一旦发生，基本报损。

200. （　）将布草分类存放主要是为了整齐、好看。

第三章　技能考核指导

表3－2　中级客房服务员技能考核部分鉴定要素细目表

行为领域	鉴定范围	鉴定比重（%）	鉴定点		重要程度
基本技能80%	客房清洁与布置	40		住客房的清理	X
				走客房的清理	X
				客房小整理	X
	计划卫生	10	墙体清洁	墙纸清洁	X
				无纺墙布的清洁	X
				玻璃纤维墙布的清洁	X
				木板墙面的清洁	X
				瓷砖墙面的清洁	Y
		10	地毯除渍	清除地毯咖啡渍	X
				清除地毯蜡渍	Y
				清除地毯一般食物渍	X
				清除地毯果汁渍	X
				清除地毯黄油渍	X
				清除地毯番茄酱渍	Y
				清除地毯墨水渍	Y
				清除地毯油漆渍	Y
				擦拭铜器	X
				家具打蜡	X
	会议服务	10		为"O"字形布置的会议进行茶水服务	X
				为"U"字形或山字形布置的会议进行茶水服务	X
				为"T"形布置的会议进行茶水服务	X
				为教室形布置的会议进行茶水服务	X
	操作能力	10		示范布草车的准备	Y
				示范西式铺床	X
				示范中式铺床	Y
				楼层迎宾服务	X
				布置标准间内的物品	X
				开标准间内夜床	X
				地毯吸尘	X

（续上表）

行为领域	鉴定范围	鉴定比重（%）	鉴定点		重要程度
综合能力 20%	对客服务	10	突发事件处理	客人休克或猝死的处理	X
				客人突发癫痫病的处理	X
				客人突发心脏病的处理	X
				客人食物中毒的处理	Y
				临时停电的处理	X
				醉酒客人的处理	X
				客房失窃	X
			代办服务	洗衣服务	Y
				擦鞋服务	Z
	语言能力	10	常用客房服务用语		X

注：X表示"核心要素"，是要求考生重点掌握的技能，也是考核中出现频率最高的内容。

Y表示"一般要素"，是考核中出现频率一般的内容。

Z表示"辅助要素"，是考核中出现频率较低的内容。

第一部分　客房楼层迎送宾客

专题一　楼层迎宾至客房门口

准备工作：台班记录本、服务台一张、房卡、行李、服务员一名、客人若干。

情景：客人办完了入住登记手续，准备上楼层入住房间，楼层服务员为客人提供迎宾服务。

程序一：电梯口迎宾

步骤1：服务员接到前台的电话或看到电梯显示有客人到达该楼层，应马上到电梯口迎接客人。

步骤2：客人快到达楼层时，应迅速在电梯口一旁适当的位置按规定要求站立好。

步骤3：电梯显示客人到达楼层，服务员要面带微笑，一手按住电梯按钮，一手示意客人出电梯，并用敬语欢迎客人："小姐/先生，欢迎您入住××酒店第×楼层。"

程序二：核对房卡

步骤1：迎宾后礼貌请客人出示房卡："小姐/先生，请出示您的房卡。"

步骤2：双手接过房卡，然后核对房卡，"哦，您是入住705号房。"

步骤3：问客人是否需要帮忙提行李："请问需要我帮您提行李吗？"

程序三：迎领宾客到房间（带房）

步骤1：用手示意客人"请跟我来"。引领客人到房间时要走在客人侧前方1米处。拐弯处要用手示意客人前进的方向。

步骤2：来到房间门口，请客人留步，然后敲门、报房号。

步骤3：服务员站立在离房门30~50厘米处，面向房门，面带微笑正视窥视镜，用中指和食指敲门三下，报身份，（连续敲两次），然后按一次门铃，再报身份，之后用客人的房卡开门，插卡取电，然后退出房门一侧，用手示意客人"请进房间"。

步骤4：服务员随后入房，将行李放在行李架上。询问客人是否还有其他需要，之后退出房间，面向客人轻轻将房门关上。

程序四：回岗位登记

步骤1：回到工作岗位。

步骤2：在登记本上做好记录，内容有：客人姓名、入住时间、房号、服务员姓名。

注意事项：

①要微笑，使用敬语迎宾。

②要双手接客人的房卡，然后核对房卡。

③帮助客人提行李时，贵重的物品请客人自己拿。

④在引领过程，要走在客人侧前方1米处，遇拐弯处要用手示意，五指并拢掌心向上。

⑤来到客房门口，报房号，敲门报身份。

⑥送客人到房后，马上回岗位做好登记。

专题二　介绍房间设施设备

准备工作：空调控制器、房卡、服务指南、行李、电话、卫生间设施等；服务员一名、房内客人两名。

情景：客人已在服务员的引领下进了客房，服务员为第一次入住该酒店的客人介绍房间设施设备。

程序一：按规定要求迎宾（做法同上）

程序二：按规定要求进房（做法同上）

程序三：放行李，拉窗帘

步骤1：把行李放在行李架上。

步骤2：走到窗前轻轻地将窗帘拉开。

程序四：介绍房间设施设备

步骤1：介绍房间的地理位置。如："这间房是外景房，可以看到美丽的珠江。"

步骤2：介绍空调的使用方法。如："我们酒店使用的是分体空调，这是遥控器，这个按钮可以调节空调的温度，可以根据需要调节。"

步骤3：电话的使用方法。如："这是房间的电话，可以拨打内、外线，拨打外线需在电话号码前加9，拨打国际长途电话，按酒店规定需另外收费。"

步骤 4：介绍服务指南。如："如果您想了解我们酒店更多的服务，请查看服务指南，里面有详细的解说。"

步骤 5：介绍卫生间的设施设备。如："这是卫生间，我们酒店使用的是电动热水器，红色标志是热水开关，蓝色标志是冷水开关，您可以根据需要自己调节。我们酒店是 24 小时提供热水的。"

程序五：退出房门

步骤 1：礼貌询问客人是否还有其他需要："您还需要别的服务吗？如果需要服务的话，请拨打客房服务中心电话 4 个 8，我们 24 小时为您服务。"

步骤 2：敬语祝客人住得愉快，如："祝您旅途愉快。"

步骤 3：面向客人退出房门，轻轻把房门关上。

程序六：回岗位登记（做法同上）

专题三　送欢迎茶（茶水服务）

准备工作：茶壶、热水壶、托盘、茶叶盒、茶杯和杯碟等，一名服务员，客人若干名在客房。

情景：VIP 客人入住；住店客人打电话要求送茶水；有访客到访。

程序一：沏茶

步骤 1：到工作间准备沏茶。

步骤 2：沏茶前要挑选配套、完好无缺的杯具。

步骤 3：按客人要求在茶壶里放入适量的茶叶，然后冲上沸腾的水。

程序二：送茶水到房间

步骤 1：理盘。沏好茶后理盘，把重物放在里档，轻物放外档。

步骤 2：托盘。理好盘后按规定要求送茶水到房间。（用左手托盘，走到房间门口）

步骤 3：敲门进房。

（1）来到房间门口，按规定要求敲门报身份。（做法同上）

（2）客人来开门，要礼貌问好："您好，小姐，我是服务员，是来送茶水的。"

（3）将托盘的茶水放在房间的茶几上，茶壶向里。

程序三：斟茶

步骤 1：左脚在前，右脚在后站立。

步骤 2：拿取茶壶：一手拿茶壶把，一手按住茶壶盖。

步骤 3：斟茶到茶杯里，以斟七分满为宜。

程序四：上茶

步骤 1：上茶的顺序是先女宾后男宾，有访客的话，要先宾客后主人。

步骤 2：上茶时左手拿杯把，右手拿杯碟，杯把要向着客人的右手，然后用手示意"请"。

步骤 3：撤下托盘，茶壶嘴不能对着客人。

程序五：退出房门

步骤1：礼貌询问客人还有什么需要："您还需要别的服务吗？"

步骤2：如客人没有需要，就退到房间门口，微笑面向客人轻轻关上房门。

程序六：回岗位登记（做法同上）

专题四　给考评员斟茶水服务

准备工作：用房间内的热水壶、茶叶盒、有杯盖的茶杯等，一名服务员，两名在客房的考评员。

情景：考评员在房间的沙发上就座，服务员为考评员斟茶水。

程序一：泡茶

步骤1：用房内的有杯盖的茶杯泡茶。

步骤2：在茶杯里放入适量的茶叶（或茶包），然后冲上沸腾的水，七分满为宜。

程序二：上茶

步骤1：上茶的顺序是先女宾后男宾。

步骤2：上茶时左手拿杯把，右手按住杯盖，杯把要向着考评员的右手，然后用手示意"请"。

专题五　宾客离店时的送客服务

准备工作：服务台、记录本。

情景：客人从房间出来，准备到酒店前台办理离店手续，服务员在楼层送客。

程序一：叫电梯

站在相应的电梯口位置，按电梯按键。

程序二：敬语送客

一手按住电梯按键，一手示意客人进电梯，用敬语告别。

程序三：查房

迅速回到房间，检查小酒吧、检查客人遗留物、检查设施设备。

程序四：通知相关部门

前厅部（收银处）和主管（准备清扫客房）。

程序五：回岗登记（做法同上）

第二部分　客房清扫工作

专题一　客房清扫前的准备工作

程序一：准备的清洁用具

步骤1：准备好布草车。

步骤2：准备好清洁工具。

（1）一个清洁桶、两双不同颜色的手套、一块小地毯、六块抹布、三把刷子、一瓶多功能清洁剂。

（2）准备好吸尘器。

程序二：接受工作指令

步骤1：拿客房清扫登记表（任务表），"正在清洁"牌，工作钥匙（钥匙要随身带着）。

步骤2：分析房态。

程序三：决定清扫顺序

（1）淡季：按常规，先打扫住客房，然后打扫走客房。

（2）旺季：首先打扫前台要求房，然后打扫客人要求房、VIP房，最后打扫走客房、住人房。

程序四：检查仪表仪容

检查仪表仪容是否符合要求。

程序五：将清洁用具推到要清洁的房间门口

专题二　清洁用具的准备

程序一：布草车的准备

说明：在前一天下班时准备好布草车，第二天上班时再检查一遍。

准备过程：

步骤1：擦拭布草车，用干净的半干湿的抹布抹车身一遍，抹的同时检查车是否完好无损。

步骤2：挂布草袋和垃圾袋：挂上干净的布草袋和垃圾袋，并检查是否完好无损。

步骤3：摆放一次性用品：把一次性用品放在布草车顶格，分类整齐放好。

步骤4：摆放干净布草：把四巾、枕套放在上格，床单、被套放在下格。

步骤5：将布草车推至房间门口呈斜侧放。

程序二：清洁工具的准备

步骤1：清洁工具用清洁篮装放。

步骤2：准备两双不同颜色的手套，一双是洗浴缸和脸盆专用的手套，一双是洗马桶专用手套。

步骤3：准备三个刷子：一个是洗浴缸和脸盆的毛刷，一个洗马桶的百洁刷，一个洗马桶内侧的鲍鱼刷。

步骤4：一瓶多功能清洁剂。

程序三：抹布的准备

步骤1：准备房间抹布两块：紫色是湿布，专抹房间家具用品；粉色是干布，专抹电器、金属、地角线、镜面等。

步骤2：准备卫生间抹布四块：粉红色是抹浴缸、脸盆的；白色的是干布，用于抹镜子、电器、金属的；黄色的抹马桶外侧；绿色的抹卫生间地板。

步骤3：所有抹布按规定要求摆放好。

程序四：准备吸尘器

把吸尘器安装好后放到需要清扫的房间门口一侧。

程序五：将"正在清洁"牌和所有准备好的清洁用具推至要清洁的房间门口

专题三　客房清扫的八大程序

程序一：进

步骤1：敲门报身份（按规定要求敲门，报身份）。

步骤2：开锁开门（按规定要求开锁开门）。

步骤3：挂牌（打开房门后，在门把上挂上正在清洁牌）。

步骤4：打开电源总开关。

步骤5：填写登记本（登记入房时间）。

步骤6：调节空调温度（把空调温度调到大约18℃，风速调至最大）。

步骤7：拉开窗帘、开窗（打开窗帘后，打开窗5秒再关上），关掉房内灯具。

程序二：撤

步骤1：撤房间内客人用品、垃圾。顺序是：高衣柜里的脏物品→写字台、抽屉的脏物→床头柜的物品（纸屑、一次性拖鞋等）→茶几（用过的杯具、烟灰缸等），把垃圾扔垃圾桶再和那些脏物品一起拿到房外，垃圾倒在垃圾袋里。

步骤2：撤床上用品。

（1）先撤B床：把床罩、毛毯、枕芯放在沙发上。

（2）后撤A床：把床罩、毛毯、枕芯放在B床上。

（3）最后把脏布草卷好，放入房外的布草袋。

步骤3：撤卫生间用品。

（1）带清洁篮和小地毯，把小地毯铺在卫生间门口。

（2）把清洁篮放在云石台下靠门一侧。

（3）冲马桶，第一次喷"三缸"。

（4）撤卫生间内客人使用过的用品：四巾、六小件、纸巾、厕纸等。

程序三：铺

步骤1：带两套干净布草进房，一套放在沙发上，一套放在B床上。

步骤2：先铺A床，再铺B床。（按要求铺床，再把床推至床头板正中处）

程序四：抹

步骤1：拿两块抹布，一干一湿（左干右湿）。

步骤2：抹的原则：从上到下、从里到外、干湿分开、环形清理、注意检查、家具复原。

步骤3：按顺序抹：门铃（干）→门框（湿）→正、反门板（湿）→高衣柜、衣架（湿）→衣柜门板（湿）→小酒吧里面（干）、外面门（湿）→行李架（湿）→梳妆镜灯、服务指南（干）→写字台面、抽屉、台脚（湿）→椅子（湿）→电视机（干）→地角线（干）→茶几（湿）、沙发椅（干）→壁画（干）→B床床头板（干）→床头灯、电话（干）→床头柜面（湿）→电源控制箱（干）→床头柜下面（湿）→A床床头板（干）→地角线（干）→卫生间门框（湿）→卫生间正、反门板（湿）→电源总开关（干）。

程序五：洗

步骤1：拿4块抹布进卫生间。

步骤2：第二次喷"三缸"。

步骤3：戴上洗浴缸、脸盆专用手套。

步骤4：用专用刷洗脸盆、浴缸。（先刷脸盆、再到墙面、后到浴缸和浴缸上的墙面）

步骤5：冲水：先冲脸盆，再用花洒冲浴缸、顺便洗浴帘。

步骤6：抹干：用专用布抹脸盆浴缸（湿）、墙面（湿）、电器（干）、金属（干）。

步骤7：洗马桶：先换上洗马桶手套，用百洁刷洗马桶外侧；用鲍鱼刷洗马桶里面。

步骤8：冲水：将马桶内外冲洗一遍。

步骤9：抹干：用专用抹布抹马桶。

步骤10：冲地漏、抹卫生间地板，用水冲干净地漏后，再用专用抹布从里到外抹干。

步骤11：收拾好清洁工具，放到房外布草车上指定位置。

程序六：补

步骤1：补房间客用品：把所有房间用品拿到房间，按要求摆放好。

步骤2：补卫生间用品：把一次性用品、四巾和六小件带入卫生间，按要求摆放好。

步骤3：补垃圾桶、垃圾袋。

程序七：吸

步骤1：插电源。

步骤2：把吸尘器拿到房间最里面，打开开关。

步骤3：双手握吸尘器手把，与身体保持60度角。

步骤4：顺着地毯纹路吸房间地面的灰尘，注意边角，从里到外吸。

步骤5：吸卫生间地面的灰尘：先换至硬质地面档，从里到外吸。

步骤6：吸尘完毕后，关机、拔电源、绕线、摆放好。

程序八：检

步骤1：检查房间。（环视房间一周）

步骤2：关窗帘。

步骤3：调节空调温度到22℃～23℃。

步骤4：检查卫生间。（环视卫生间一周）

步骤5：关卫生间门至约45度角。

步骤6：取牌、关电源、关门。

步骤7：填登记表。（填出房时间、补物品的情况等）

专题四　铺床

说明：无论是西式铺床还是中式铺床，在房间里都是先铺 A 床后铺 B 床。

1. 西式铺床规程

步骤①：拉床架垫：弯腰下蹲，双手将床尾架稍抬高，慢慢拉出离床头板约 50 厘米。

步骤②：铺垫单：开单—甩单—包角（按操作规程做）。

步骤③：铺衬单：开单—甩单（按操作规程做）。

步骤④：铺毛毯：注意毛毯的标签朝上，落在床尾位置上，中线居中。

步骤⑤：披边包角：边角要紧而平，每个角相同，成直角，床面要整齐，平整美观。

步骤⑥：放床罩：边角对齐。

步骤⑦：套枕头：套好的枕头必须四周饱满平整，且枕芯不外露。

步骤⑧：放枕头：放好的枕头在床侧两边要均匀。

步骤⑨：打枕线：床面平面齐整，枕线清晰。

步骤⑩：将床复位：弯腰将做好的床缓缓推进床头板下，对正床头板。注意勿用力过猛，尽量使整张床整齐，床面挺括、美观。

2. 中式铺床规程

步骤①：拉床架垫：弯腰下蹲，双手将床架稍抬高，慢慢拉出离床头板约 50 厘米。

步骤②：开被套（按操作规程做）。

步骤③：入被芯（按操作规程做）。

步骤④：整理床尾、打被尾绳结、包角、床面要平整美观。

步骤⑤：整理床头、入枕、放枕。

步骤⑥：将床复位：弯腰将做好的床缓缓推进床头板下，对正床头板。注意勿用力过猛，尽量使整张床整齐，床面挺括、美观。

专题五　撤床上用品

说明：在房间里要先撤 B 床，后撤 A 床。

步骤一：拉 B 床，把床拉出 50 厘米。

步骤二：撤 B 床床罩，在规定的地方将撤出的床罩摆放好。

步骤三：撤 B 床枕头，双手握紧枕头套顶口，用力往下甩。

步骤四：撤 B 床毛毯，站在床头，弯腰，双手拿着毛毯上沿，用力抖松。

步骤五：将 B 床上撤下的毛毯、枕芯放在沙发上。

步骤六：撤 A 床，撤法和 B 床一样，将 A 床上撤下的毛毯、枕芯放在 B 床上。

步骤七：撤脏布草，顺便检查是否有客人的贵重物品，数一下布草件数，将所有的脏布草卷好，一起放到房门外的布草袋里。

专题六 开夜床

说明：当标准房住一位客人时，开靠卫生间的 A 床，折角方向向床头柜。住两人时，两张床同时开，折角方向可以同一方向，也可以相反方向。

步骤一：撤下床罩，放到规定的地方（如高衣柜内）。

步骤二：折角，（向床头柜方向）折成 30～45 度角。

步骤三：放枕头，将枕头拍松，整齐地放在床头上。

专题七 VIP 客房的清扫

程序一：入住前的清扫

步骤 1：对房间进行一次彻底清扫。（清扫要求按八大程序进行）

步骤 2：对房间的家具进行一次打蜡。（按打蜡的方法进行）

步骤 3：对房间的铜器进行一次擦铜。（按擦铜的方法进行）

步骤 4：更新所有的布巾：全新，没有使用过的。

步骤 5：更新所有的客用品：符合 VIP 的档次。

程序二：入住前的布置

步骤 1：摆放鲜花、总经理名片（放在写字台上）。

步骤 2：摆上水果、糕点（放在茶几上）。

程序三：住店期间的清扫

步骤 1：每天有一名服务员专门对 VIP 房进行彻底清扫。

步骤 2：VIP 客人每次外出都必须对房间进行小整服务。

步骤 3：每天晚上要进行开夜床服务。

专题八 接待 VIP 客人

程序一：做好准备工作

步骤 1：做细房间卫生工作：接到 VIP 接待通知单后，第一时间安排卫生班做细致卫生。

（1）细抹家私（摸到无尘，看到无渍）。

（2）细做卫生间卫生（马桶无异味，镜面无渍，地面无毛发、碎屑杂物）。

步骤 2：放入鲜花、水果、报纸：根据 VIP 单放入相应的鲜花、水果。（花由花房派上楼层，客房服务员放入房间，水果由送餐员派入房间）

步骤 3：了解客人的要求：在客人入住前了解清楚客人的要求，卫生班在客人到之前做好准备。（如客人需要万插、熨斗之类的，要提前放入）

程序二：领导查房

步骤 1：主管查房，主管查完房后立即让卫生班跟房。

步骤2：客房部经理查房，卫生班服务员要立即跟房。

步骤3：大堂副理查房，卫生班服务员也要跟房。

程序三：VIP客人到时（VIP客人到之前前台会通知楼层台班）

步骤1：立即清除走廊的杂物。

步骤2：楼层主管亲自迎梯，VIP客人由大堂副理送上楼层。

步骤3：送欢迎茶：VIP客人入房后五分钟内送上欢迎茶。

程序四：VIP客人入住期间的服务

步骤1：每次VIP客人出去都要小整理。

步骤2：每天早上VIP客人外出后，立即清洁房间卫生。

步骤3：开夜床需先开客人不在房间的VIP客房，如果客人在房，要在晚上8：00后敲门问是否需要开夜床。

步骤4：服务员要时刻留意VIP客人住店期间的生活习惯与需求，并做好记录，方便下次的接待工作。

程序五：VIP客人离店

步骤1：VIP客人离店时服务员要热情，询问客人是否需要行李员帮助。

步骤2：电梯口送客。（做法同上）

步骤3：立即查房，主要查遗留物品、酒水和其他物品。

步骤4：通知清洁卫生，放房出租。

专题九　清扫卫生间

程序一：撤卫生间物品

步骤1：带清洁篮和小地毯进卫生间，小地毯铺在卫生间门口。

步骤2：冲马桶。

步骤3：第一次喷"三缸"。

步骤4：撤六小件。

步骤5：撤四巾。

步骤6：把垃圾倒入垃圾桶，把撤下的物品和垃圾桶一并拿出房外。

程序二：洗卫生间

步骤1：拿四块抹布进卫生间。

步骤2：第二喷"三缸"。

步骤3：戴上洗浴缸脸盆专用手套，用刷子先洗脸盆再到墙壁，再洗浴缸、墙壁。

步骤4：冲水，浴缸和上方墙壁用花洒冲，顺便洗一下浴帘。

步骤5：抹，用一干一湿的两块抹布抹干净：镜面电器、金属用干布抹，脸盆、墙壁、浴缸用湿布抹。

步骤6：洗马桶：戴上专用手套，用百洁刷从坐板开始，洗马桶外侧；用鲍鱼刷洗马桶内侧，最后冲水。

步骤7：抹马桶：用专用抹布从坐板抹，再从上到下抹。

步骤 8：冲洗地板后用专用抹布从里到外抹干净地板，特别注意边角、地漏处。

程序三：补卫生间物品

步骤 1：把需补充的物品拿进卫生间。

步骤 2：先补四巾，按规定要求摆放好。

步骤 3：补六小件，按规定要求摆放好，标签面向客人。

步骤 4：补垃圾桶，放在云石台下面。

程序四：检查

步骤 1：检查卫生间是否清洁干净，物品是否齐全。

步骤 2：将门关至 45 度角。

专题十　开夜床服务

准备好所需物品用具。

程序一：进房间

步骤 1：按规定要求敲门报身份。

步骤 2：开锁开门，挂牌开电源开关。

步骤 3：登记入房时间。

步骤 4：把空调调低。

步骤 5：拉上窗帘。

程序二：房间小整理

步骤 1：清理垃圾，物品复原：把衣柜、写字台、床头柜、茶几等处的垃圾放入垃圾桶，并将垃圾桶清理干净，把物品复原摆好。

步骤 2：替换物品：清理烟缸、更换用过的杯子。

步骤 3：补充物品：把撤走的物品按要求补回。

程序三：开夜床

步骤 1：带晚安巾、小礼品、早餐牌进房。

步骤 2：按规定要求开夜床。

步骤 3：放早餐牌（放至床头成 45 度角），小礼品放在床头柜。

步骤 4：放晚安巾和一次性拖鞋，把晚安巾平铺在床前的地毯上、摆放一次性拖鞋。

步骤 5：放睡衣在床尾。

程序四：卫生间小整理

步骤 1：带清洁工具进卫生间。

步骤 2：清理垃圾、物品复原，把客人用过的物品清走。

步骤 3：冲抹"三缸"、地板；冲完"三缸"用一干一湿的两块抹布抹干净；冲地板，用抹布由里到外抹干净。

步骤 4：撤走垃圾、物品和清洁工具。

步骤 5：补充物品。

程序五：查

步骤1：检查房间，环视房间一周。

步骤2：调节空调到22℃～23℃。

步骤3：检查卫生间，把浴帘从门后拉出，下摆放入浴缸内。关卫生间门成45度角。

步骤4：留夜灯和走廊灯，其他的灯全部关掉。

步骤5：关电源、取牌，锁门、登记出房时间。

专题十一 吸尘器的使用方法

步骤一：插电源

步骤二：把吸尘器拿到房间里，打开开关。

步骤三：双手握吸尘器手把，与身体保持60度角。

步骤四：吸房间地板尘，要顺着地毯纹路吸，注意边角，从里到外吸。

步骤五：吸卫生间地板尘，要换挡，从里到外吸。

步骤六：吸完后关机，拔电源、绕线、摆放好。

注意事项：

①吸尘之前应把大块垃圾清洁干净。

②单用吸尘器不能吸有水的地方，以免烧坏吸尘器。

③分清吸嘴的用途。

④每次吸完尘，吸尘器都应进行维护保养。

专题十二 吸尘器的维护保养

程序一：抹尘

首先用一块抹布把吸尘器从上到下抹一遍。

程序二：分拆

把吸尘器机头折下来，把吸管拔下来。

程序三：倒垃圾

把吸尘袋取下来，把垃圾倒进垃圾桶，用抹布将吸尘桶内侧抹一遍。

程序四：安装

把吸尘袋安装好（如不急用的话把吸尘袋洗干净晾干）。再安装好吸管，把机头装好。

程序五：定期上油

定期给吸尘器机头抹油、上润滑油。

专题十三 干泡洗地毯

程序一：准备低速擦地机、清洁剂、吸尘器

程序二：吸尘，彻底吸尘，用吸尘器吸尘

程序三：安装

步骤1：安装打泡箱：将打泡箱安装在低速擦地机上。

步骤2：装清洁剂：将干泡地毯水（TR101）加水至20～30倍，加入打泡箱内。

步骤3：安装地毯刷：接上电源，把地毯刷安装在低速擦地机上。

程序四：擦地

步骤1：开启泡量开关，等泡沫充满地毯刷。

步骤2：开动擦地机。

步骤3：擦地，将清洁泡沫擦入地毯中，行走方向是横行，从左到右，然后移至另一行，由右到左，重复操作，直到清洗完毕。

步骤4：等待风干，待十几分钟地毯完全风干。

步骤5：吸尘：用吸尘器将干泡剂与地毯里的尘埃结成的晶体彻底吸去，地毯便干净了。

适用范围：干泡擦洗最适用于羊毛地毯的洗涤。

专题十四　干粉洗地毯法

程序一：准备压粉机或长扫帚、清洁粉、吸尘器

程序二：吸尘（同上）

程序三：洒清洁粉

程序四：压粉

用压粉机或长扫帚均匀地把清洁粉压均匀。

程序五：等待静电反应

等待40～50分钟。

程序六：吸尘（同上）

适用范围：对地毯损坏不大，适用于不是很脏的地毯。

专题十五　地毯除渍

程序一：判断属哪种污渍

程序二：准备工具

准备小刀、刷子、干抹布、温水、熨斗、清洁剂等。

程序三：去除污渍

步骤1：用小刀小心将块状物刮干净，放到垃圾桶。

步骤2：用少许温水冲淡有污渍的地方。

步骤3：用干抹布吸水。

步骤4：用少许清洁剂擦拭。（从外往里刷）

步骤5：用少许清水冲洗干净。

步骤6：用干抹布吸水。

程序四：铺上一块干布

如果此房急需用的话，用熨斗熨干地毯；如果不急着用，就铺上一块干布，让其自然

风干，次日再取走布。

程序五：**收拾工具**

专题十六　墙纸墙面除清

程序一：**判断属哪种污渍**

程序二：**准备工具**

准备刷子、牙膏或清洁用具、干抹布、水、棉球等。

程序三：**去除污渍**

步骤1：去浮尘，用干抹布抹一遍墙面。

步骤2：在刷子上放上少量的牙膏，对着污渍擦拭。（从里到外）

步骤3：用棉球蘸上少许水在污迹上清洗干净。

步骤4：用干抹布吸干水分。

程序四：**收拾工具**

专题十七　家具打蜡

程序一：**准备工具**

准备抹布、蜡（家具蜡）等。

程序二：**去浮尘**

用抹布从上到下将家具浮尘去掉。

程序三：**上家具蜡**

在抹布上喷上家具蜡，均匀地抹在家具上。

程序四：**抛光**

用另一块抹布均匀地在家具上来回擦拭。

注意：隔半小时再进行一次打蜡。

专题十八　擦铜器

程序一：**准备工具**

准备抹布、擦铜油、报纸等。

程序二：**铺上报纸**

程序三：**去浮尘**

用抹布将金属器皿擦拭一遍去浮尘。

程序四：**上铜油**

在抹布上喷上铜油，均匀地抹在器皿上。

程序五：**抛光**

用抹布均匀地擦拭抛光，直到光亮为止。

程序六：收拾工具

第三部分　日常接待服务

专题一　接待来访客人

情景：当电梯显示有客人来到该楼层，如果服务员走得开时应到电梯口迎宾；如果服务员走不开时等客人自己走到服务台。

程序一：敬语服务

看到客人来服务台时，主动与客人打招呼："您好，先生/小姐。请问有什么可以帮助您的吗？"（客人说："我是来找住在你们酒店的陈先生。"）

程序二：出示有效证件

请客人出示有效证件时说："请您出示有效证件。"检查。

程序三：打电话与住客联系

步骤1：住客不在房间，可以请访客留言，或请客人在大堂等待。

步骤2：住客在房间，可以说："您好，我是服务员，有位李先生找您，您要接见吗？"（掌握住客的会客意愿）按住客指定的地点安排客人会客。

程序四：带客人到住客房间

步骤1：礼貌地跟客人说："先生，您要找的陈先生他在房间等您，他住在705号房。"

步骤2：登记有效证件，做好访客记录。

步骤3：带客人到房间。如果服务员走得开的话要说："先生，请跟我来。"并带访客到房间。如果走不开的话就告之房号让访客自己走去房间。

注意事项：

①当住客不在时，不能随便告诉访客住客的房号。

②要在住客的同意下，才能带访客到房间。

③访客走时，最好留意一下他携带的物品并做好记录。

④到了酒店规定的访客时间，如果访客还没走的话。服务员应婉转提醒访客时间到了。

⑤对待访客要像对待住客一样热情服务，有需要的话送上欢迎茶。

专题二　洗衣服务

准备工作：门匙、笔、特别说明卡、表格三张、衣架、衣袋、衣服。

洗衣种类：

（1）快洗：酒店提供4小时快洗服务，但需加收费用。

（2）普通洗：上午10点前收衣，下午6点左右送回；上午10点后收衣，第二天送回。

洗衣方法：干、湿、熨洗。

操作程序：

程序一：收取客衣

步骤1：进房间：按规定要求进房。

步骤2：检查洗衣：进房后看门后有没有洗衣，再进卫生间看门后和环视一周。

步骤3：核对洗衣：看到有洗衣要核对件数、洗涤的方法、是否有破损、是否有遗留物品、是否有特别的污渍。注意：洗衣单由客人填写，服务员核对时发现与客人的填写有出入时，如果客人在房间，直接提醒客人更改；客人不在房间时以服务员的判断为准。

步骤4：将待洗客衣拿回工作间登记。

程序二：交换洗衣

步骤1：送洗客衣，把待洗的客衣交给洗涤部的客衣收发员。

步骤2：收回洗好的客衣，客衣收发员把洗干净的衣服交回来楼层，由楼层服务员签收。

程序三：送衣服回房间

1. 客人不在房间

步骤1：按规定要求进房。

步骤2：将特别声明卡放在房间门缝，内容是："尊敬的阁下，您的衣服已洗好，如果需要的话请随时与我们联系。"

步骤3：回工作岗位做好记录。

2. 客人在房间

步骤1：按规定要求进房。

步骤2：让客人检查洗干净的衣服。

步骤3：请客人签收。

步骤4：帮客人把衣服放好。

程序四：退出房间

程序五：回岗做好登记记录

专题三　擦鞋服务

情景：当看到客人把鞋放到门外时，就知道客人需要擦鞋服务。

程序一：准备工具：鞋篮、鞋刷、报纸、鞋油、卡片

程序二：取回待擦的鞋

步骤1：拿鞋篮、笔、卡片到房门口收鞋。

步骤2：用卡写上房号放入鞋内。

步骤3：把鞋子放进鞋篮，拿回工作间。

程序三：擦鞋

步骤1：打开报纸垫鞋。

步骤2：用抹布把鞋上的浮尘去掉。

步骤3：上鞋油。

步骤4：用鞋刷用力均匀擦鞋，直到光亮为止。

步骤5：收拾工具。

程序四：送鞋回房

步骤1：用鞋篮装好擦干净的鞋。

步骤2：按规定要求进房。

步骤3：把鞋放到规定的地方。

程序五：回岗登记

注意事项：

①如果没有相同颜色的鞋油，就用无色鞋油。

②一般的擦鞋半小时送回，加快的擦鞋10分钟送回。

③坚持使用鞋篮取、送鞋。

④写房号时，不能将房号写在鞋底下，也不能把客人的姓名写在鞋底。

⑤不能在服务台擦鞋，应在工作间擦鞋。

专题四　突发事件的处理

一、突发心脏病的处理

程序一：应急处理

步骤1：不能随便搬动客人。

步骤2：让客人平卧。

步骤3：不能随便给客人喝水、吃药。

程序二：报告上级

步骤1：用最近的电话报告。

步骤2：看护好客人。

程序三：协助工作

步骤1：听吩咐完成各项工作。

步骤2：搞好现场卫生。

程序四：登记记录

将整个处理过程做好详细记录。

二、客人休克的处理

程序一：应急处理

步骤1：不能随便搬动客人。

步骤2：让客人平卧。

步骤3：不能随便给客人喝水、吃药。

程序二：报告上级

步骤1：用最近的电话报告。

步骤2：看护好客人。

程序三：协助工作

步骤1：听吩咐完成各项工作。

步骤2：搞好现场卫生。

程序四：登记记录

将整个处理过程做好详细记录。

三、突发癫痫病的处理

程序一：应急处理

步骤1：用毛巾塞入客人口中（牙齿与牙齿之间）。

步骤2：挪开尖锐物、硬物，稳住客人。

程序二：报告上级

步骤1：用最近的电话报告。

步骤2：看护好客人。

程序三：协助工作

步骤1：听从安排，完成工作任务。

步骤2：做好善后工作。

程序四：登记记录

将整个处理过程做好详细记录。

四、食物中毒的处理

程序一：报告上级

程序二：应急处理

稳住客人情绪。

程序三：看护好客人，清理脏物

客人可能会有呕吐物，情绪不稳定。

程序四：协助工作

听从安排，做好善后工作。

程序五：登记记录

将整个处理过程做好详细记录。

五、停电处理

程序一：清理楼层走廊的物品

清理工作车等，以免妨碍客人。

程序二：安抚客人

向客人解释说明只是临时停电。

程序三：注意防盗

加强巡视，以免有人趁机盗窃。

六、醉酒客人的处理

准备：水杯、毛巾、垃圾桶、纸巾。

1. 重醉酒客人的处理

步骤1：报告上级及保卫部门。

步骤2：请保安人员将其制服到房间休息。

步骤3：将纸巾、茶杯、热水瓶、垃圾桶等放在床边，方便客人取用。

步骤4：将房间的火柴、打火机撤出，以防意外发生。

步骤5：随时留意房间动态。

2. 轻醉酒客人的处理

程序一：迎客

步骤1：见有客人到该楼层要走到电梯口相应位置迎宾。

步骤2：见客人礼貌问好。

步骤3：礼貌请客人出示房卡核对。

程序二：引领客人到房间

引领时走在客人侧前方1米处，转弯处用手示意。带客人到房间时切不可扶客人。

程序三：按规定要求进房

敲门、开锁开门、开电源。

程序四：提供服务

步骤1：请客人到沙发坐好。

步骤2：送上热茶给客人醒酒。

步骤3：送上热毛巾，帮助客人醒酒。

步骤4：把垃圾桶放在床前，把纸巾放在床头柜上，方便客人取用。

步骤5：把房间内的火柴、打火机撤出，以防意外发生。

程序五：退出房间

程序六：登记记录

随时留意房间动态。

注意事项：

①如客人醉酒后在楼层或公共区域大吵大闹，损坏物件，干扰和影响其他客人，应马上请保卫人员前来强行制服。

②如需搀扶客人回房休息，客房服务员千万不可一人独自搀扶，可请同事或保安人员帮助。

③客人回房休息，客房服务员不可随便为其宽衣，以免发生误会。

专题五 代办服务

准备：表格、信封、笔等物品。

程序一：主动问好

步骤1：见客人主动问好："您好，先生/小姐，请问有什么可以帮助您的吗?"

步骤2：客人回答："我想修眼镜，螺丝松了。你能帮我修一下吗?"

步骤3：请客人出示房卡时说："请您出示房卡。"

程序二：填写代办表

填写内容（姓名、物品名称、型号、特征、颜色、修复要求和取回时间）、客人签名。

程序三：核对

步骤1：服务员对照表格核对，服务员签名。

步骤2：礼貌送客人："请问还有什么需要吗? 请慢走。"

步骤3：把物品用信封装好。

程序四：交换

步骤1：送去维修，向维修人员说明客人的要求，并说明修复时间。

步骤2：签收：说明要求后请维修人员签名。

步骤3：当物品修好时服务员要验收签名。

步骤4：把物品送回给客人，客人检查没问题后请客人签收。

步骤5：收费：向客人说明费用是多少，并记入其账单。

程序五：回岗位做好登记工作

注意事项：

①如果代办物品不能如期完成，应向客人解释，再确认取回时间。

②填写代办表时，应填写清楚物品特征、型号、颜色、修复要求和取回时间等。

专题六　输送服务

步骤一：问清楚客人需要什么物品（种类、颜色、数量等）。

步骤二：将物品装入托盘，在10分钟内完成输送服务。

步骤三：按规定要求进房。

步骤四：当客人在房间时，又不开门，就把物品放在门口。打电话到房间告诉客人物品已放在门口。

步骤五：回岗位登记。

专题七　会议服务

一、会见服务

1. 会见厅的布置形式

（1）小规模的：可以设置凹字形或马蹄形。

（2）大规模的：可以设置"T"字形。

2. 座位安排

主人右侧坐主宾，译员和记录员坐在主人和主宾后面。

3. 准备物品

准备好桌椅、茶杯、垫碟、烟灰缸、小香巾、便笺、圆珠笔或铅笔等。

4. 上茶水

（1）规格高的提前10分钟上茶（斟七分满为宜）。

（2）操作方法：右手托盘，左手上茶。

5. 服务程序

步骤1：门口迎宾：服务员在门口热情迎接，礼貌问候。

步骤2：主方提前到达，服务员将其引领到休息室或会见厅，用小茶杯为其上茶。

步骤3：当客方到达时，主方到门口迎接并合影。服务员应在这个间隙撤下小茶杯。

步骤4：宾主入座后，两组服务员分别给宾主上茶或冷饮，杯把一律朝向客人右手。

步骤5：会见时间稍长，服务员应为每位宾主上一次热毛巾，每隔40分钟续一次水、换一次毛巾。

步骤6：会见过程中随时注意厅内动静，有服务需要应及时协助处理。

步骤7：门口送客：会见结束，服务员在门口敬语送客。

步骤8：善后工作：对活动现场进行检查，发现遗忘物品，及时与客人联系，尽快物归原主；收拾用具、用品，将会议室复原。

二、会谈服务

1. 会谈厅的布置形式

(1) 横一字形。

(2) 竖一字形。

(3) 椭圆形。

(4) 四边形。

(5) 圆形。

2. 座位安排

(1) 横一字形：宾客面向正门而坐，主人背门而坐。

(2) 竖一字形：客人的座位在正门的右侧，主人的座位在正门的左侧。

(3) 椭圆形：与横一字形或竖一字形相同，以右为尊。

(4) 四边形、圆形：位置相同，无尊卑之分。

(5) 中间的位置是主谈人，主谈人后侧是翻译员和记录员。

3. 用品的准备

布置鲜花；烟灰缸放在客人的右手边；在座位正前方的桌子摆上记录本，距离桌边 3 厘米；笔放在记录本右边。如果谈判时间长，要准备点心、干果、咖啡，并在两位客人之间放上糖罐或奶瓶。

4. 服务过程

主办人半小时前到场，服务员站在门口迎宾。见到客人要礼貌问好，主人与客人握手后引领客人入座。

步骤 1：门外迎宾：服务员站在会议室门外，面向客人到来的方向，保持微笑。

步骤 2：敬语迎宾：客人到达距会议室 5 米时，服务员向外走出半步，上半身略微前倾，向客人问好："您好，先生/小姐。"

步骤 3：带位：客人距会议室 2 米时，服务员伸手示意大门的方向"这边请"。在客人侧前方 1 米处带位，在距离座位 1 米处时停下来，转身面向客人，示意客人座位方向"请坐"。客人坐下后，服务员后退半步，转身离开。

步骤 4：上茶和续茶方法。

上茶：按要求理好盘，左手托盘，在客人右侧上茶；上茶时右手拿茶把，右脚在前，杯把向客人右手侧。上茶顺序：先宾后主，再按顺时针上茶。（茶七分满为宜）

续茶：左脚跨前半步，站在客人右侧，左手的尾指和无名指夹起杯盖，另三根手指拿起杯把，端起茶杯，侧身腰略弯曲，为客人续水。续好水后把杯放回原位，用手示意"请"。续茶顺序与上茶一样。

步骤 5：送客：当会议结束时，服务员应为客人拉椅，引领客人出会议室，礼貌道别。

步骤 6：善后工作：收拾会谈厅的物品，做好清洁、善后工作。

二、签字仪式服务

1. 准备所需的用品

屏风式挂画、签字桌、深绿色台呢、高靠背扶手椅两张、照相机、常青树的盆景若干、旗架和微型国旗、文本和文具、香槟或红酒、托盘、红酒杯等。

2. 签字仪式厅的布置

选择有屏风和挂画的会议室。

(1) 离屏风3~4米外摆放一张长条桌。

(2) 在桌上铺上深绿色台呢，桌前布边离地10厘米，桌后离地40厘米。

(3) 在桌后摆放两张高背扶手椅，相距1.5米。

(4) 椅子正对的桌面上放文本和签字笔，文本离桌3厘米。

3. 座位安排

(1) 两位主签人旁边各站一名助签人员。

(2) 在主签人身后，离高背椅后1.2米处站双方陪签人员。

4. 服务过程

步骤1：引领客人按规定位置坐好，当双方准备签字时，服务员在工作间准备好酒水，站在离签字桌2米处等候。

步骤2：当双方握手交换文本时，服务员把椅子撤走，另外的服务员上酒水。

步骤3：上酒顺序：先上主签人员，再上陪签人员。从陪签人员中间向两边分让。

步骤4：当客人喝完酒时，服务员用托盘撤走酒杯。

步骤5：送客：引领至门口，礼貌道别。

步骤6：善后工作：收拾签字仪式厅的物品，做好清洁、善后工作。

5. 照相座位的安排

如果有合影，要事先排好合影位置，按礼宾顺序，主人右边为主宾位置，主宾双方间隔排列，每排靠边的位置均为主方人员。

四、教室形会议服务

1. 准备工作

讲台：桌子、椅子、席卡、话筒、茶具、文件、文具用品、台布、电脑。

座椅的摆放：先准备主讲人的位置，再根据参加的人数摆放桌椅。

2. 座位安排

(1) 主讲人在讲台。

(2) 其他人如果有座位安排就按名字就座，如果没有安排就按到会顺序安排就座。

3. 茶水服务

(1) 迎宾带位：站在相应位置迎宾，把主讲人领到讲台。

(2) 随时为主讲人上茶水。

(3) 其他人从前面按顺时针方向上茶。

4. 续茶

(1) 主讲人随时续水。

(2) 其他人半小时续一次或视客人情况续茶。

5. 会议结束

引领客人到门口，礼貌道别。

6. 做好善后工作

第四章 技能考核模拟试卷

中级客房服务员操作技能考核（模拟卷一）评分记录表

考件编号：_____ 姓名：_____ 准考证号：_____ 单位：_____

总成绩表

序号	试题名称	配分（权重%）	得分	备注
1	客房的小整理	40		
2	清除地毯果汁渍	10		
3	墙纸清洁	10		
4	为"O"形布置的会议进行茶水服务	10		
5	客房失窃	10		
6	常用接待英语	10		
7	楼层迎宾服务	10		
	合计	100		

试题1：客房的小整理

考核说明：

（1）布置布草车，进房；

（2）拉开窗帘；

（3）整理床铺；

（4）除尘除迹；

（5）清除垃圾；

（6）更换茶杯和烟灰缸；（7）换水；

（8）整理卫生间；

（9）补充消耗品；

（10）调节空调；

（11）关门退出；

（12）登记。

序号	考核内容	考核要点	评分标准	配分	扣分	得分
1	准备	将清洁用具及所需客房用品整齐地摆放在布草车中	准备不齐全扣1分	6		
2	清洁整理	敲门	未敲门扣2分 未通报自己的身份和目的扣2分	4		
		整理卧室和卫生间	未清理垃圾扣2分 清洁方法不正确扣2分 清洁工具使用不当扣3分 低值易耗品补充，每漏一项扣3分 卫生洁具有污渍扣3分 卫生间洁具未消毒扣3分	16		
3	检查	检查有无遗漏之处或有无清洁工具留下	有漏项或清洁用具留下扣分	10		
4	关灯、关门	关灯并关上房门	未关灯具扣2分	2		
5	登记	在相关登记表上登记	未登记扣2分	2		
合计				40		

试题2：清除地毯果汁渍

考核说明：

（1）用干布彻底吸干果汁渍液，用海绵蘸上清洁剂溶液擦拭，吸干溶液；

（2）用海绵蘸上清水擦拭，吸干水分；

（3）如仍有色斑，可用漂白剂溶液清除，吸干溶液后，再用海绵蘸上清水擦拭，吸干水分。

序号	考核内容	考核要点	评分标准	配分	扣分	得分
1	检查	检查地毯污渍面积及污渍种类	污渍种类判断不正确扣0.5分	0.5		
2	清除准备	根据污渍的种类选择相应的清洁工具 根据污渍的轻重程度配制清洁剂溶液	清洁工具选择不正确扣0.5分 清洁剂选择不正确扣0.5分 清洁剂稀释不正确扣0.5分	1.5		
3	清洁	将稀释的清洁剂均匀地喷洒在地毯表层	清洁剂喷洒不均匀扣1分	1		
		用刷子从外向里对污渍进行旋刷，注意不要污及其他表面	刷子旋刷的方法不对扣0.5分 刷子旋刷轻重不均匀扣0.5分	1		
		用干抹布吸去污水	污水没有吸干扣1分	1		
		在洗刷处喷洒清水、吸干，以免污物残留	清水没有把污物洗涤干净扣1分 有污渍残留扣1分	2		
		用吹风机吹干或开大空调风干	没有做烘干处理扣1分	1		
4	整理复位	待地毯干后，用软毛刷或吸尘器将地毯吸干并刷平	地毯没有干透就进行下一步的工作扣0.5分 软毛刷或吸尘器运用不到位扣0.5分	1		
5	善后	将工具用品收拾好，并根据情况对清洁处做必要的维护	有清洁剂遗留扣0.5分 有清洁器具遗留扣0.5分	1		
		合计		10		

试题3：墙纸清洁

考核说明：

（1）用干布擦去浮尘；

（2）如有污迹可用海绵蘸上清洁剂擦拭；

（3）用清水清洗干净；

（4）用干布吸干或吹风机吹干。

序号	考核内容	考核要点	评分标准	配分	扣分	得分
1	准备	准备好各种清洁工具,将清洁剂按比例配好	清洁工具选择不正确扣1分 清洁剂选择不正确扣1分 稀释不正确扣2分	4		
2	清洁保养	根据墙体的不同材质采用正确的清洁方法,按正确方法进行保养或修复	清洁方法不正确扣2分 有残留污迹扣2分 保养或修复方法不正确扣2分	6		
合计				10		

试题4:为"O"形布置的会议进行茶水服务

序号	考核内容	考核要点	评分标准	配分	扣分	得分
1	仪容、仪表	着装整洁、面带微笑、有示意	着装不整洁扣0.5分 没有示意客人扣0.5分	1		
2	斟水	斟水时体态规范	体态不规范扣1分	1		
		斟水时位置正确	位置不正确扣2分	2		
		茶水适量(七分满)	斟水量过多或过少扣1分	1		
		持杯姿势正确	持杯姿势不正确扣2分	2		
3	操作效果	不发生碰撞声响	声响过大,有噪音扣2分	2		
		不洒落	每洒一滴扣1分	1		
合计				10		

试题5:客房失窃

(1)提醒客人认真回忆物品的情况;

(2)如小件物品应尽量帮助查找;

(3)认真做好调查记录(应使用专门的表格,以表示重视并备查),并将记录内容请客人核实签名。

序号	考核内容	考核要点	评分标准	配分	扣分	得分
1	询问	礼貌地询问客人的情况	态度生硬扣1分	1		
2	了解	了解事情发生的原因	了解情况不准确扣2分	2		
3	提供服务	表示可以提供一些服务	服务不周到视情况扣2~4分	4		
		重大事件，组织抢救并通知相关人员	未及时联系、组织抢救不得分	2		
4	汇报	及时报告上级	未及时汇报不得分	1		
合计				10		

试题6：常用接待英语

序号	考核内容	考核要点	评分标准	配分	扣分	得分
1	词汇	将给出的5个汉语词汇译成英语；将给出的5个英语词汇译成汉语	每个词0.5分，发音不正确或翻译不准确均不得分	5		
2	短句	按要求说出1句欢迎语；按要求说出1句致谢语；按要求说出1句致歉语；按要求说出1句道别语；按要求说出1句祝福语；在听不清问题时能用英语提出自己的要求	意思表达不清、不完整或不准确扣1分；关键词发音不准扣1分；语调不合适扣0.5分；语法有误扣0.5分；语速过慢或句子不流利扣0.5分；表情不自然扣0.5分；不会用英语提出要求扣0.5分；最多扣5分	5		
合计				10		

试题7：楼层迎宾服务

序号	考核内容	考核要点	评分标准	配分	扣分	得分
1	工作程序规范	按要求示范相关工作程序	操作顺序不正确，每1步扣1分；操作标准不正确，每1项扣1分；最多扣5分	5		
2	动作标准	按要求做出示范动作	动作不规范，每个扣1分；动作不熟练，每次扣0.5分，最多扣5分	5		
合计				10		

中级客房服务员操作技能考核（模拟卷二）评分记录表

考件编号：_____ 姓名：_____ 准考证号：_____ 单位：_____

总成绩表

序号	试题名称	配分（权重%）	得分	备注
1	住客房清理	40		
2	木板墙面清洁	10		
3	清除地毯黄油渍	10		
4	为"T"形布置的会议进行茶水服务	10		
5	临时停电	10		
6	常用接待英语	10		
7	示范西式铺床	10		
	合计	100		

试题1：住客房清理

考核说明：

（1）布置布草车，进房；

（2）开灯；

（3）开空调；

（4）拉开窗帘；

（5）观察房内情况；

（6）检查房内小酒吧和电冰箱内的饮料食品；

（7）撤出房内用完的餐具、餐车；

（8）撤出用完的杯子和烟灰缸；

（9）收集垃圾；

（10）撤下床上用品；

（11）铺床；

（12）除尘、除迹；

（13）补充房间用品（卧室内）；

（14）清洁整理卫生间；

（15）吸尘；

（16）调节空调；

（17）自我检查；

（18）关灯、关门；

（19）登记。

序号	考核内容	考核要点	评分标准	配分	扣分	得分
1	准备	将清洁用具及所需客房用品整齐地摆放在布草车中	准备不齐全扣1分	6		
2	清洁整理	敲门	未敲门扣2分 未通报自己的身份和目的扣2分	4		
		整理卧室和卫生间	未清理垃圾扣2分 清洁方法不正确扣2分 清洁工具使用不当扣3分 低值易耗品补充，每漏一项扣3分 卫生洁具有污渍扣3分 卫生间洁具未消毒扣3分	16		
3	检查	检查有无遗漏之处或有无清洁工具留下	有漏项或清洁用具留下扣1~10分	10		
4	关灯、关门	关灯并关上房门	未关灯具扣2分	2		
5	登记	在相关登记表上登记	未登记扣2分	2		
合　　计				40		

试题2：木板墙面清洁

考核说明：

（1）用干布擦去浮尘；

（2）如有污迹可用湿布擦拭。

序号	考核内容	考核要点	评分标准	配分	扣分	得分
1	准备	准备好各种清洁工具将清洁剂按比例配好	清洁工具选择不正确扣1分 清洁剂选择不正确扣1分 稀释不正确扣2分	4		
2	清洁保养	根据墙体的不同材质采用正确的清洁方法 按正确方法进行保养或修复	清洁方法不正确扣2分 有残留污迹扣2分 保养或修复方法不正确扣2分	6		
合计				10		

试题3：清除地毯黄油渍

考核说明：

（1）将能够刮掉的黄油刮掉；

（2）用海绵蘸上干洗剂擦拭，吸干溶液。

序号	考核内容	考核要点	评分标准	配分	扣分	得分
1	检查	检查地毯污渍面积及污渍种类	污渍种类判断不正确扣0.5分	0.5		
2	清除准备	根据污渍的种类选择相应的清洁工具 根据污渍的轻重程度配制清洁剂溶液	清洁工具选择不正确扣0.5分 清洁剂选择不正确扣0.5分 清洁剂稀释不正确扣0.5分	1.5		
3	清洁	将稀释的清洁剂均匀地喷洒在地毯表层	清洁剂喷洒不均扣1分	1		
		用刷子从外向里对污渍进行旋刷，注意不要污及其他表面	刷子旋刷的方法不对扣0.5分 刷子旋刷轻重不均匀扣0.5分	1		
		用干抹布吸去污水	污水没有吸干扣1分	1		
		在洗刷处喷洒清水、吸干，以免污物残留	清水没有把污物洗涤干净扣1分 有污渍残留扣1分	2		
		用吹风机吹干或开大空调风干	没有做烘干处理扣1分	1		

（续上表）

序号	考核内容	考核要点	评分标准	配分	扣分	得分
4	整理复位	待地毯干后，用软毛刷或吸尘器将地毯吸干并刷平	地毯没有干透就进行下一步的工作扣0.5分 软毛刷或吸尘器运用不到位扣0.5分	1		
5	善后	将工具用品收拾好，并根据情况对清洁处做必要的维护	有清洁剂遗留扣0.5分 有清洁器具遗留扣0.5分	1		
合计				10		

试题4：为"T"形布置的会议进行茶水服务

序号	考核内容	考核要点	评分标准	配分	扣分	得分
1	仪容、仪表	着装整洁、面带微笑、有示意	着装不整洁扣0.5分 没有示意客人扣0.5分	1		
2	斟水	斟水时体态规范	体态不规范扣1分	1		
		斟水时位置正确	位置不正确扣2分	2		
		茶水适量（七分满）	斟水量过多或过少扣1分	1		
		持杯姿势正确	持杯姿势不正确扣2分	2		
3	操作效果	不发生碰撞声响	声响过大、有噪音扣2分	2		
		不洒落	每洒一滴扣1分	1		
合计				10		

试题5：临时停电

考核说明：

（1）客房服务员应保持镇定；

（2）清理过道，将放在走廊的工作车、吸尘器推到就近空房中；

（3）如光线不够，无法清理过道，楼层领班应指导服务员站在工作车或吸尘器旁，以防客人碰撞；

（4）楼层领班利用手电筒向询问的客人做好解释工作，并劝客人不要离开房间；

（5）客房服务中心应向工程部了解停电的原因和来电时间，以便做好解释工作；

（6）停电期间，注意安全保卫，加强客房走廊的巡视，防止有人趁机行窃；

（7）正常供电后，应全面巡视所属区域，检查送电后的安全情况。

序号	考核内容	考核要点	评分标准	配分	扣分	得分
1	安抚	安抚客人	未使用礼貌用语扣3分	3		
2	提供服务	表示可以提供一些服务	服务不周到视情况扣2~4分	4		
3	汇报	重大事件，组织抢救并通知相关人员	未及时联系、组织抢救不得分	2		
		及时报告上级	未及时汇报不得分	1		
合计				10		

试题6：常用接待英语

序号	考核内容	考核要点	评分标准	配分	扣分	得分
1	词汇	将给出的5个汉语词汇译成英语；将给出的5个英语词汇译成汉语	每个词0.5分，发音不正确或翻译不准确均不得分	5		
2	短句	按要求说出1句欢迎语；按要求说出1句致谢语；按要求说出1句致歉语；按要求说出1句道别语；按要求说出1句祝福语；在听不清问题时能用英语提出自己的要求	意思表达不清、不完整或不准确扣1分；关键词发音不准扣1分；语调不合适扣0.5分；语法有误扣0.5分；语速过慢或句子不流利扣0.5分；表情不自然扣0.5分；不会用英语提出要求扣0.5分；最多扣5分	5		
合计				10		

试题7：示范西式铺床

序号	考核内容	考核要点	评分标准	配分	扣分	得分
1	工作程序规范	按要求示范相关工作程序	操作顺序不正确，每1步扣1分；操作标准不正确，每1项扣1分；最多扣5分	5		
2	动作标准	按要求做出示范动作	动作不规范，每个扣1分；动作不熟练，每次扣0.5分，最多扣5分	5		
合计				10		

中级客房服务员操作技能考核（模拟卷三）评分记录表

考件编号：_____ 姓名：_____ 准考证号：_____ 单位：_____

总成绩表

序号	试题名称	配分（权重%）	得分	备注
1	走客房清理	40		
2	玻璃纤维墙布清洁	10		
3	擦拭铜器	10		
4	客人突发癫痫病	10		
5	为教室形布置的会议进行茶水服务	10		
6	常用接待英语	10		
7	布置标准间内的物品	10		
	合计	100		

试题1：走客房清理

考核说明：

（1）布置布草车，进房；

（2）开灯；

（3）开空调；

（4）拉开窗帘；

（5）观察房内情况；

（6）检查房内小酒吧和冰箱内的饮料食品；

（7）撤出房内用完的餐具、餐车；

（8）撤出用完的杯子和烟灰缸；

（9）收集垃圾；

（10）撤下床上用品；

（11）铺床；

（12）除尘、除迹；

（13）补充房间用品（卧室内）；

（14）清洁整理卫生间；

（15）吸尘；

（16）调节空调；

（17）自我检查；

（18）关灯、关门；

（19）登记。

序号	考核内容	考核要点	评分标准	配分	扣分	得分
1	准备	将清洁用具及所需客房用品整齐地摆放在布草车中	准备不齐全扣1分	6		
2	清洁整理	敲门	未敲门扣2分 未通报自己的身份和目的扣2分	4		
		整理卧室和卫生间	未清理垃圾扣2分 清洁方法不正确扣2分 清洁工具使用不当扣3分 低值易耗品补充，每漏一项扣3分 卫生洁具有污渍扣3分 卫生间洁具未消毒扣3分	16		
3	检查	检查有无遗漏之处或有无清洁工具留下	有漏项或清洁用具留下扣1～10分	10		
4	关灯、关门	关灯并关上房门	未关灯具扣2分	2		
5	登记	在相关登记表上登记	未登记扣2分	2		
合计				40		

试题2：玻璃纤维墙布清洁

考核说明：

（1）用干布擦去浮尘；

（2）如有污迹可用软布、海绵块或软刷蘸清洁剂擦拭；

（3）用清水清洗干净；

（4）擦干。

序号	考核内容	考核要点	评分标准	配分	扣分	得分
1	准备	准备好各种清洁工具 将清洁剂按比例配好	清洁工具选择不正确扣1分 清洁剂选择不正确扣1分 稀释不正确扣2分	4		
2	清洁保养	根据墙体的不同材质采用正确的清洁方法 按正确方法进行保养或修复	清洁方法不正确扣2分 有残留污迹扣2分 保养或修复方法不正确扣2分	6		
合计				10		

试题3：擦拭铜器

考核说明：

（1）除去铜器上的浮尘和各种污迹；

（2）将擦铜水倒在专用软布上，抹在铜器表面；

（3）用干净的软布反复擦拭打光。

序号	考核内容	考核要点	评分标准	配分	扣分	得分
1	清洁准备	携带的清洁工具齐全，擦铜油一瓶，质地较软、表面平整的抹布数块	清洁工具不齐全扣1分	1		
2	清洁	将抹布叠成四折（大小视所擦铜器而定）	抹布折叠不当扣1分	1		
		将擦铜水均匀地涂在叠好的抹布上，均匀并用力擦拭铜器	铜油涂抹不均匀扣1分 抹布使用方法不对扣1分	2		
		用干净抹布将铜器上的擦铜水擦掉	没有擦掉擦铜水扣2分	2		
		用干净的抹布快速反复用力擦拭铜器，直至铜器光亮为止	抹布使用不对扣1分 铜器不光亮扣1分 有残留污渍扣1分	3		
3	善后	将清洁工具收拾好	有清洁工具遗留扣1分	1		
合计				10		

试题 4：客人突发癫痫病

考核说明：

（1）发现客人口吐白沫、牙关紧咬时，服务员应在其口中塞入布巾，以免自伤；

（2）通知值班经理及上级；

（3）联络急救站或附近医院。

序号	考核内容	考核要点	评分标准	配分	扣分	得分
1	询问	礼貌地询问客人的情况	态度生硬扣 1 分	1		
2	了解	了解事情发生的原因	了解情况不准确扣 2 分	2		
3	提供服务	表示可以提供一些服务	服务不周到视情况扣 2～4 分	4		
		重大事件，组织抢救并通知相关人员	未及时联系、组织抢救不得分	2		
4	汇报	及时报告上级	未及时汇报不得分	1		
		合计		10		

试题 5：为教室形布置的会议进行茶水服务

序号	考核内容	考核要点	评分标准	配分	扣分	得分
1	仪容、仪表	着装整洁、面带微笑、有示意	着装不整洁扣 0.5 分 没有示意客人扣 0.5 分	1		
2	斟水	斟水时体态规范	体态不规范扣 1 分	1		
		斟水时位置正确	位置不正确扣 2 分	2		
		茶水适量（七分满）	斟水量过多或过少扣 1 分	1		
		持杯姿势正确	持杯姿势不正确扣 2 分	2		
3	操作效果	不发生碰撞声响	声响过大、有噪音扣 2 分	2		
		不洒落	每洒一滴扣 1 分	1		
		合计		10		

试题 6：常用接待英语

序号	考核内容	考核要点	评分标准	配分	扣分	得分
1	词汇	将给出的 5 个汉语词汇译成英语；将给出的 5 个英语词汇译成汉语	每个词 0.5 分，发音不正确或翻译不准确均不得分	5		
2	短句	按要求说出 1 句欢迎语；按要求说出 1 句致谢语；按要求说出 1 句致歉语；按要求说出 1 句道别语；按要求说出 1 句祝福语；在听不清问题时能用英语提出自己的要求	意思表达不清、不完整或不准确扣 1 分；关键词发音不准扣 1 分；语调不合适扣 0.5 分；语法有误扣 0.5 分；语速过慢或句子不流利扣 0.5 分；表情不自然扣 0.5 分；不会用英语提出要求扣 0.5 分；最多扣 5 分	5		
合计				10		

试题 7：布置标准间内的物品

序号	考核内容	考核要点	评分标准	配分	扣分	得分
1	工作程序规范	按要求示范相关工作程序	操作顺序不正确，每 1 步扣 1 分；操作标准不正确，每 1 项扣 1 分；最多扣 5 分	5		
2	动作标准	按要求做出示范动作	动作不规范，每个扣 1 分；动作不熟练，每次扣 0.5 分，最多扣 5 分	5		
合计				10		

第五章　参考答案

模拟卷一参考答案

1.	A	21.	C	41.	B	61.	A	81.	C	101.	B	121.	A	141.	A
2.	A	22.	D	42.	C	62.	C	82.	C	102.	C	122.	C	142.	A
3.	C	23.	A	43.	C	63.	A	83.	D	103.	D	123.	B	143.	A
4.	D	24.	D	44.	B	64.	B	84.	C	104.	A	124.	D	144.	B
5.	A	25.	D	45.	B	65.	C	85.	A	105.	A	125.	B	145.	B
6.	C	26.	A	46.	A	66.	B	86.	D	106.	C	126.	C	146.	C
7.	D	27.	D	47.	A	67.	A	87.	A	107.	A	127.	C	147.	D
8.	A	28.	C	48.	D	68.	C	88.	A	108.	C	128.	C	148.	A
9.	B	29.	D	49.	A	69.	C	89.	B	109.	A	129.	D	149.	D
10.	C	30.	C	50.	B	70.	D	90.	C	110.	A	130.	A	150.	A
11.	D	31.	C	51.	D	71.	A	91.	C	111.	A	131.	D	151.	A
12.	C	32.	C	52.	D	72.	A	92.	C	112.	B	132.	A	152.	A
13.	B	33.	C	53.	D	73.	B	93.	B	113.	B	133.	D	153.	A
14.	C	34.	C	54.	A	74.	D	94.	A	114.	D	134.	A	154.	B
15.	C	35.	A	55.	D	75.	C	95.	D	115.	A	135.	D	155.	C
16.	B	36.	B	56.	D	76.	C	96.	A	116.	B	136.	A	156.	C
17.	C	37.	A	57.	B	77.	C	97.	C	117.	C	137.	A	157.	A
18.	D	38.	D	58.	B	78.	A	98.	A	118.	D	138.	A	158.	C
19.	A	39.	C	59.	D	79.	B	99.	D	119.	C	139.	A	159.	A
20.	A	40.	B	60.	C	80.	D	100.	D	120.	A	140.	C	160.	A

161.	√	162.	×	163.	√	164.	√	165.	×	166.	√	167.	√	168.	√
169.	×	170.	√	171.	×	172.	√	173.	√	174.	√	175.	×	176.	×
177.	√	178.	√	179.	√	180.	×	181.	√	182.	√	183.	√	184.	√
185.	√	186.	×	187.	√	188.	×	189.	√	190.	×	191.	×	192.	×
193.	√	194.	×	195.	×	196.	×	197.	√	198.	√	199.	×	200.	√

模拟卷二参考答案

1.	C	21.	D	41.	A	61.	C	81.	D	101.	A	121.	C	141.	B

2. D	22. C	42. A	62. B	82. A	102. D	122. D	142. B
3. A	23. A	43. B	63. B	83. B	103. D	123. C	143. D
4. B	24. A	44. D	64. D	84. C	104. D	124. B	144. A
5. B	25. B	45. C	65. B	85. A	105. D	125. C	145. C
6. C	26. A	46. C	66. D	86. D	106. A	126. A	146. A
7. D	27. A	47. B	67. A	87. B	107. A	127. A	147. C
8. C	28. D	48. B	68. D	88. D	108. B	128. B	148. A
9. B	29. A	49. A	69. B	89. D	109. B	129. C	149. C
10. B	30. B	50. B	70. A	90. A	110. D	130. B	150. A
11. D	31. C	51. D	71. B	91. D	111. B	131. A	151. A
12. B	32. D	52. D	72. A	92. D	112. C	132. A	152. C
13. B	33. C	53. A	73. C	93. B	113. C	133. A	153. B
14. D	34. D	54. D	74. C	94. B	114. A	134. D	154. A
15. C	35. B	55. C	75. C	95. B	115. D	135. B	155. C
16. B	36. D	56. A	76. A	96. C	116. B	136. B	156. A
17. B	37. B	57. D	77. A	97. A	117. A	137. D	157. C
18. A	38. D	58. D	78. A	98. D	118. B	138. B	158. D
19. A	39. D	59. D	79. D	99. D	119. A	139. B	159. B
20. D	40. A	60. C	80. C	100. B	120. D	140. A	160. A
161. ×	162. √	163. ×	164. √	165. √	166. √	167. ×	168. √
169. √	170. ×	171. √	172. √	173. √	174. √	175. ×	176. √
177. ×	178. ×	179. √	180. √	181. √	182. √	183. √	184. ×
185. ×	186. ×	187. √	188. √	189. √	190. ×	191. √	192. √
193. √	194. ×	195. ×	196. √	197. √	198. √	199. ×	200. √

模拟卷三参考答案

1. C	21. C	41. D	61. B	81. D	101. C	121. C	141. D
2. A	22. D	42. A	62. B	82. C	102. B	122. A	142. A
3. C	23. B	43. D	63. D	83. C	103. A	123. D	143. C
4. A	24. C	44. D	64. A	84. D	104. A	124. A	144. D
5. A	25. D	45. C	65. C	85. A	105. C	125. D	145. A
6. B	26. C	46. C	66. B	86. C	106. C	126. C	146. B
7. D	27. B	47. C	67. B	87. D	107. C	127. C	147. A
8. C	28. B	48. A	68. D	88. C	108. D	128. D	148. D

9.	C	29.	A	49.	D	69.	A	89.	A	109.	A	129.	B	149.	D
10.	B	30.	C	50.	B	70.	C	90.	D	110.	D	130.	A	150.	D
11.	C	31.	A	51.	A	71.	A	91.	A	111.	A	131.	A	151.	D
12.	D	32.	A	52.	B	72.	D	92.	D	112.	D	132.	C	152.	D
13.	C	33.	A	53.	D	73.	C	93.	A	113.	C	133.	D	153.	C
14.	B	34.	A	54.	C	74.	B	94.	D	114.	A	134.	C	154.	B
15.	B	35.	A	55.	D	75.	C	95.	B	115.	A	135.	D	155.	C
16.	C	36.	C	56.	C	76.	C	96.	B	116.	B	136.	A	156.	C
17.	D	37.	A	57.	A	77.	D	97.	C	117.	A	137.	B	157.	B
18.	D	38.	B	58.	B	78.	A	98.	C	118.	C	138.	C	158.	A
19.	D	39.	B	59.	C	79.	A	99.	D	119.	C	139.	D	159.	C
20.	D	40.	C	60.	B	80.	D	100.	C	120.	A	140.	A	160.	B

161.	√	162.	×	163.	×	164.	×	165.	√	166.	×	167.	×	168.	√
169.	×	170.	×	171.	×	172.	√	173.	√	174.	√	175.	×	176.	×
177.	×	178.	√	179.	√	180.	√	181.	√	182.	√	183.	×	184.	×
185.	√	186.	√	187.	×	188.	×	189.	√	190.	√	191.	×	192.	×
193.	√	194.	√	195.	×	196.	×	197.	√	198.	√	199.	×	200.	×

第四编　高级客房服务员鉴定指南

第一章　高级客房服务员理论知识部分鉴定要素细目表

表4-1　对高级客房服务员的工作要求

职业功能	工作内容	技能要求	相关知识
迎客服务	制订服务方案	1. 能正确制订人员计划及物品准备计划 2. 能根据需要对各种用品的配制及摆放提出设计意见 3. 能协调客房服务员工作	1. 楼层（或公共区域）设备的使用、保养知识 2. 成本控制基础知识 3. 工作定额标准
对客服务	清洁客房	1. 能控制并实施清洁、整理客房的程序与标准 2. 能正确实施检查客房清洁的程序与标准 3. 能设计各类客房的布置方案 4. 能制定客房清洁与检查的各种表格 5. 能掌握客房清洁设备的性能与使用方法	1. 饭店星级划分常识 2. 本饭店客房类型 3. 常见地面、墙面材料的性能与保养方法
	接待贵宾	1. 能根据贵宾的级别制定接待方案 2. 能协调员工为贵宾服务 3. 能独立处理贵宾接待中存在的问题，并采取相应的解决方法	1. 对客服务的两种模式 2. 贵宾等级与服务共性的要求 3. 贵宾服务接待标准 4. 贵宾服务礼仪规范

（续上表）

职业功能	工作内容	技能要求	相关知识
沟通与协调	协调与其他部门、宾客的关系	1. 能正确协调与其他部门的关系 2. 能妥善处理客人的疑难问题	1. 各部门的运转程序 2. 部门间的协调原则
客房管理	客房用品管理	1. 能根据客房用品运转情况确定储存量 2. 能及时提供客房用品申购要求 3. 能检查客房用品的质量，保证客房标准	1. 客用品成本与计算方法 2. 对一般客用品的品质要求和对星级饭店的客用品品质要求 3. 动态控制能力
	员工培训	1. 能承担专业理论培训 2. 能承担专业技能培训	客房部员工业务培训知识

第二章　理论知识模拟试卷

职业技能鉴定国家题库

高级客房服务员理论知识试卷（模拟卷一）

注 意 事 项

1. 考试时间：120 分钟。

2. 本试卷依据 2001 年颁布的《客房服务员国家职业标准》命制。

3. 请首先按要求在试卷的标封处填写您的姓名、准考证号和所在单位的名称。

4. 请仔细阅读各种题目的问答要求，在规定的位置填写您的答案。

5. 不要在试卷上乱写乱画，不要在标封区填写无关的内容。

	一	二	总　分
得　分			

得　分	
评分人	

一、单项选择（第 1 题～第 160 题。选择一个正确的答案，将相应的字母填入题内的括号中。每题 0.5 分，满分 80 分。）

1. 刷洗浴缸墙壁，需用时间 20 分钟/间，而员工一天工作量为 20 间，循环周期为（　　）刷洗一次。

　　A. 每周　　　　　　　B. 每季度　　　　　　C. 每半年　　　　　　D. 每月

2. 下面不属于 84 消毒液清除污渍范围功效内容的是（　　）。

　　A. 去污力强　　　　　B. 无毒　　　　　　　C. 止痒　　　　　　　D. 除臭

3. 开办旅馆，其房屋建筑、消防设备、（　　）等，必须符合《中华人民共和国消防条例》等有关规定，并且要具备必要的（　　），经有关部门验收合格。

　　A. 出入口和楼梯　　防火安全措施　　　　B. 重点部位　　防雷安全措施

　　C. 出入口和通道　　防盗安全措施　　　　D. 周边环境　　防打劫安全措施

4. 客房维修意见表的作用是让客人有机会发表意见以弥补工作中的不足，（　　），通知工程部派工维修及备查。

A. 如实反映客房状况

B. 让客人感到饭店对其所住房间状况的重视

C. 对外影响和宣传

D. 让客人感受到饭店的工作效率很高

5. 对怀孕（   ）的女职工，不得安排其（   ）。

A. 7 个月以上　　　延长工作时间和夜班劳动

B. 6 个月以上　　　延长工作时间和夜班劳动

C. 6 个月以上　　　延长工作时间和加班劳动

D. 8 个月以上　　　延长工作时间和加班劳动

6. 新员工主要参加入店教育和（   ）。

A. 发展培训　　　B. 岗前培训　　　C. 交叉培训　　　D. 在职培训

7. 下列不属于楼层服务台优点的是（   ）。

A. 配合总台准确控制房态　　　　　B. 有利于和客人沟通，人情味浓

C. 提高服务的时效性和主动性　　　D. 有利于服务质量的督导

8. 一般客用品对牙膏的规格和基本品质要求是重量不低于 6 克，（   ）、香味纯正、膏体湿润、均匀、细腻，色泽一致，无挤压变形和渗漏污损，在保质期内。

A. 包装上印有中英文字　　　　　B. 包装壳上图案文字清晰

C. 包装上应印有店名店标　　　　D. 包装上应印有联系电话和地址

9. （   ）不属于客栈时期饭店的基本特征。

A. 客栈规模小　　　B. 价格低　　　C. 设备简陋　　　D. 不提供餐饮服务

10. 国家实行劳动者每日工作时间不超过 8 小时、（   ）的工时制度。

A. 每周工作时间不超过 48 小时

B. 平均每周工作时间不超过 48 小时

C. 平均每周工作时间不超过 44 小时

D. 每周工作时间不超过 40 小时

11. 下面说法正确的是（   ）。

A. 客人离店后的服务内容之一有整理表格、单据

B. 客人离店后的服务内容之一有研究客源市场

C. 客人离店后的服务内容之一有客史建档

D. 客人离店后的服务内容之一有研究宾客对饭店的规则和要求

12. 操作示范时，要（   ）。

A. 先示范，再讲操作程序和要领　　　B. 先让受训者做，然后再示范

C. 示范后，请一位受训者练习即可　　　D. 示范后，请受训者都练习

13. 制定《旅游安全管理暂行办法》的目的是贯彻（   ）的方针，加强旅游安全管理工作保障旅游者人身、财产安全。

A. 安全第一，预防为主　　　　　B. 没有安全就没有旅游事业

C. 安全工作"三同时"　　　　　D. 旅游大计，安全第一

14. 下列说法正确的是（   ）。

A. 客房设施设备定期维护保养和大修应由工程部负责，客房部配合

B. 客房设施设备定期维护保养和大修应由工程部独立完成

C. 客房设施设备定期维护保养和大修应由客房部独立完成

D. 客房设施设备定期维护保养和大修应由客房部负责，工程部配合

15. 前厅部负责为客人服务的全部过程，近年来较为普遍的认识是将服务过程划为五个阶段，即（   ）、客人到店接待服务阶段、客人住店期间服务阶段、客人离店服务阶段和离店后的服务阶段。

A. 客人抵店前的准备工作阶段　　　B. 客人抵店时的行李服务阶段

C. 客人入住时的登记服务阶段　　　D. 客人入住后的介绍服务阶段

16. 客房部与物品供应部应相互沟通信息，力求购入（   ）的物品。

A. 高档物品　　　　　　　　　　　B. 低价物品

C. 价格较低且适应客人要求　　　　D. 紧俏物品

17. 一般客用品的规格要求是面巾长不小于 550 毫米，宽不小于（   ）毫米，重量不低于 110 克。

A. 350　　　　　B. 300　　　　　C. 400　　　　　D. 450

18. 下面说法正确的是（   ）。

A. 床单的品质要求是涤棉，黄色为主，布面光洁，透气性良好

B. 床单的品质要求是化纤，粉色为主，布面光洁，透气性良好

C. 床单的品质要求是全棉，白色为主，布面光洁，透气性良好，无疵点、污渍

D. 床单的品质要求是涤棉，浅色为主，布面光洁，透气性良好

19. 客房主管是客房清扫卫生任务的主要指挥者，加强服务现场的督导和检查，且主管抽查的工作制度的主要内容有主管抽查数量，检查的重点、（   ）。

A. 检查房间物品摆放规格　　　　　B. 检查房间的用品是否合乎标准

C. 检查的方法　　　　　　　　　　D. 检查领班的实际工作能力

20. 抹阳台玻璃门（或窗户玻璃）属计划卫生，每抹一间大约需要 10 分钟，而员工一天的工作量为（   ）间。

A. 50　　　　　B. 20　　　　　C. 40　　　　　D. 30

21. 客房用品的申购是由使用部门根据营业需要，提出申购物品的（   ）、规格型号和数量。

A. 名称　　　　B. 需用时间　　　　C. 单价　　　　D. 功能

22. 清洁电话机并消毒是客房计划卫生的一项工作，每擦一间需（   ）分钟，消毒一部电话机需要 3 分钟，而员工一天的工作量为 80 间。

A. 7　　　　　B. 5　　　　　C. 3　　　　　D. 1

23. 下面选项不属于商业饭店时期饭店特征的是（   ）。

A. 为商务旅游者提供完善的设备、优质的服务

B. 方便、清洁、安全

C. 价格合理

D. 舒适、豪华、奢侈

24. 一般客用品对牙刷的基本品质要求是刷毛以尼龙丝为主，（　　），刷毛洁净、柔软、整齐，毛束空满适宜，刷头、刷柄光滑，手感舒适，有一定抗弯性。

A. 有较强的牢度　　　　　　　　　B. 不得使用对人体有害的材料

C. 颜色适宜　　　　　　　　　　　D. 形状美观

25. 下面不属于客房一次性消耗品的是（　　）.

A. 香皂　　　　B. 牙具　　　　C. 浴液、洗发液　　　D. 枕套

26. 下列选项不属于培训意义的是（　　）。

A. 降低营业成本　　　　　　　　　B. 提高员工的个人素质

C. 加强沟通，改善人际关系　　　　D. 快速提高服务质量

27. 下列说法正确的是（　　）。

A. 客房部应向保卫部提供必要的住客资料与信息

B. 客房部负责客房安全、保卫部负责客房外公共区域安全

C. 客房部应协助保卫部做好防火工作

D. 客房部应协助保卫部做好住客遗失物品的处理

28. 下列不属于常用制定房价方法的是（　　）。

A. 赫伯特定价方法　　　　　　　　B. 千分之一定价方法

C. 客房面积定价方法　　　　　　　D. 差别定价方法

29. 下列选项不属于处理投诉过程中，需要注意的内容的是（　　）。

A. 将重要的客人和一般的客人区分开来

B. 将陌生的客人与熟悉的客人区分开来

C. 将影响力普通的客人与影响力巨大的客人区分开来

D. 将长住客人与临时住宿客人区分开来

30. 刷洗墙纸，需用时间20分钟/间，而员工一天的工作量为（　　）间。

A.10　　　　　　B.15　　　　　　C.20　　　　　　D.5

31. 客房原始记录的特点是经常性、广泛性、（　　）和群众性。

A. 准确性　　　　B. 直观性　　　　C. 真实性　　　　D. 规范性

32. 制定客房清洁整理标准应考虑的具体因素有进房次数、操作方法和标准、（　　）、整洁状况、速度和定额等。

A. 程序　　　　　B. 时间　　　　　C. 布置规格　　　D. 清洁程度

33. 一般客用品规格要求中，衬垫的基本规格长不小于1 900毫米，宽不小于（　　）毫米。

A.800　　　　　　B.900　　　　　　C.1 000　　　　　D.1 100

34. 教学时，案例研讨采用部门经理与高级服务员研讨形式，可以（　　）。

A. 加大培训难度和深度　　　　　　B. 扩大培训范围

C. 集思广益、完善工作措施　　　　D. 由部门经理给出案例结论

35. 客房清洁逐级检查制度中客房服务员自查制度的内容之一是（　　）。

A. 检查的程序　　　B. 检查的时间　　　C. 自查的意义　　　D. 检查的标准

36. 下列选项不属于客房服务员保洁工作表作用的是（　　）。

A. 如实反映客房状况　　　　　　B. 处理意外情况的凭证

C. 用于领班给员工分派工作任务　　D. 作为工作成果评比的依据

37. 客房服务员处理疑难问题时应注意的内容有：弄清客人所提问题的实质、
（　　）、坚持原则和维护饭店声誉。

A. 分析责任　　　　　　　　　　B. 办事迅速，讲究效果

C. 答非所问　　　　　　　　　　D. 投其所好

38. 下列选项不属于客房服务员处理疑难问题必须具备的素质要求的是（　　）。

A. 讲究语言技巧　　　　　　　　B. 丰富的饭店业务知识

C. 敏捷的思维能力　　　　　　　D. 外语知识

39. 下面说法正确的是（　　）。

A. 星级饭店客房方巾的规格是 320 毫米 ×320 毫米，重量不低于 60 克

B. 星级饭店客房方巾的规格是 350 毫米 ×350 毫米，重量不低于 70 克

C. 星级饭店客房方巾的规格是 300 毫米 ×300 毫米，重量不低于 50 克

D. 星级饭店客房方巾的规格是 320 毫米 ×320 毫米，重量不低于 55 克

40. 一般客用品要求香皂重量不低于 18 克和（　　）。

A. 豪华包装　　　　B. 简易包装　　　　C. 无须包装　　　　D. 一般包装

41. 饭店为客人提供双重服务，包括（　　）。

A. 客房服务和餐饮服务　　　　　B. 精神服务和物质服务

C. 功能服务和心理服务　　　　　D. 等值服务和超值服务

42. 违反（　　）的劳动合同属于无效劳动合同。

A. 职业道德　　　　　　　　　　B. 法律、行政法规

C. 劳动法　　　　　　　　　　　D. 行业规范

43. 单位发生火灾时，应当立即实施灭火和应急疏散预案，务必做到（　　），迅速扑救火灾，（　　）。

A. 及时报告领导　　尽可能抢救物资　　B. 及时报警　　及时疏散人员

C. 及时报告保卫部　　迅速切断电源　　D. 及时报警　　及时关闭防火门

44. 下面不属于现代饭店的含义的是（　　）。

A. 现代饭店具有能提供特色佳肴的各类餐厅

B. 现代饭店是一座设施完善的且经政府批准的经营性企业

C. 现代饭店拥有一定数量的客房，且有相应的服务配套设施

D. 现代饭店应有豪华的装修装饰

45. 下面说法正确的是（　　）。

A. 星级饭店对客房面巾的规格要求是 700 毫米 ×300 毫米，重量不低于 120 克

B. 星级饭店对客房面巾的规格要求是 750 毫米 ×300 毫米，重量不低于 140 克

C. 星级饭店对客房面巾的规格要求是 700 毫米 ×400 毫米，重量不低于 160 克

D. 星级饭店对客房面巾的规格要求是 700 毫米 ×350 毫米，重量不低于 140 克

46. 《劳动法》规定：劳动者在劳动过程中必须严格遵守（　　）。

A. 岗位责任制　　　　　　　　　B. 操作规程和标准

C. 职业道德　　　　　　　　　　　D. 安全操作规程

47. 下面不属于一般客用品规格要求中，卫生纸的基本品质要求的是（　　　）。

A. 纤维均匀　　　B. 吸水性能好　　　C. 无杂质　　　D. 纸质细腻

48. 特大事故是指一次事故造成旅游者（　　　），或经济损失在（　　　）以上，或性质特别严重，产生重大影响者。

A. 死亡　　　　100 万元　　　　　　B. 死亡多名　　　1 000 万元

C. 死亡多名　　　100 万元　　　　　D. 死亡多名　　　1 亿元

49. 下面说法正确的是（　　　）。

A. 毛巾的品质要求是涤棉，黄色为主，手感柔软，吸水性能好

B. 毛巾的品质要求是化纤，浅色为主，手感柔软，吸水性能好

C. 毛巾的品质要求是全棉，白色为主，手感柔软，吸水性能好

D. 毛巾的品质要求是混纺，浅色为主，手感柔软，吸水性能好

50. 劳动法是指（　　　）的总称，包括《中华人民共和国劳动法》及其他相关法律、法规。

A. 调整生产关系与生产力的法律规范

B. 调整人事劳资关系的法律规范

C. 调整劳动关系以及其他社会关系的法律规范

D. 调整劳动关系以及与劳动关系密切联系的法律规范

51. 饭店规模大小主要是看其可住宾客的房间数，根据房间的多少来划分，中型饭店客房数在（　　　）间。

A. 200～300　　　B. 300～600　　　C. 300～500　　　D. 300～400

52. 保护公共财产、保卫宾客安全、排除重大隐患、（　　　）重大事故的员工，饭店应当予以奖励。

A. 报告和处理　　　B. 避免和产生　　　C. 防止和避免　　　D. 防止和引发

53. 一般客用品规格要求中，一次性拖鞋的基本品质要求是穿着舒适，（　　　）、具有较好的防滑性能和印有店标。

A. 保暖性能好　　　B. 行走方便　　　C. 防水性好　　　D. 牢度强

54. 下面说法正确的是（　　　）。

A. 星级饭店枕套的品质要求是涤棉，浅色为主，布面光洁，规格与枕芯相配

B. 星级饭店枕套的品质要求是化纤，暗条为主，布面光洁，规格与枕芯相配

C. 星级饭店枕套的品质要求是全棉，白色为主，布面光洁，规格与枕芯相配

D. 星级饭店枕套的品质要求是混纺，浅色为主，布面光洁，规格与枕芯相配

55. 一般客用品对茶叶的基本品质要求是干燥洁净，（　　　）、有包装或用容器盛放，标明茶叶品种。

A. 清香怡人　　　B. 无异味　　　C. 香味浓郁　　　D. 颜色纯正

56. 为了满足不同客人的需求，饭店为客人准备了租借物品，主要有吹风机、熨斗、（　　　）、冰袋和床板等。

A. 剪刀　　　　B. 棋牌　　　　C. 熨衣板　　　D. 变压器

57. 部门之间对经常反复出现的问题进行协调时，常采用（　　　）。

　　A. 随机式协调办法　　　　　　　　　B. 程序式协调办法

　　C. 建议式协调办法　　　　　　　　　D. 征询式协调办法

58. 饭店管理层应引导、激发员工的（　　　），提升"以人为本"的企业文化竞争力。

　　A. 竞争意识和文化素质　　　　　　　B. 认同感和归属感

　　C. 自豪感和责任感　　　　　　　　　D. 参与意识和自我价值实现意识

59. 一般客用品对客房印刷品的基本品质要求是印刷美观、指示明了、（　　　）、中英文对照。

　　A. 字迹醒目　　　　B. 纸质上乘　　　　C. 内容准确　　　　D. 彩色印刷

60. 饭店的服务工作具有系统性、（　　　）和随机性等特点。

　　A. 一致性　　　　　B. 协作性　　　　　C. 突发性　　　　　D. 原则性

61. 下面不属于客房示范培训内容的是（　　　）。

　　A. 开夜床程序　　　　　　　　　　　B. 为宾客送茶服务

　　C. 一般火情处理　　　　　　　　　　D. 宾客醉酒捣乱

62. 客房服务中心的特点包括：（　　　），实现客务工作的专业化，有助于强化客房管理，并为住店客人营造一个宽松、自由、和谐、温馨的环境。

　　A. 减少人员编制，有效地降低劳动成本　B. 楼层清静，减少了噪音

　　C. 更有效地保证了安全　　　　　　　D. 减少误会，方便客人

63. 一般客用品规格要求中，枕芯的规格要求是长不小于650毫米，宽不小于（　　　）毫米。

　　A. 300　　　　　　　B. 350　　　　　　　C. 400　　　　　　　D. 450

64. 下面说法正确的是（　　　）。

　　A. 星级饭店客用衬垫的规格是长不小于1 900毫米，宽不小于1 000毫米

　　B. 星级饭店客用衬垫的规格是长不小于2 100毫米，宽不小于1 200毫米

　　C. 星级饭店客用衬垫的规格是长不小于2 000毫米，宽不小于1 100毫米

　　D. 星级饭店客用衬垫的规格是长不小于2 000毫米，宽不小于1 000毫米

65. 起蜡时，控制机器保持在（　　　）的速度进行刷地起蜡，机器走向是由（　　　）来回走动2~3次。

　　A. 20~25米/分　　　右至左　　　　　B. 25~30米/分　　　上至下

　　C. 30~35米/分　　　随意　　　　　　D. 50米/分　　　　左至右

66. 枕套的基本品质要求是全棉，（　　　），布面光洁，无明显疵点、污损，规格与枕芯相配。

　　A. 以浅黄色为主　　　　　　　　　　B. 以白色为主

　　C. 颜色与床单配套　　　　　　　　　D. 以浅色为主

67. 下面不属于教案准备内容的是（　　　）。

　　A. 确定思考题　　　　　　　　　　　B. 确定板书的设计方案

　　C. 确定本课的中心　　　　　　　　　D. 确定本课的开场白

68. 四星级饭店国家标准规定有送餐服务，24小时提供中西式早、午、晚正餐，送餐

菜式品种不少于 10 种，饮料品种不少于 8 种，甜食品不少于 （　　　） 种。

　　A. 12　　　　　　　　B. 10　　　　　　　　C. 8　　　　　　　　D. 6

69. 下面说法正确的是 （　　　）。

　　A. 星级饭店客用薄棉被的规格为长不小于 2 000 毫米，宽不小于 1 000 毫米

　　B. 星级饭店客用薄棉被的规格为长不小于 1 900 毫米，宽不小于 1 100 毫米

　　C. 星级饭店客用薄棉被的规格为长不小于 2 000 毫米，宽不小于 1 100 毫米

　　D. 星级饭店客用薄棉被的规格为长不小于 2 100 毫米，宽不小于 1 200 毫米

70. 客人投诉时，要注意做好记录，内容包括：（　　　），投诉客人所住房间号及投诉时间。

　　A. 投诉的理由　　　　　　　　　　　B. 投诉客人的姓名

　　C. 投诉的目的　　　　　　　　　　　D. 投诉哪个部门、岗位或人

71. 下列选项不属于客人离店时服务的内容是 （　　　）。

　　A. 离店结账　　　B. 送客离店　　　C. 征求意见　　　D. 列队欢送

72. 住宿登记材料应按照规定妥善保管，满 （　　　） 后，交由当地公安机关统一处理，接待境外旅客住宿，应填写历史住宿登记表，并在 （　　　） 内报送主管公安机关。

　　A. 3 个月　　　12 小时　　　　　　　B. 6 个月　　　24 小时

　　C. 1 年　　　24 小时　　　　　　　　D. 3 年　　　24 小时

73. 下列不属于一至三级贵宾保卫方案住地警卫设岗的的是 （　　　）。

　　A. 全天候全方位设岗　B. 全天候设岗　　C. 重点时间设岗　　D. 重点路线设岗

74. 星级饭店晚安卡的基本品质要求是印刷精致、（　　　）、中英文对照。

　　A. 富有艺术性　　B. 字迹醒目　　　C. 纸质上乘　　　D. 印有店标和店名

75. 我国劳动法规定，企业职工一方可以与企业签订 （　　　）。

　　A. 临时合同　　　B. 聘用合同　　　C. 集体合同　　　D. 福利待遇合同

76. 下列选项不属于部门协调目的的是 （　　　）。

　　A. 营造良好的工作氛围　　　　　　　B. 提高工作效率

　　C. 培养团队精神　　　　　　　　　　D. 掌握其他部门经营管理情况

77. 客房用品的分类可以按消耗形式和 （　　　） 划分。

　　A. 按一次性用品划分　　　　　　　　B. 按供应形式划分

　　C. 按免费用品划分　　　　　　　　　D. 按房间用品划分

78. 立方分米的单位符号是 （　　　）。

　　A. mm^2　　　　　　　B. km^3　　　　　　C. dm^3　　　　　　D. cm^2

79. 下面说法错误的是 （　　　）。

　　A. 二星级饭店，国家星级饭店标准之一：总台、服务台、总机要有 24 小时服务

　　B. 二星级饭店，国家星级饭店标准之一：至少有 20 间可供出租的房间

　　C. 二星级饭店，国家星级饭店标准之一：至少有 18 小时供应热水

　　D. 二星级饭店，国家星级饭店标准之一：每晚为客人提供开夜床服务和供应鲜花、巧克力

80. 客房服务员应通过 （　　　） 让客人心服口服。

A. 说理　　　　　B. 教育　　　　　C. 教训　　　　　D. 周到服务

81. 一般客用品的规格要求是地巾长不小于 650 毫米，宽不小于 400 毫米，重量不低于（　　）克。

A. 250　　　　　B. 300　　　　　C. 320　　　　　D. 350

82. 星级饭店客用床单的品质要求是全棉，（　　），布面光洁，透气性能好，无疵点、污渍，符合 FZ/T62007 的规定。

A. 以浅黄为主　　B. 以白色为主　　C. 以浅色为主　　D. 以暗条为主

83. 劳动合同（　　）是劳动合同规定的必备条款。

A. 无效条件　　　B. 变更条件　　　C. 修改条件　　　D. 中止条件

84. 当事人一方（　　）劳动争议仲裁委员会申请仲裁。对仲裁裁决不服的，可以向（　　）提出诉讼。

A. 可以直接向　　人民法院　　　　B. 也可以向　　人民法院

C. 可以直接向　　人民检察院　　　D. 也可以向　　人民检察院

85. 下列选项不属于一般客用品对圆珠笔的基本要求的是（　　）。

A. 不漏油　　　　　　　　　　　　B. 书写流畅

C. 笔杆上印有店名及店标　　　　　D. 粗细适宜

86. 职业责任感是员工自觉地将自己的人生价值与本职工作（　　）的一种高尚境界。

A. 正确处理　　　　　　　　　　　B. 巧妙分开、避免冲突

C. 相媲美　　　　　　　　　　　　D. 完美结合

87. 下列选项不属于保卫部工作范围内容的是（　　）

A. 突发性事件的处理　　　　　　　B. 醉酒闹事的处理

C. 重要宾客的保卫　　　　　　　　D. 调查取证

88. 下列不属于一至三级贵宾保卫方案对交通管理采取的措施的是（　　）。

A. 增设指挥岗多个　　　　　　　　B. 增设指挥岗

C. 视情况增设指挥岗　　　　　　　D. 巡视指挥

89. 下列不属于"脏"的范围之内的是（　　）。

A. 胶类污渍　　　B. 油溶性污渍　　C. 水溶性污渍　　D. 锈蚀的斑迹

90. 鼓励学员动手，对于帮助学员记忆、提高学习效果有极大的作用，研究表明，学习一种知识通过阅读，可记住 10%；通过听课，可记住 20%；又看又听，可记住 50%；自己复述一遍，可记住（　　）；一面复述，一面动手做，可记住 90%。

A. 50%　　　　　B. 60%　　　　　C. 80%　　　　　D. 70%

91. 下列选项不属于客房部常用表单（原始记录）管理内容之一的是（　　）。

A. 按规定填写并传递　　　　　　　B. 对原始记录进行检查、整理、分析

C. 表单的设计和印刷　　　　　　　D. 建立表单记录责任制

92. 客人住店期间服务包括：问询留言、（　　）、电话商务、委托代办、提前离店、延期续租和累计客账。

A. 外购药品服务　　　　　　　　　B. 送报刊信件

C. 代客送文件服务   D. 外购食品服务

93. （   ）不属于一般客用品对信封、信纸基本品质的要求。

A. 印有中英文店名店标、地址   B. 印有邮编、电话、传真号码

C. 纸质不低于 50 克   D. 规格与文具夹相配

94. 客人无意中妨碍了你的工作，你应当（   ）。

A. 放下手中的工作，等会儿再干   B. 请他立即让开

C. 报告领导来处理   D. 以礼相待，善意地提醒客人

95. 下列选项不属于部门间的协调原则内容的是（   ）。

A. 共同协商   B. 分工协作   C. 互不推诿   D. 本位主义

96. 控制洗地毯的走向，应（   ），保持（   ）的速度为宜。

A. 由左至右   40 米/分   B. 由上至下   50 米/分

C. 由右至左   30 米/分   D. 随意   20 米/分

97. 下列选项不属于五星级饭店标准的是（   ）。

A. 70% 的客房面积不小于 20 平方米

B. 总统套房占饭店总数的 2% ~3%

C. 至少有 40 间（套）可供出租的客房

D. 服务标准堪称一流，管理水平严谨到位，没有投诉

98. 一般客用品规格要求中，浴帽的基本品质要求是以塑料制品为主，洁净、（   ）、帽口松紧适宜和耐热性好。

A. 形状美观   B. 牢固性好   C. 无破损   D. 透明

99. 单刷高速打蜡机的转速是（   ），它适合于（   ）。

A. 200 ~250 转/分   抛光   B. 250 ~300 转/分   洗擦地板

C. 300 ~500 转/分   打蜡   D. 500 ~700 转/分   喷磨

100. 下面说法正确的是（   ）。

A. 星级饭店客用枕芯的规格要求为长不小于 600 毫米，宽不小于 300 毫米

B. 星级饭店客用枕芯的规格要求为长不小于 650 毫米，宽不小于 300 毫米

C. 星级饭店客用枕芯的规格要求为长不小于 700 毫米，宽不小于 450 毫米

D. 星级饭店客用枕芯的规格要求为长不小于 750 毫米，宽不小于 400 毫米

101. 壁柜通常设在客房入口处，壁柜长度各饭店因客房空间而设定，但进深不应少于 50 厘米，为了挂衣方便，高度不应低于（   ），挂衣杆上方空间也不应小于（   ）。

A. 160 厘米   10 厘米   B. 170 厘米   15 厘米

C. 180 厘米   10 厘米   D. 190 厘米   15 厘米

102. 客房清洁逐级检查制度中，领班普查制度的内容包括领班查房数量、（   ）、检查的方法和邻班查房的意义。

A. 查房的目的   B. 普查与抽查的房间

C. 查房的重点   D. 查房的时间

103. 我国饭店在 1988 年开始纳入国际星级标准，根据我国的实际情况规定了饭店星级的划分制度。它的依据范围是按规模、（   ）、设备和服务四个方面将饭店的级别定为

五个等级。

    A. 设施条件   B. 建筑   C. 装潢   D. 管理水平

104. 消费者在购买、使用商品和接受服务时享有（　　）的权利。

    A. 人身、名誉不受损害   B. 商品和服务不受损害

    C. 人身、财产安全不受损害   D. 保证安全

105. 处理投诉时，一般情况下，客房服务员应（　　）。

    A. 立刻报告上级   B. 先镇定，拖一下冷处理

    C. 马上进行处理   D. 先分清责任

106. 下面说法正确的是（　　）。

    A. 星级饭店客房软垫的规格为长不小于1 900毫米，宽不小于1 000毫米

    B. 星级饭店客房软垫的规格为长不小于2 100毫米，宽不小于1 100毫米

    C. 星级饭店客房软垫的规格为长不小于2 000毫米，宽不小于1 100毫米

    D. 星级饭店客房软垫的规格为长不小于2 200毫米，宽不小于1 300毫米

107. 贵宾抵达饭店前，三级保卫方案值班安排应（　　）。

    A. 全天候安排专人值班   B. 保卫部经理值班

    C. 全天候安排值班   D. 各部门经理轮换值班

108.《劳动法》规定：劳动争议发生后，当事人可以向本单位（　　）申请调解；调解不成，但是任一方要求仲裁的，可以向（　　）申请仲裁。

    A. 劳动争议调解委员会　法院

    B. 劳动争议调解委员会　　劳动争议仲裁委员会

    C. 工会　　劳动争议仲裁委员会

    D. 职工代表大会　　劳动争议仲裁委员会

109. 下面说法正确的是（　　）。

    A. 发展培训的主要内容之一是重视受训者知识全面提高

    B. 发展培训的主要内容之一是重视受训者专项技能深入发展

    C. 发展培训的主要内容之一是重视受训者在多项技能上全面发展

    D. 发展培训的主要内容之一是重视受训者掌握组织他人工作的技巧

110. 在职培训的专题讲座主要适用于（　　）。

    A. 人数较多、时间较短的培训

    B. 人数较多、时间较长的培训

    C. 人数较少、时间较短的培训

    D. 人数较少、时间较长的培训

111. 在没有其他工作干扰的情况下，中档饭店日班领班一般负责（　　）间客房的工作区域。

    A. 30～50   B. 40～60   C. 70～90   D. 60～80

112. 下面选项中，不属于客房部为确保客人安全所做的工作的是（　　）。

    A. 录用新员工时的安全要求   B. 新员工安全知识的培训

    C. 客房安全工作的检查指导   D. 加强员工进出客房的登记制度

113. 制定客房清扫标准的原则之一是（　　　）。

A. 视觉标准　　　　　　　　　　　　B. 听觉标准

C. "三方便"准则　　　　　　　　　　D. 触觉标准

114. 下列不属于一至三级贵宾保卫方案对路线保卫采取的措施的是（　　　）。

A. 所有路口、要道设岗　　　　　　　B. 主要路口、要道设岗

C. 必经路口、要道设岗　　　　　　　D. 流动岗

115. 根据职责，单位消防安全负责人组织本单位的防火检查，督促落实火灾隐患整改，及时处理（　　　）。

A. 涉及消防安全的重大问题　　　　　B. 涉及消防安全的各种问题

C. 涉及消防安全的一般问题　　　　　D. 涉及消防安全的关键问题

116. 下列说法不正确的是（　　　）。

A. 客房部与餐饮部工作互不相关

B. 客房部与餐饮部配合，做好 VIP 房果篮、酒水、点心的摆放

C. 客房部应协助餐饮部按客人要求送餐到房间

D. 客房部应协助房间送餐部收拾房间餐具及餐车

117. 处理客人投诉时，下面选项正确的是（　　　）。

A. 客人永远正确　　　　　　　　　　B. 保护客人利益也不能损害饭店利益

C. 顺着客人抱怨饭店　　　　　　　　D. 为平息投诉，讨好客人

118. 人的各种感官在学习时能起到的作用是不同的，通过"听觉"，可学到（　　　）；通过"视觉"，可学到 33%。

A. 5%　　　　　　　B. 10%　　　　　　　C. 11%　　　　　　　D. 15%

119. 一般客用品规格要求中，不属于毛毯基本品质要求的选项是（　　　）。

A. 保暖性能良好　　　　　　　　　　B. 经过阻燃、防蛀处理

C. 规格尺寸与床单相匹配　　　　　　D. 深色为主

120. 下面说法正确的是（　　　）。

A. 毛巾的品质要求是涤棉，黄色为主，手感柔软，吸水性能好

B. 毛巾的品质要求是化纤，粉色为主，手感柔软，吸水性能好

C. 毛巾的品质要求是全棉，白色为主，手感柔软，吸水性能好

D. 毛巾的品质要求是涤棉，浅蓝色为主，手感柔软，吸水性能好

121. 下列选项不属于与客人沟通的主要技巧的是（　　　）。

A. 重视对客人心理服务　　　　　　　B. 维护饭店声誉，不能否定自己

C. 要善解人意　　　　　　　　　　　D. 对客人要"反话正说"

122. 一星级饭店属于经济型饭店，国家涉外星级饭店标准规定，至少有 20 间（套）可供出租的客房，75% 的客房应配有卫生间，（　　　）小时供应热水。

A. 8　　　　　　　B. 12　　　　　　　C. 16　　　　　　　D. 24

123. 下面不属于客房原始记录主要内容的是（　　　）。

A. 记录客房设备　　　　　　　　　　B. 记录物品消耗

C. 记录客房产品消耗　　　　　　　　　D. 记录客房安全状况

124. 一般客用品对香皂的基本品质要求是香味纯正，（　　），色泽一致，图案字迹清晰，无粉末颗粒，无软化腐烂现象，在保质期内。

A. 浅色为主　　　　B. 组织均匀　　　　C. 手感舒适　　　　D. 留香时间长

125. 打蜡机打蜡时，落蜡要均匀，上下互叠（　　），每推（　　），喷蜡一次。

A. 10 厘米　　　100 厘米　　　　　　B. 20 厘米　　　150 厘米

C. 5 厘米　　　50 厘米　　　　　　　D. 25 厘米　　　150 厘米

126. 下列选项不属于餐饮部运转程序的是（　　）。

A. 开餐前的准备工作　B. 迎宾服务　　　C. 餐后结束工作　　D. 任务分配

127. 伴随对饭店的（　　）而发生的投诉为建设性投诉。

A. 赞誉　　　　　B. 批评　　　　　C. 评价　　　　　D. 职责

128. 下列选项不属于客人到店接待服务内容的是（　　）。

A. 到店迎候　　　B. 交纳押金　　　C. 定价排房　　　D. 确认付款方式

129. 清洁整理客房标准的内容包括客房清扫前的准备、（　　）、西式铺床程序、晚间服务规范、客房卫生消毒规范和客房计划卫生制度。

A. 应变能力　　　　　　　　　　　　B. 客房清扫基本方法

C. 外语水平　　　　　　　　　　　　D. 专业知识

130. 操作示范教学的特点是（　　）。

A. 施教复杂，但便于掌握　　　　　　B. 施教复杂，不便于掌握

C. 简便易行，便于掌握　　　　　　　D. 只练不讲，不便于掌握

131. （　　）不属于一般客用品对梳子基本品质的要求。

A. 梳柄印有中英文店名和店标　　　　B. 梳身完整

C. 厚薄均匀　　　　　　　　　　　　D. 外形美观

132. 经营、服务者向消费者提供商品或者服务，应当依照《中华人民共和国产品质量法》和其他有关法律、法规的规定履行义务。经营、服务者和消费者有约定的，应当按照（　　），但双方的约定不得（　　）。

A. 约定履行义务　　约定履行义务　违背社会普遍认可的准则

B. 约定执行　　　　修改

C. 约定履行义务　　违背法律、法规的规定

D. 约定履行合同　　超出合同条款

133. 下列不属于规定贵宾抵达饭店前的保卫部制定的内容是（　　）。

A. 交通管理　　　B. 路线保卫　　　C. 重点部位检查　　D. 便装警卫的设置

134. 服务人员必须（　　），既能通过察言观色正确判断客人的心情，又能做出恰当的语言和行为反应。

A. 大胆直率　　　B. 见风使舵　　　C. 快言快语　　　D. 善解人意

135. 下列不属于处理投诉时设法使客人消气的方法是（　　）。

A. 接待客人时，要面带微笑

B. 先让客人把话讲完，切勿胡乱解释打断客人讲述

C. 客人讲话时，要表现出足够的耐心

D. 送上一杯茶水或咖啡

136. 贵宾抵达饭店前的三级保卫方案，保安总指挥应由（　　）负责。

A. 保卫部经理　　　　　　　　　　B. 总经理或副总经理

C. 副总经理或助理总经理　　　　　D. 业务总监

137. 订立和变更劳动合同，应当遵循（　　）的原则，不得违反法律、行政法规的有关规定。

A. 依法办事、求真务实　　　　　　B. 实事求是、顾全大局

C. 真诚友好、互谅互让　　　　　　D. 平等自愿、协商一致

138. 客房服务员应严格按照员工行走路线出入，乘员工专用电梯，使用（　　）卫生间。

A. 公共　　　　B. 员工指定　　　　C. 开放　　　　D. 非公共

139. 饭店培训要坚持系统性，培训面向（　　）。

A. 新员工　　　　B. 前台员工　　　　C. 全体员工　　　　D. 管理人员

140. 选择客房用品的基本原则是（　　），美观实用和价格合理。

A. 符合饭店星级和档次　　　　　　B. 以价格低廉为主要原则

C. 以包装上乘为主要原则　　　　　D. 以质量上乘为主要原则

141. 下面选项中，符合操作示范人员选择要求的是（　　）。

A. 工作时间较长　　B. 经验丰富　　C. 管理人员　　D. 操作规范且熟练

142. 下列选项不属于客房部与前厅部协调的主要内容的是（　　）。

A. 互通最新房态信息　　　　　　　B. 及时整理好结账房

C. 客房差异情况的核对　　　　　　D. 特殊宾客服务的要求

143. 下列选项不属于一至三级贵宾保卫方案中关于专梯使用的措施是（　　）。

A. 主宾全部行动时使用　　　　　　B. 主宾主要活动时使用

C. 主宾个别行动时使用　　　　　　D. 主宾随用随开

144. 控制客房成本的方法有：（　　）、主要消耗指标控制法、制度控制法和标准成本控制法等。

A. 预算控制法　　　　　　　　　　B. 非主要消耗指标控制法

C. 执行房间物品配备标准控制法　　D. 决算控制法

145. 一般客用品的规格要求是：浴巾长不小于 1 200 毫米，宽不小于（　　）毫米，重量不低于 400 克。

A. 500　　　　　B. 600　　　　　C. 700　　　　　D. 800

146. 我国旅游涉外饭店星级标准，是以饭店的建筑设备服务项目与设施条件、（　　）、清洁卫生程度、服务质量和宾客意识等标准来确定的。

A. 服务水平　　　　　　　　　　　B. 设备和设施的维修程度

C. 企业效益和社会效益　　　　　　D. 建筑规模

147. 领班查房表的作用有：作为工作凭证、保证清洁房的质量和（　　）。

A. 及时弥补漏洞　　　　　　　　　B. 客房部日常考核员工的依据

C. 证实领班的能力　　　　　　　　D. 通报最新房态信息

148. 下面不属于客房产品质量标准内容的选项是（　　　）。

A. 客人的反映　　　　　　　　　　B. 清洁卫生质量

C. 员工素质及客房部工作运转情况　D. 房间恒温质量

149. 有的投诉属饭店方面没有什么过错，而是客人对饭店有关规定不了解或误解造成的，遇到这种情况（　　　）。

A. 就要对客人耐心解释，并帮客人解决问题

B. 就不必理睬

C. 只需说清即可

D. 不必介意，更不必过多解释

150. 下列不属于客人投诉对饭店的意义的是（　　　）。

A. 可以帮助饭店管理者发现饭店服务与管理中存在的问题与不足

B. 为饭店方面提供了一个改善宾客关系的机会

C. 有利于饭店改善服务质量，提高管理水平

D. 有利于饭店提高知名度

151. 下列选项不是处理投诉的程序和方法内容的是（　　　）。

A. 对客人反映的问题应立即着手处理

B. 对投诉的处理结果予以关注

C. 与客人进行再次沟通

D. 面带微笑倾听客人投诉

152. 培训计划主要内容有培训目标、（　　　）、培训者、培训经费、培训措施、培训时间、培训地点、培训内容、培训方式和培训设备等。

A. 培训对象　　　　B. 培训效果　　　　C. 培训组织　　　　D. 培训要求

153. 物品供应部是饭店的物品管理部门，同时还负责采购工作，做好采购、保管工作可以减少浪费、（　　　）和节约用货资金。

A. 提高工作效率　　B. 减少库存积压　　C. 促进资金周转　　D. 节省人力

154. 下列说法正确的是（　　　）。

A. 客房销售人人有责，尤其是客房部员工

B. 客房销售是销售部的事，与客房部无关

C. 客房销售是客房部最主要的工作

D. 客房销售是饭店各部门经理的主要工作

155. 申购物品的流程是（　　　）。

A. 使用部门→供应部报价→财务部→总经理审批

B. 使用部门→仓管部→供应部报价→总经理审批

C. 使用部门→财务总监审批→总经理审批

D. 使用部门→供应部报价→财务部总监审批→总经理审批

156. 星级饭店对客房浴巾的规格要求是长不小于 1 400 毫米，宽不小于 800 毫米，重量不低于（　　　）克。

A. 800 　　　　　B. 900 　　　　　C. 600 　　　　　D. 700

157. 下面说法错误的是（　　　）。

A. 三星级饭店国家标准规定之一：至少要有40间（套）可供出租房

B. 三星级饭店国家标准规定之一：24小时提供冷、热水及冰块

C. 三星级饭店国家标准规定之一：18小时提供中式、西式早餐或便餐的送餐服务

D. 三星级饭店国家标准规定之一：冰箱内提供免费饮料及酒水

158. 做好客人抵店前的准备工作，应对客源进行分类，一般可分为（　　　）。

A. 已办理预订客房手续的客人和未办理预订而直接到店的客人

B. 已住店客人和未住店客人

C. 已结账客人和未结账客人

D. 已延期续租客人和未延期续租客人

159. 新招录的员工在（　　　）发现不符合饭店要求的，饭店可以随时解除劳动合同。

A. 待岗期 　　　　B. 合同期 　　　　C. 试用期 　　　　D. 转正期

160. 连续性会议和展览一般要历时多天，甚至需要在一段时间内包租场地，可以"场/日"为计价单位，"日"的计算以每日中可利用的"次"数为依据，一般（　　　）换算为1"日"。

A. 2"次" 　　　　B. 2～3"次" 　　　　C. 4"次" 　　　　D. 6"次"

得　分	
评分人	

二、判断题（第161题～第200题。将判断结果填入括号中。正确的填"√"，错误的填"×"。每题0.5分，满分20分。）

161. （　　　）用人单位解除劳动合同，工会认为不适当的，有权提出意见。如果用人单位违反法律、法规或者劳动合同，工会有权要求重新处理；劳动者申请仲裁或者提起诉讼的，工会应当协助企业行政做工作。

162. （　　　）地毯除渍剂可以消除鞋油和油漆渍。

163. （　　　）客人是饭店产品的直接消费者，对服务工作存在的问题有切身的体会和感受，因此，他们最有发言权。

164. （　　　）檫梳妆镜铜耳的循环周期为每月一次。

165. （　　　）了解饭店的经营收入是入店教育的内容之一。

166. （　　　）迷你吧商品定价一般要低于商品柜台售价，甚至低于酒吧售价，因此应单独设立价目表，中英文对照，置于迷你吧的显眼位置。

167. （　　　）作为饭店员工，要重事业、淡名利，做到不利于团结的话不说，不利于团结的事不做，共同创造一个良好的工作环境。

168. （　　　）饭店地理位置偏远是产生投诉的原因之一。

169. （　　） 保卫部对饭店公共场所督查的内容之一是进行调查取证。

170. （　　） 人们对职业道德的评价和衡量主要是通过个人信念、传统习惯和社会舆论作出的。

171. （　　） 劳动者应当完成劳动任务，提高职业技能，执行劳动安全卫生规程，遵守劳动纪律和职业道德。

172. （　　） 二级保卫方案对宴会安全的措施是附近岗位兼顾，宴会前个别检查。

173. （　　） 四星级饭店应具备 100 间（套）客房可供出租。

174. （　　） 劳动合同可以约定试用期，但试用期最长不得超过 3 个月。

175. （　　） 学习客房管理只是客房服务员岗前培训的内容之一。

176. （　　） 经济型饭店清扫房间定额为 14~16 间/人。

177. （　　） 单位应当组织新上岗和进入新岗位的员工进行岗前的消防安全培训。

178. （　　） 客房原始记录加工整理成管理资料一般可分为分类、统计和分析三个阶段。

179. （　　） 在职业生活中，树立正确的职业理想，并有坚忍不拔的道德意志，是引导和帮助有志者走向成功的关键。

180. （　　） 房务报价表主要内容是客房房态信息。

181. （　　） 职业道德是人们在长期的职业活动中形成的处世之道的总和。

182. （　　） 自助餐、套餐、日餐定食等方式一般以"份"、"套"作为计价单位。

183. （　　） 解决客人投诉要安抚客人，应选在餐厅进行。

184. （　　） 不是所有的人付得起房费就可以租用。

185. （　　） 建筑规模宏大是大饭店时期的主要特征之一。

186. （　　） 饭店职业纪律的核心是遵纪守法、加强自律。

187. （　　） 要求提高服务效率是宾客投诉时的三种心态之一。

188. （　　） 二级保卫方案对宴会食品安全采取的措施是食品个别检验。

189. （　　） 商务旅游型客房的设计布置应充分为商务客人考虑，在商务楼层房加装宽带、电脑、传真机。

190. （　　） 刷洗冰箱的循环周期为每月一次。

191. （　　） 星级饭店客用香皂的重量要求是每块不低于 25 克，最多可达到 40 克。

192. （　　） 应当注意加强岗位之间、工种之间、部门之间的横向联系和沟通，做到快速反应，协调合作。

193. （　　） 台凳的样式、色调与室内整体氛围没有直接的联系。

194. （　　） 旅馆工作人员不得利用工作之便，进行违法犯罪活动。

195. （　　） 冲洗空调器滤网属计划卫生，每冲洗一个空调器滤网大约需要 10 分钟。

196. （　　） 贵宾抵达饭店前二级保卫方案对饭店内公共场所活动采取的措施应由保卫经理随护。

197. （　　） 职业道德不同于一般社会公德，带有鲜明的行业特性。

198. （　　） 星级饭店客房地巾的规格是 700 毫米×400 毫米，重量不低于 300 克。

199. （　　） 饭店客房的床具都是在家具厂订做的。

200. （　　） 客人最讨厌、最不能容忍的就是做错了事不肯承认，反而找各种理由来推卸责任。只有知错必改，才能不断进步。

职业技能鉴定国家题库
高级客房服务员理论知识试卷（模拟卷二）

注 意 事 项

1. 考试时间：120 分钟。
2. 本试卷依据 2001 年颁布的《客房服务员国家职业标准》命制。
3. 请首先按要求在试卷的标封处填写您的姓名、准考证号和所在单位的名称。
4. 请仔细阅读各种题目的问答要求，在规定的位置填写您的答案。
5. 不要在试卷上乱写乱画，不要在标封区填写无关的内容。

	一	二	总 分
得 分			

得 分	
评分人	

一、**单项选择**（第 1 题～第 160 题。选择一个正确的答案，将相应的字母填入题内的括号中。每题 0.5 分，满分 80 分。）

1. 下面不属于客房原始记录特点的是（　　）。

A. 群众性　　　　　B. 真实性　　　　　C. 经常性　　　　　D. 准确性

2. 领班查房表的作用有（　　），是客房部日常对员工考核的依据。

A. 作为工作凭证，保证清洁房的质量　　　B. 及时弥补漏洞

C. 通报最新房态信息　　　　　　　　　　D. 证实领班的能力

3. 星级饭店的毛巾品质要求是（　　），白色为主，其他素色以不褪色为准，无色花、色差，手感柔软，吸水性能好。

A. 全棉　　　　　　B. 涤棉　　　　　　C. 化纤　　　　　　D. 混纺

4. 消防安全重点单位应当进行（　　），并确定巡查的人员、内容、部位和频次。

A. 每周防火巡查　　　　　　　　　　　　B. 每月防火巡查

C. 不定期防火巡查　　　　　　　　　　　D. 每日防火巡查

5. 部门之间对事先未能预料的突发事件进行协调时，常采用（　　）。

A. 程序式协调办法　　　　　　　　　　　B. 建议式协调办法

C. 随机式协调办法　　　　　　　　　　　D. 征询式协调办法

6. 将客房原始记录加工整理成管理资料，一般分为检查、整理和（　　）三个阶段。

A. 上报　　　　　B. 统计　　　　　C. 分析　　　　　D. 分类

7. 一般客用品规格要求中，下面说法正确的是（　　）。

A. 枕芯的规格要求为长不小于550毫米，宽不小于300毫米

B. 枕芯的规格要求为长不小于600毫米，宽不小于300毫米

C. 枕芯的规格要求为长不小于650毫米，宽不小于350毫米

D. 枕芯的规格要求为长不小于700毫米，宽不小于400毫米

8. 客房部员工整理清洁房间的速度往往是不一样的，经过培训合格的熟练工，其打扫房间的平均速度应达到住客房（　　）分钟/间。

A. 10～12　　　B. 15～25　　　C. 20～25　　　D. 15～20

9. 客房用品的分类除了按消耗形式划分外，还可以（　　）。

A. 按一次性用品划分　　　　　B. 按卫生间用品划分

C. 按供应形式划分　　　　　D. 按文具用品划分

10. 新开业的旅游企、事业单位，在开业前必须向当地旅游行政管理部门申请（　　），检查验收不合格者，不得开业。

A. 对安全设施、安全防护设施、安全规章制度的检查验收

B. 对建筑设备、经营设施的检查验收

C. 对安全通道、安全设备、安全出口的检查验收

D. 对安全设施设备、安全管理机构、安全规章制度的检查验收

11. 下列选项不属于保卫部门对饭店公共场所督查内容的是（　　）。

A. 保持建筑物各项设施坚固安全和出入口通道的畅通

B. 消防设备齐全、有效、放置得当

C. 尽可能将公共场所与客房区、工作区划分开

D. 调查取证

12. 客房用品的申购是由使用部门根据营业需要，提出申购物品的名称、（　　）和数量。

A. 单价　　　　　B. 规格型号　　　C. 功能　　　　　D. 需用时间

13. 一般客用品规格要求中，客房毛毯的基本品质要求是（　　）、手感柔软、保暖性能良好，经过阻燃、防蛀处理，规格尺寸与床单相匹配。

A. 素色为主　　　B. 花色为主　　　C. 浅色为主　　　D. 深色为主

14. 岗前培训的内容有学习本部门的规章制度、学习安全守则、（　　）、学习礼节礼貌、学习客房常识、学习协调沟通的方法和学习表格的使用。

A. 学习处理疑难问题　　　　　B. 学习客房服务员的岗位职责

C. 学习客房管理知识　　　　　D. 学习检查客房业务的标准

15. 客房成本费用主要包括营业承办、（　　）、管理费用和财务费用等四项内容。

A. 折旧费用　　　B. 营业费用　　　C. 变动费用　　　D. 固定费用

16. 下面说法正确的是（　　）。

A. 星级饭店客房软垫的规格为长不小于1 900毫米，宽不小于1 000毫米

B. 星级饭店客房软垫的规格为长不小于 2 100 毫米，宽不小于 1 100 毫米

C. 星级饭店客房软垫的规格为长不小于 2 000 毫米，宽不小于 1 100 毫米

D. 星级饭店客房软垫的规格为长不小于 2 200 毫米，宽不小于 1 300 毫米

17. 壁柜通常设在客房入口处，壁柜长度各饭店因客房空间而定，但进深不应少于 50 厘米，为了挂衣方便，高度不应低于（　　　），挂衣杆上方空间也不应小于（　　　）。

　　A. 160 厘米　　　10 厘米　　　　　　　B. 170 厘米　　　15 厘米

　　C. 180 厘米　　　10 厘米　　　　　　　D. 190 厘米　　　15 厘米

18. 下列不属于前厅部服务过程的五个阶段内容的是（　　　）。

　　A. 客人到店接待服务阶段　　　　　　B. 客人离店服务阶段

　　C. 客人离店后服务阶段　　　　　　　D. 客人用餐服务阶段

19. 一般客用品规格要求中，衬垫的基本规格为长不小于 1 900 毫米，宽不小于（　　　）毫米。

　　A. 800　　　　　　B. 900　　　　　　C. 1 000　　　　　　D. 1 100

20. 星级饭店客用床单的品质要求是（　　　），白色为主，布面光洁，透气性能好，无疵点、污渍，符合 FZ/T62007 的规定。

　　A. 全棉　　　　　B. 涤棉　　　　　C. 混纺　　　　　D. 化纤

21. 客房主管是客房清扫卫生任务的主要指挥者，加强服务现场的督导和检查，其主管抽查的工作制度主要内容有主管抽查数量、检查的重点、（　　　）。

　　A. 检查房间物品摆放规格　　　　　　B. 检查房间的用品是否合乎标准

　　C. 检查的方法　　　　　　　　　　　D. 检查领班的实际工作能力

22. 衡量饭店经营管理和服务水平的重要标志之一是提供各种（　　　），让客人（　　　）全方位享受。

　　A. 便利　　　从生理到心理　　　　　B. 服务　　　从精神到物质

　　C. 产品　　　从菜点到服务　　　　　D. 服务　　　从店内到店外

23. 下面说法正确的是（　　　）。

　　A. 一般客用品规格要求中，地巾规格为不小于 600 毫米 × 400 毫米，重量不低于 300 克

　　B. 一般客用品规格要求中，地巾规格为不小于 700 毫米 × 450 毫米，重量不低于 400 克

　　C. 一般客用品规格要求中，地巾规格为不小于 550 毫米 × 350 毫米，重量不低于 280 克

　　D. 一般客用品规格要求中，地巾规格为不小于 650 毫米 × 400 毫米，重量不低于 320 克

24. 下列选项不属于部门间的协调原则内容的是（　　　）。

　　A. 共同协商　　　B. 分工协作　　　C. 互不推诿　　　D. 本位主义

25. 楼层服务台的优点包括：（　　　），提高服务的时效性和主动性，有利于保障客房的安全，配合总台准确控制房态等。

　　A. 利于和客人沟通，人情味浓　　　　B. 服务方便

C. 利于服务质量的督导　　　　　　　D. 利于及时调整人员

26. 职业道德有助于激发从业人员的（　　），为企业的发展服务。

A. 自觉性、积极性和公益性　　　　　B. 主动性、积极性和创造性

C. 竞争性、积极性和创造性　　　　　D. 进取性、积极性和服务性

27. 教学的五个环节是提问、（　　）、总结、巩固练习和布置作业。

A. 回顾　　　　　B. 讲授新课　　　　　C. 解答　　　　　D. 展示有关物品

28. 客房服务员应通过（　　）让客人心服口服。

A. 说理　　　　　B. 教育　　　　　C. 教训　　　　　D. 周到服务

29. 下面说法正确的是（　　）。

A. 星级饭店客用衬垫的规格为长不小于 1 900 毫米，宽不小于 1 000 毫米

B. 星级饭店客用衬垫的规格为长不小于 2 100 毫米，宽不小于 1 200 毫米

C. 星级饭店客用衬垫的规格为长不小于 2 000 毫米，宽不小于 1 100 毫米

D. 星级饭店客用衬垫的规格为长不小于 2 000 毫米，宽不小于 1 000 毫米

30. 下面不属于现代饭店的含义的是（　　）。

A. 现代饭店具有能提供特色佳肴的各类餐厅

B. 现代饭店是一座设施完善的且经政府批准的经营性企业

C. 现代饭店拥有一定数量的客房，且有相应的服务配套设施

D. 现代饭店应有豪华的装修装饰

31. 制定客房清扫标准的原则是饭店的经营方针和市场行情、（　　）和"三方便"准则。

A. 嗅觉标准　　　　B. 尽量少打扰客人　　C. 听觉标准　　　D. 感官标准

32. 订立和变更劳动合同，应当遵循（　　）的准则，不得违反法律、行政法规的有关规定。

A. 依法办事、求真务实　　　　　　　B. 实事求是、顾全大局

C. 真诚友好、互谅互让　　　　　　　D. 平等自愿、协商一致

33. 所谓"三方便"准则是指在制定客房清洁整理标准和程序时，必须依照方便客人、方便操作和（　　）的准则来进行。

A. 方便衔接　　　　B. 方便沟通　　　　C. 方便管理　　　D. 方便配合

34.《劳动法》规定：国家对（　　）实行特殊保护。

A. 老职工和未成年工　　　　　　　　B. 特殊岗位

C. 高温岗位　　　　　　　　　　　　D. 女职工和未成年工

35. 四星级饭店国家标准规定，有送餐服务，24 小时提供中西式早、午、晚正餐，送餐菜式品种至少有 10 种，饮料品种不少于（　　）种，甜品不少于 6 种。

A. 12　　　　　B. 14　　　　　C. 8　　　　　D. 10

36. 下列选项中不属于商务旅游型客房设计布置的是（　　）。

A. 宽带　　　　　B. 电脑　　　　　C. 传真机　　　　　D. 加湿器

37. 下列不属于一至三级保卫方案对车辆采取的措施的是（　　）。

A. 重点检查　　　　B. 常规检查　　　　C. 全面检查　　　D. 抽查

38. 清洁电话机并消毒是客房计划卫生的一项工作，每擦一间约需 7 分钟，消毒一部电话机需要 3 分钟，而员工一天的工作量为（　　）间。

A. 50　　　　　　　　B. 60　　　　　　　　C. 70　　　　　　　　D. 80

39. 一般客用品对香皂的基本品质要求是香味纯正，（　　），色泽一致，图案字迹清晰，无粉末颗粒，无软化腐烂现象，并且在保质期内。

A. 浅色为主　　　　B. 组织均匀　　　　C. 手感舒适　　　　D. 留香时间长

40. 消费者享有对商品和服务以及保护消费者权益工作进行（　　）的权利。

A. 评价　　　　　　B. 评估　　　　　　C. 监督　　　　　　D. 指导

41. 单位应当落实逐级消防安全责任制，明确逐级和岗位（　　），确定各级、各岗的（　　）。

A. 消防安全职责　　　　消防安全责任人

B. 消防安全责任　　　　消防安全责任人

C. 消防安全管理　　　　消防安全管理人

D. 消防安全制度　　　　消防安全值班人

42. 集体劳动合同有利于充分发挥工会的积极性，（　　）维护劳动者的合法权益。

A. 从劳动关系上　　　　　　　　　B. 从企业利益角度

C. 从工会角度　　　　　　　　　　D. 从整体上

43. 客人外出轻易不愿伤和气，一般是在忍无可忍的情况下才来投诉的，因此饭店应该（　　）。

A. 答应其要求　　B. 不予理睬　　C. 格外重视　　D. 冷处理

44. 申购物品的流程是（　　）。

A. 使用部门→供应部报价→财务部→总经理审批

B. 使用部门→仓管部→供应部报价→总经理审批

C. 使用部门→财务总监审批→总经理审批

D. 使用部门→供应部报价→财务总监审批→总经理审批

45. 清洁整理客房标准的内容包括客房清扫前的准备、（　　）、西式铺床程序、晚间服务规范、客房卫生消毒规范和客房计划卫生制度。

A. 应变能力　　　　　　　　　　B. 客房清扫基本方法

C. 外语水平　　　　　　　　　　D. 专业知识

46. 下面说法错误的是（　　）。

A. 三星级饭店国家标准规定之一：至少要有 40 间（套）可供出租客房

B. 三星级饭店国家标准规定之一：24 小时提供冷、热水及冰块

C. 三星级饭店国家标准规定之一：18 小时提供中西餐或送餐服务

D. 三星级饭店国家标准规定之一：冰箱内提供免费饮料及酒水

47. 下列说法正确的是（　　）。

A. 客房设施设备定期维护保养和大修应由工程部负责，客房部配合

B. 客房设施设备定期维护保养和大修应由工程部独立完成

C. 客房设施设备定期维护保养和大修应由客房部独立完成

D. 客房设施设备定期维护保养和大修应由客房部负责，工程部配合

48. 有的投诉属饭店方面没有什么过错，而是客人对饭店有关规定不了解或误解造成的，遇到这种情况（　　）。

A. 就要对客人耐心解释，并帮客人解决问题

B. 就不必理睬

C. 只需说清即可

D. 不必介意，更不必过多解释

49. （　　）是饭店业发展的初期阶段。

A. 商业饭店时期　　B. 客栈时期　　C. 现代饭店时期　　D. 大饭店时期

50. 客房服务中心的特点包括：减少人员编制，有效地降低劳动成本，（　　），有助于强化客房管理，并为住店客人营造一个宽松、自由、和谐、温馨的环境。

A. 减少误会，方便客人　　　　　　B. 实现客务工作的专业化

C. 楼层清静，减少了噪声　　　　　D. 更有效地保证了安全

51. 下面不属于一般客用品规格要求中，卫生纸的基本品质要求的是（　　）。

A. 纤维均匀　　B. 吸水性能好　　C. 无杂质　　D. 纸质细腻

52. 《劳动法》第七十条规定：国家发展社会保险事业，建立社会保险制度，设立社会保险基金，使劳动者在（　　）等情况下获得帮助和补偿。

A. 年老、患病、工伤、择业、生育

B. 退休、患病、工伤、失业、哺乳

C. 年老、患病、工伤、失业、生育

D. 退休、患病、工伤、失业、生育

53. 客房部使用的机器清洁设备有（　　）、吸水机、洗地机、洗地毯机和打蜡机等。

A. 吸尘器　　B. 玻璃清洁器　　C. 房务工作车　　D. 挤水器

54. 一般性会议、展览场地租金以"场/次"为计价单位。"场"是指可利用的（　　），按面积、档次、朝向、设施等区别定价；"次"是指可利用的（　　），一般每次为1小时。

A. 时间计量单位　　空间计量单位　　B. 空间单元　　时间单元

C. 时间单元　　空间单元　　　　　　D. 时间计价单位　　空间计价单位

55. 饭店为客人提供双重服务，包括（　　）。

A. 客房服务和餐饮服务　　　　　　B. 精神服务和物质服务

C. 功能服务和心理服务　　　　　　D. 等值服务和超值服务

56. 服务人员必须（　　），既能通过察言观色正确判断客人的心情，又能做出恰当的语言和行为反应。

A. 大胆直率　　B. 见风使舵　　B. 快言快语　　D. 善解人意

57. 下列选项不属于客房部与前厅部协调的主要内容的是（　　）。

A. 互通最新房态信息　　　　　　　B. 房间酒水跑账处理

C. 及时整理好结账房　　　　　　　D. 客房差异情况的核对

58. 一般客用品对信封、信纸的基本品质要求是纸质均匀、（　　）、不渗墨迹，印有

中英文店名及店标、地址、邮编、电话、传真号码，纸质不低于 50 克。

    A. 洁白平滑   B. 切边整齐   C. 字迹醒目   D. 规格与文具夹相配

59. 控制洗地毯机的走向，应由左至右，保持（　　　）的速度为宜，上下行距互叠（　　　）厘米。

    A. 30 米/分   10 厘米   B. 40 米/分   10 厘米

    C. 50 米/分   15 厘米   D. 20 米/分   15 厘米

60. 在一段时间内包租车辆的租费一般以（　　　）作为计价单位。

    A. "台/公里"   B. "台/次"

    C. "台/天（日）"   D. "台/小时"

61. 劳动者在同一用人单位连续工作满（　　　）以上、当事人（　　　）劳动合同的，如果劳动者提出订立无固定期限劳动合同，应当订立无固定期限劳动合同。

    A. 10 年   双方同意延续   B. 20 年   一方要求延续

    C. 30 年   双方同意延续   D. 15 年   一方要求延续

62. 操作示范的人员一定要选择（　　　）。

    A. 工作时间长的服务员   B. 业务水平高、操作熟练规范的人员

    C. 管理人员   D. 参加培训的学员

63. 饭店管理者应当在员工中提倡刻苦钻研业务技术，（　　　）。

    A. 开展劳动竞赛   B. 鼓励发明创新   C. 提高文化水平   D. 取得相关学历

64. 窗帘的实际作用是调和光线、御寒遮阳、（　　　）、美化室内环境、增加客人心理上的安全感和一定程度上起到隔音作用。

    A. 预防隐私   B. 保护视力   C. 屏蔽外来视线   D. 防止干扰

65. 伴随对饭店的（　　　）而发生的投诉为建设性投诉。

    A. 赞誉   B. 批评   C. 评价   D. 职责

66. 下列选项不属于一般客用品对圆珠笔的基本品质要求的是（　　　）。

    A. 不漏油   B. 书写流畅

    C. 笔杆上印有店名及店标   D. 粗细适宜

67. 下面不属于清洁剂的是（　　　）。

    A. 酸性清洁剂   B. 中性清洁剂   C. 溶剂   D. 填充剂

68. （　　　）不属于一般客用品对茶叶基本品质的要求。

    A. 标明茶叶品类   B. 干燥洁净   C. 无异味   D. 色正味浓

69. 下列不属于处理投诉时设法使客人消气的方法的是（　　　）。

    A. 接待客人时，要面带微笑

    B. 先让客人把话讲完，切勿胡乱解释打断客人讲述

    C. 客人讲话时，要表现出足够的耐心

    D. 送上一杯茶水或咖啡

70. 下列不属于劳动定员计算程序之一的是（　　　）。

    A. 计算每班次的工作量

    B. 确定各职能区域岗位或工种设置

C. 根据客房部管辖范围将各职能区域分开

D. 客房部总体的管理模式

71. 在讲课前，准备教案首先要确定本课的主题，然后（　　）。

A. 确定讲课开场白 　　　　　　　　B. 确定要讲的内容

C. 确定本课讨论题 　　　　　　　　D. 确定本课案例分析

72. 下面说法正确的是（　　）。

A. 星级饭店客房方巾的规格是 320 毫米×320 毫米，重量不低于 60 克

B. 星级饭店客房方巾的规格是 350 毫米×350 毫米，重量不低于 70 克

C. 星级饭店客房方巾的规格是 300 毫米×300 毫米，重量不低于 50 克

D. 星级饭店客房方巾的规格是 320 毫米×320 毫米，重量不低于 55 克

73. 下列说法正确的是（　　）。

A. 客房销售人人有责，尤其是客房部员工

B. 客房销售是销售部的事，与客房部无关

C. 客房销售是客房最主要的工作

D. 客房销售是饭店各部门经理的主要工作

74. 下列选项不属于培训意义的是（　　）。

A. 降低营业成本 　　　　　　　　　B. 提高员工的个人素质

C. 加强沟通，改善人际关系 　　　　D. 快速提高服务质量

75. 根据饭店的档次，规模定员，按全员量定工种和岗位的人数，客房部人数约占饭店总人数的 30%，设服务中心的饭店，楼层服务员与客房数的比例为（　　）左右。

A. 1 : 3 　　　　　　B. 1 : 5 　　　　　　C. 1 : 6 　　　　　　D. 1 : 4

76. 下列选项不属于产生投诉的原因的是（　　）。

A. 硬件设施、设备出现故障 　　　　B. 客人对无形的服务不满

C. 饭店管理不善 　　　　　　　　　D. 饭店周边环境差

77. 生产国家明令淘汰的商品或者销售失效、变质的商品的，应当依照《中华人民共和国质量法》和其他有关法律、法规的规定，承担（　　）。

A. 刑事责任 　　　B. 法律责任 　　　C. 赔偿责任 　　　D. 民事责任

78. 客房服务员应严格按照员工行走路线出入，乘员工专用电梯，使用（　　）卫生间。

A. 公共 　　　　　　B. 员工指定 　　　　　C. 开放 　　　　　D. 非公共

79. 下列说法正确的是（　　）。

A. 一般客用品规格要求中，浴巾规格为不小于 1 000 毫米×600 毫米，重量不低于 300 克

B. 一般客用品规格要求中，浴巾规格为不小于 800 毫米×500 毫米，重量不低于 250 克

C. 一般客用品规格要求中，浴巾规格为不小于 1 100 毫米×700 毫米，重量不低于 350 克

D. 一般客用品规格要求中，浴巾规格为不小于 1 200 毫米×600 毫米，重量不低于 400 克

80. 客房服务员处理疑难问题一般要具备日常服务工作经验、丰富的饭店业务知识、（　　）和讲究语言技巧。

A. 外语知识 　　　　　　　　　　　B. 管理知识

C. 敏捷的思维能力 　　　　　　　　D. 经营能力

81. 下列选项不是处理投诉的程序和方法的是（　　）。

A. 对客人反应的问题应立即着手处理 　B. 对投诉的处理结果予以关注

C. 与客人进行再次沟通 　　　　　　　D. 面带微笑倾听客人投诉

82. 下列选项中，不属于培训计划主要内容的是（　　）。

A. 培训者 　　　B. 培训经费 　　　C. 培训方式 　　　D. 培训效果

83. 客房部与物品供应部应相互沟通信息，力求购入（　　）的物品。

A. 高档 　　　　　　　　　　　　　B. 低价

C. 价格较低且适应客人要求 　　　　D. 紧俏

84. 饭店的发展培训主要针对（　　）。

A. 新员工 　　　　　　　　　　　　B. 技能等级需晋升的员工

C. 全体员工 　　　　　　　　　　　D. 管理人员或将从事管理工作的人员

85. 一星级饭店属于经济型饭店，国家涉外星级饭店标准规定：至少有 20 间（套）可供出租的客房，（　　）客房应配有卫生间，16 小时供应热水。

A. 50% 　　　　　　B. 75% 　　　　　　C. 85% 　　　　　　D. 60%

86. 下面说法正确的是（　　）。

A. 星级饭店对客房面巾的规格要求是 700 毫米×300 毫米，重量不低于 120 克

B. 星级饭店对客房面巾的规格要求是 750 毫米×300 毫米，重量不低于 140 克

C. 星级饭店对客房面巾的规格要求是 700 毫米×400 毫米，重量不低于 160 克

D. 星级饭店对客房面巾的规格要求是 700 毫米×350 毫米，重量不低于 140 克

87. 客人投诉时，要注意做好记录，内容包括：投诉的内容、投诉客人的姓名、（　　）及投诉时间。

A. 投诉的目的 　　　　　　　　　　B. 投诉的理由

C. 投诉客人所住房间号 　　　　　　D. 投诉哪个部门、岗位或个人

88. 星级饭店晚安卡的基本品质要求是印刷精致、字迹醒目、（　　）。

A. 纸质上乘 　　　　　　　　　　　B. 富有技术性

C. 中英文对照 　　　　　　　　　　D. 印有店标及店名

89. 操作示范时，要（　　）。

A. 先讲操作程序和要领，再做示范 　B. 先示范，再讲操作程序和要领

C. 先让受训者做，然后再示范 　　　D. 示范后，请一位受训者练习即可

90. 毛巾类物品的基本品质要求是全棉、（　　），其他素色以不褪色为准，无色花、色差、手感柔软，吸水性能好。

A. 黄色为主 　　　B. 白色为主 　　　C. 粉色为主 　　　D. 浅蓝色为主

91. 下面说法正确的是（　　）。

A. 枕套的基本品质要求是涤棉，浅黄色为主，布面光洁，无明显疵点

B. 枕套的基本品质要求是化纤，浅色为主，布面光洁，无明显疵点

C. 枕套的基本品质要求是全棉，白色为主，布面光洁，无明显疵点

D. 枕套的基本品质要求是混纺，与床单配套，布面光洁，无明显疵点

92. 消毒剂的 pH 值大于（　　），小于 9，主要呈酸性，可以消毒杯具、卫生间等。

A. 5　　　　　　　　B. 7　　　　　　　　C. 10　　　　　　　　D. 11

93. 饭店根据工作需要，可调动员工的（　　）。任职期间因工作不胜任或出现较大过失的，饭店可视情况做出（　　）的决定。

A. 工作关系　　　调出饭店　　　　　　B. 积极性　　　脱产培训

C. 工资关系　　　停薪留用　　　　　　D. 工作部门或工作岗位　　　免职或降职

94. （　　）的人违反治安管理的，从轻处罚；（　　）的人违反治安管理的，免予处罚，但是可以予以训诫，并责令其监护人严加管教。

A. 已满十四周岁不满十八周岁　　　不满十四周岁

B. 已满十六周岁不满十八周岁　　　不满十六周岁

C. 已满十三周岁不满十八周岁　　　不满十三周岁

D. 已满十二周岁不满十八周岁　　　不满十二周岁

95. 关于一般客用品香皂的规格要求，下面选项正确的是（　　）。

A. 香皂重量不低于 20 克　　　　　　B. 香皂重量不低于 25 克

C. 香皂重量不低于 18 克　　　　　　D. 香皂重量不低于 15 克

96. 刷洗浴缸污渍，需用时间 20 分钟/间，而员工一天的工作量为 20 间，循环周期为（　　）刷洗一次。

A. 每周　　　　　　B. 每月　　　　　　C. 每半年　　　　　　D. 每季度

97. 《劳动法》第六十六条规定：国家通过各种途径，采取各种措施，发展职业培训事业，开发劳动者的职业职能，提高劳动者素质，（　　）。

A. 增强劳动者的理解能力和执行能力

B. 增强劳动者的职业意识和服务意识

C. 增强劳动者的就业能力和工作能力

D. 增强劳动者的法制意识和竞争意识

98. 根据职责，单位消防安全负责人负责组织本单位的消防检查，督促落实火灾隐患整改，及时处理（　　）。

A. 涉及消防安全的重大问题　　　　　　B. 涉及消防安全的各种问题

C. 涉及消防安全的一般问题　　　　　　D. 涉及消防安全的关键问题

99. 饭店业发展到大饭店时期，其主要特征是设备设施豪华、餐饮精美考究、讲究礼节、服务周到，尽力满足宾客的要求，且（　　）。

A. 使用者仅限于贵族资产阶级富有阶层

B. 使用者为商务旅游者

C. 使用者为普通大众

D. 使用者为有特殊需求的人群

100. 下面说法正确的（　　）。

A. 床单的品质要求是涤棉，黄色为主，布面光洁，透气性良好

B. 床单的品质要求是化纤，粉色为主，布面光洁，透气性良好

C. 床单的品质要求是全棉，白色为主，布面光洁，透气性好，无疵点、污渍

D. 床单的品质要求是涤棉，浅色为主，布面光洁，透气性能良好

101. 对消防安全重点部位应设置（   ），实行严格管理。

A. 防火标志   B. 明显的防火标志

C. 疏散标志   D. 灭火器材标志

102. 下列不属于一至三级贵宾保卫方案住地警卫设岗的是（   ）。

A. 全天候全方位设岗   B. 全天候设岗

C. 重点时间设岗   D. 重点路线设岗

103. 我国饭店在 1988 年开始纳入国际星级标准，根据我国的实际情况规定了饭店等级的划分制度，它的依据范围是按规模、建筑、（   ）和服务四个方面将饭店的级别定位五个等级。

A. 装潢   B. 管理水平   C. 设备   D. 服务项目

104. 教学时，案例研讨采用部门经理与高级服务员研讨形式，可以（   ）。

A. 加大培训难度和深度   B. 扩大培训范围

C. 集思广益、完善工作措施   D. 由部门经理给出案例结论

105. 住宿登记材料应按规定妥善保管，满（   ）后，交由当地公安机关统一处理，接待境外旅客住宿，应填写临时住宿登记表，并在（   ）内报送主管公安机关。

A. 3 个月   12 小时   B. 6 个月   24 小时

C. 1 年   24 小时   D. 3 年   24 小时

106. 客房一次性消耗用品都有茶叶、信纸、信封、（   ）、香皂、化妆用品、牙具和一次性拖鞋。

A. 枕套   B. 毛巾   C. 洗发液、浴液   D. 床单

107. 处理客人投诉时，下面选项正确的是（   ）。

A. 客人永远正确   B. 保护客人利益也不能损坏饭店利益

C. 顺着客人抱怨饭店   D. 为平息投诉，讨好客人

108. 星级饭店枕套的基本品质要求是（   ），规格与枕芯相配。

A. 全棉   B. 涤棉   C. 化纤   D. 混纺

109. 《劳动法》第六十条规定：不得安排女职工在（   ）从事高处、低温、冷水作业和国家规定的第三级体力劳动增强的劳动。

A. 经期   B. 哺乳期   C. 孕期   D. 三期

110. 下面说法错误的是（   ）。

A. 四星级饭店国家标准规定之一：至少要有 40 间（套）可供出租的客房

B. 四星级饭店国家标准规定之一：70% 客房的面积不小于 20 平方米

C. 四星级饭店国家标准规定之一：24 小时提供洗衣、熨烫和修补服务

D. 四星级饭店国家标准规定之一：要有总统套房

111. 消防安全重点单位对每名员工应当（   ）消防安全培训。

A. 每半年进行一次   B. 每年至少进行一次

C. 每年进行一次　　　　　　　　D. 每季度进行一次

112. 下列选项不属于客房部常用表单（原始记录）管理内容之一的是（　　）。

A. 按规定填写并传递　　　　　　B. 对原始记录进行检查、整理、分析

C. 客房安全工作的检查指导　　　　D. 加强员工进出客房的登记制度

113. 人的各种感官在学习时起到的作用是不同的，通过"听觉"，可学到（　　）；通过"视觉"，可学到33%。

A. 5%　　　　　　B. 10%　　　　　　C. 11%　　　　　　D. 15%

114. 下面选项中，不属于客房部为确保客人安全所做的工作的是（　　）。

A. 录用新员工时的安全要求　　　　B. 新员工安全知识的培训

C. 客房安全工作的检查指导　　　　D. 加强员工进出客房的登记制度

115. 客房维修意见表的作用是让客人有机会发表意见以弥补工作中的不足，（　　），通知工程部派工维修及备查。

A. 如实反映客房状况　　　　　　B. 让客人感到饭店对其所住房间状况的重视

C. 对外影响和宣传　　　　　　　D. 让客人感到饭店的工作效率很高

116. 培训时，客房所做的每一项工作都可以作为示范的内容，其中包括：迎接宾客到达、（　　）、房间清扫程序、开夜床程序、为宾客送茶和一般火情处理等。

A. 叫醒服务　　　　　　　　　　B. 开房程序

C. 酒水服务　　　　　　　　　　D. 洗衣服务程序

117. 通过统计、分析，一名员工每做一间夜床约需要5分钟，则一个夜班可负责（　　）间客房的夜床服务。

A. 20～30　　　　B. 30～40　　　　C. 40～50　　　　D. 50～60

118. 社会主义社会的分配原则是（　　），在发展生产的基础上提高劳动报酬和福利待遇。

A. 各尽所能、各需其所　　　　　B. 各尽所能、按劳分配

C. 能者多劳、多劳多得　　　　　D. 劳动光荣、勤劳致富

119. 在没有其他工作干扰的情况下，中档饭店日班领班一般负责（　　）间客房的工作区域。

A. 30～50　　　　B. 40～60　　　　C. 70～90　　　　D. 60～80

120. 下面说法正确的是（　　）。

A. 发展培训的主要内容之一是重视受训者知识全面提高

B. 发展培训的主要内容之一是重视受训者专项技能深入发展

C. 发展培训的主要内容之一是重视受训者多项技能全面发展

D. 发展培训的主要内容之一是重视受训者掌握组织他人工作的技巧

121. 下列选项中，不属于房务报表内容的是（　　）。

A. 住客房间号及数量　　　　　　B. 维修房间号及数量

C. 可放行李数量　　　　　　　　D. 客房清扫状况

122. 特大事故是指一次事故造成旅游者（　　），或经济损失在（　　）以上，或性质特别严重，产生重大影响的。

A. 死亡　　100万元　　　　　　B. 死亡多名　　1 000万元

C. 死亡多名   100 万元   D. 死亡多名   亿元

123. 下列不属于影响工作额定的因素是（   ）。

A. 饭店的等级   B. 器具的配备   C. 工作环境   D. 员工觉悟的高低

124. 下面不属于入店教育内容的是（   ）。

A. 了解饭店的防火安全措施   B. 了解饭店的娱乐设施和服务设施

125. 投诉是沟通饭店管理者和客人之间的桥梁，客人投诉的意义表现为（   ），为饭店提供了一个改善宾客关系的机会和有利于饭店改善服务质量，提高管理水平。

A. 可以帮助饭店管理者发现饭店的服务与管理中存在的问题与不足。

B. 可以帮助饭店提高知名度。

C. 可以帮助饭店做免费宣传。

D. 可以帮助饭店上星级。

C. 了解饭店的规章制度和岗位责任   D. 了解饭店管理者的收入

126. 一般客用品规格要求中，浴帽的基本品质要求是（   ）、洁净、无破损、帽子松紧适宜和耐热性好。

A. 以塑料制品为主   B. 以透明塑料制品为主

C. 形状美观   D. 牢固性好

127. 下列说法不正确的是（   ）。

A. 客房部与餐饮部工作互不相关

B. 客房部与餐饮部配合，做好 VIP 房果篮、酒水、点心的摆设

C. 客房部应协助餐饮部按客人要求送餐到房间

D. 客房部应协助房间送餐部收拾房间餐具及餐车

128. 为了满足不同客人的需求，饭店为客人准备了租借物品，主要有吹风机、熨斗、（   ）、冰袋和床板等。

A. 剪刀   B. 棋牌   C. 熨衣板   D. 变压器

129. 完成工作任务、做出显著成绩和改善经营管理、（   ）的员工，饭店应当予以奖励。

A. 个人表现突出   B. 管理能力突出   C. 遵守规章制度   D. 经济效益突出

130. 客房服务员处理疑难问题应注意的内容有：弄清客人所提问的实质、办事迅速、讲效果和（   ）。

A. 答非所问   B. 投其所好

C. 坚持原则，维护饭店声誉   D. 分析责任

131. 处理投诉时，一般情况下，客房服务员应（   ）。

A. 立刻报告上级   B. 先镇定，拖一下冷静处理

C. 马上进行处理   D. 先分清责任

132. 客房清洁逐级检查制度中客房服务员自查制度的内容之一是（   ）。

A. 检查的程序   B. 检查的时间   C. 自查的意义   D. 检查的标准

133. 下列选项不属于保卫部工作范围内容的是（   ）。

A. 突发性的处理   B. 醉酒闹事的处理

C. 重要宾客的保卫   D. 调查取证

134. ( ) 不属于一般客用品对梳子基本品质的要求。

A. 梳柄印有中英文店名和店标   B. 梳身完整

C. 厚薄均匀   D. 外形美观

135. 选择客房用品的基本原则是 ( ),美观实用和价格合理。

A. 符合饭店星级和档次   B. 以价格低廉为主要原则

C. 以包装上乘为主要原则   D. 以质量上乘为主要原则

136. 下面说法正确的是 ( )。

A. 星级饭店客用香皂的重量要求每块不低于 25 克,最多可达到 45 克

B. 星级饭店客用香皂的重量要求每块不低于 30 克,最多可达到 40 克

C. 星级饭店客用香皂的重量要求每块不低于 30 克,最多可达到 45 克

D. 星级饭店客用香皂的重量要求每块不低于 35 克,最多可达到 40 克

137. 下面不属于客房原始记录主要内容的是 ( )。

A. 记录客房设备   B. 记录物品消耗

C. 记录客房产品销售   D. 记录客房安全状况

138. 饭店的规模大小主要是看其宾客的房间数,根据房间的多少来划分,中型饭店客房数在 ( ) 间。

A. 200 ~ 300   B. 300 ~ 600   C. 300 ~ 500   D. 300 ~ 400

139. 起蜡时,控制机器保持在 ( ) 的速度进行刷地起蜡,机器走向由左至右来回走动 2 ~ 3 次,上下行距互叠 ( ) 厘米。

A. 20 米/分   5   B. 30 米/分   10   C. 50 米/分   10   D. 70 米/分   15

140. 下面说法正确的是 ( )。

A. 星级饭店客房浴巾的规格比一般客用品规格小,但重量重

B. 星级饭店客房浴巾的规格比一般客用品规格小,且重量轻

C. 星级饭店客房浴巾的规格比一般客用品规格大,但重量轻

D. 星级饭店客房浴巾的规格比一般客用品规格小,且重量重

141. 客人投诉时的心理状态表现为 ( )、求尊重和求补偿。

A. 求发泄   B. 求享受   C. 求改进工作   D. 求提高服务效率

142. 下面不属于客房产品质量标准内容的选项是 ( )。

A. 客人的反映   B. 清洁卫生质量

C. 员工素质及客房部工作运转情况   D. 房间恒温质量

143. 下面选项中 ( ) 不属于一般客用品对牙刷基本品质的要求。

A. 毛束空满适宜   B. 刷头、刷柄光滑

C. 有一定的抗弯性能   D. 形状美观

144. 下列说法不正确的是 ( )。

A. 客房部应向保卫部提供必要的住客资料与信息

B. 客房部负责客房安全、保卫部负责客房外公共区域安全

C. 客房部应协助保卫部做好防火工作

D. 客房部应协助保卫部做好住客遗失物品的处理

145. 下列不会影响清洁房间卫生速度的因素是（　　　）。

A. 客人的素质　　　　　　　　　　B. 是否跨楼层清扫房间

C. 客房清洁服务器具配备　　　　　D. 员工分工明不明确

146. 星级饭店客房地巾的规格要求是长不小于 750 毫米，宽不小于 450 毫米，重量不低于（　　　）克。

A. 450　　　　　　B. 300　　　　　　C. 350　　　　　　D. 400

147. 企业安排劳动者延长工作时间的，应支付不低于（　　　）的工资报酬。

A. 平均工资　　　　　　　　　　　B. 加班费

C. 工资的百分之一百　　　　　　　D. 工资的百分之一百五十

148. 在处理投诉的过程中，要注意区别客人类型，主要有（　　　），将陌生的客人和熟悉的客人区分开来，将影响力普通的客人与影响力巨大的客人区分开来。

A. 将重要的客人和一般的客人区分开来

B. 将长住客人与临时住宿客人区分开来

C. 将消费水平较高的客人与消费水平较低的客人区分开来

D. 将爱挑剔的客人与大众客人区分开来

149. 饭店的服务工作具有（　　　）、协助性和随机性等特点。

A. 系统性　　　　　B. 突发性　　　　　C. 灵活性　　　　　D. 原则性

150. 在劳动合同中，必须载明（　　　）的条款。

A. 劳动者一方违反劳动合同应承担的责任

B. 缔约双方违反劳动纪律应承担的责任

C. 缔约双方违反权利、义务应承担的责任

D. 缔约双方违反劳动合同应承担的责任

151. 客房清洁保养工作之所以成为必要，是因为"脏"的存在，"脏"的存在不外乎是（　　　）、水溶性污渍、油溶性和胶类污渍。

A. 垃圾灰尘和泥沙　　　　　　　　B. 家居设备受潮出现霉污渍

C. 食品、用品、物品碎渣　　　　　D. 蜘蛛网、毛发、黄斑

152. 职业责任是饭店员工在职业活动中，（　　　）所承担的义务，是社会和企业赋予员工的责任。

A. 对领导信任和劳动报酬　　　　　B. 对所处职位

C. 对社会、对饭店、对客人　　　　D. 对同事、对工作、对岗位

153. 下列选项中不属于一般客用品对一次性拖鞋的基本品质要求的是（　　　）。

A. 穿着舒适　　　　　　　　　　　B. 行走方便

C. 具有较好的防滑性能　　　　　　D. 保暖性能好

154. 下面说法正确的是（　　　）。

A. 星级饭店客用薄棉的规格为长不小于 2 000 毫米，宽不小于 1 000 毫米

B. 星级饭店客用薄棉的规格为长不小于 1 900 毫米，宽不小于 1 100 毫米

C. 星级饭店客用薄棉的规格为长不小于 2 000 毫米，宽不小于 1 100 毫米

D. 星级饭店客用薄棉的规格为长不小于 2 100 毫米，宽不小于 1 200 毫米

155. 饭店培训要坚持系统性，培训面向（　　　）。

A. 新员工　　　　　B. 前台员工　　　　　C. 全体员工　　　　　D. 管理人员

156. 物品供应部是饭店的物品管理部门，同时还负责采购工作，做好采购、保管工作可以减少浪费、（　　　）和节约活用资金。

A. 提高工作效率　　　　　　　　　　B. 减少库存积压

C. 促进资金周转　　　　　　　　　　D. 节省人力

157. 下面说法正确的是（　　　）。

A. 客人离店后的服务内容之一有整理表格、单据

B. 客人离店的服务内容之一有研究客源市场

C. 客人离店后的服务内容之一有客史建档

D. 客人离店后的服务内容之一有研究宾客对饭店的规则和要求

158. 消费者享有知悉其购买、使用的商品或者接受的服务的（　　　）的权利。

A. 真实质量　　　　　B. 真实价格　　　　　C. 真实成本　　　　　D. 真实情况

159. 团队免费自助早餐一般使用餐券，每券一人，以（　　　）作为计价单位，并作为内部结算的凭据。

A. 人物通知单　　　　B. 住房卡　　　　C. 元　　　　D. "券（coupon）"

160. 下列选项中不属于五星级饭店的标准的是（　　　）。

A. 70% 面积的客房不小于 20 平方米

B. 总统套房占饭店总数的 2% ~3%

C. 至少有 40 间（套）可供出租的客房

D. 服务标准堪称一流，管理水平严谨到位，没有投诉

得　分	
评分人	

二、判断题（第 161 题 ~ 第 200 题。将判断结果填入括号中。正确的填 "√"，错误的填 "×"。每题 0.5 分，满分 20 分。）

161. （　　）交叉培训就是可以到任何一个部门工作学习。

162. （　　）旅馆工作人员发现违法犯罪分子、形迹可疑的人员或被公安机关通缉的罪犯，应当立即向当地公安机关报告，不得让其逃脱。

163. （　　）二级保卫方案中重点部位的检查是个别检查。

164. （　　）延期续租是客人住店期间服务的内容之一。

165. （　　）二级保卫方案对宴会安全的措施是附近岗位兼顾，宴会前个别检查。

166. （　　）杀菌祛斑是一般客用品对牙膏规格和基本品质的要求之一。

167. （   ）星级饭店使用的枕芯的规格为不小于 750 毫米 × 450 毫米。

168. （   ）不能否定自己是与客人沟通的技巧之一。

169. （   ）解决客人投诉要安抚客人，易选在餐厅进行。

170. （   ）客人最讨厌、最不能容忍的就是做错事不肯承认，反而找各种理由来推卸责任。只有知错必改，才能不断进步。

171. （   ）作为饭店员工，要重事业、淡名利，做到不利于团结的话不说，不利于团结的事不做，共同创造一个良好的工作环境。

172. （   ）舒适、豪华、奢侈是商业饭店时期的特征之一。

173. （   ）贵宾抵达饭店前，二级保卫方案对专梯使用采取的措施是主宾个别使用。

174. （   ）三级保卫方案值班安排应各部轮流值班。

175. （   ）客房服务员保法工作表的作用之一是作为处理意外情况的凭据。

176. （   ）一般客用品的规格要求是面巾长不小于 500 毫米 × 250 毫米，重量不低于 100 克。

177. （   ）贵宾抵达饭店前一级保卫方案对交通管理采取的措施是增设指挥岗多个。

178. （   ）饭店客房的床具都是在家具厂订做的。

179. （   ）服务员的行为举止必须规范，细节也不能马虎，例如不能对客人指指点点。

180. （   ）职业道德不同于一般社会道德，带有鲜明的行业特性。

181. （   ）台灯的样式、色调与室内整体氛围没有直接的联系。

182. （   ）委托代办是客人离店服务的内容之一。

183. （   ）一般客用品对客房印刷品的基本品质要求之一是指示明了。

184. （   ）职业道德与规章制度都是企业生存和发展所必需的，不同之处在于：遵守职业道德主要依靠管理人员的指导性，而遵守规章制度则有一定的强制性。

185. （   ）饭店经营管理应当严格贯彻执行领导、分级负责的经营管理责任制，做到职责明确，各司其职，分工不分家。

186. （   ）吸尘器非常耐用，可连续使用 1~2 小时。

187. （   ）一级保卫方案，应由总经理或副总经理负责保安总指挥。

188. （   ）客房迷你吧商品一般均采用该种商品的最小包装，以"瓶"、"听"、"袋"等作为计价单位。

189. （   ）加强部门之间的协调，是培养和增强团队精神的有效方法。

190. （   ）房号牌擦铜，一名客房服务员应擦 40 间/天。

191. （   ）应该将企业精神、经营理念、职业道德、员工信念和各种规章制度，由企业家的追求变成全店上下共同遵守的规章。

192. （   ）清洗阳台属于计划卫生，每清洗一间约需 15 分钟。

193. （   ）任务分配是餐饮部运转程序的内容之一。

194. （   ）行李接送是客人到店入住接待服务的内容之一。

195. （　　） 加强成本控制关键在于把好设备物资接收关、设备物资使用关和回收报废关。

196. （　　） 充分运用培训艺术可以使培训取得良好效果。

197. （　　） 贵宾抵达饭店前保卫部应设置便装警卫。

198. （　　） 客房清洁逐级检查制度中，领班查房的意义主要是确保客房清扫质量，现场督促指挥，执行上级的管理意图，反馈信息，拾遗补漏。

199. （　　） 贵宾抵达饭店前二级保卫方案对路线保卫采取的措施是必经路口、要道设岗。

200. （　　） 接待未办理预订客房而直接到店的客人时，必须按客人要求接待。

职业技能鉴定国家题库
高级客房服务员理论知识试卷（模拟卷三）
注 意 事 项

1. 考试时间：120 分钟。

2. 本试卷依据 2001 年颁布的《客房服务员国家职业标准》命制。

3. 请首先按要求在试卷的标封处填写您的姓名、准考证号和所在单位的名称。

4. 请仔细阅读各种题目的问答要求，在规定的位置填写您的答案。

5. 不要在试卷上乱写乱画，不要在标封区填写无关的内容。

	一	二	总　分
得　分			

得　分	
评分人	

一、单项选择（第 1 题 ~ 第 160 题。选择一个正确的答案，将相应的字母填入题内的括号中。每题 0.5 分，满分 80 分。）

1. 打蜡机打蜡时，落蜡要均匀，上下互叠（　　），每推（　　），喷蜡一次。
A. 10 厘米　　100 厘米　　　　　　B. 20 厘米　　150 厘米
C. 5 厘米　　50 厘米　　　　　　　D. 25 厘米　　150 厘米

2. 实施客房清洁的逐级检查制度，是确保客房清洁质量的有效方法，客房服务员自查制度的内容包括检查的侧重点、（　　）和自查的意义。

    A. 检查的时间　　　　B. 检查的方式　　　　C. 检查的程序　　　　D. 检查的标准

3. 一个饭店必须形成（　　）的凝聚力和向心力。

    A. 团结一致、共赴市场　　　　　　　　B. 既有团结、又有竞争

    C. 内求团结、外求发展　　　　　　　　D. 与企业共存亡

4. 下列选项不属于产生投诉的原因的是（　　）。

    A. 硬件设施、设备出现故障　　　　　　B. 客人对无形的服务不满

    C. 饭店管理不善　　　　　　　　　　　D. 饭店周边环境差

5. 下面不属于客房示范培训内容的是（　　）。

    A. 开夜床程序　　　　　　　　　　　　B. 为宾客送茶的服务

    C. 一般火情处理　　　　　　　　　　　D. 宾客醉酒捣乱

6. "结晶"蜡打磨，使用（　　）刷地机、针座、百洁刷、钢丝垫进行操作。

    A. 300 转/分　　　　　B. 500 转/分　　　　　C. 800 转/分　　　　　D. 1 000 转/分

7. 步入市场经济后，社会主义职业道德又增加了保守商业秘密、保护知识产权、不出卖本企业利益、（　　）等新内容。

    A. 积极参与竞争　　　　　　　　　　　B. 支持本企业与其他企业竞争

    C. 开展劳动竞赛　　　　　　　　　　　D. 避免不正当竞争

8. 贵宾抵达饭店前三级保卫方案值班安排应（　　）。

    A. 全天候安排专人值班　　　　　　　　B. 保卫部经理值班

    C. 全天候安排值班　　　　　　　　　　D. 各部门经理轮换值班

9. 下列不属于"脏"的范围之内的是（　　）。

    A. 胶类污渍　　　　B. 油溶性污渍　　　　C. 水溶性污渍　　　　D. 锈蚀的斑迹

10. 下面说法正确的是（　　）。

    A. 发展培训的主要内容之一是重视受训者知识全面提高

    B. 发展培训的主要内容之一是重视受训者专项技能深入发展

    C. 发展培训的主要内容之一是重视受训者在多项技能上全面发展

    D. 发展培训的主要内容之一是重视受训者掌握组织他人工作的技巧

11. 崇高的理想是（　　），是人生奋斗的目标，也是提高技能和事业前进的动力。

    A. 职业的需要　　　　　　　　　　　　B. 员工的信念

    C. 人类的本能　　　　　　　　　　　　D. 人生的精神支柱

12. 下列不属于影响客房定价因素的是（　　）。

    A. 竞争对手的价格　　　　　　　　　　B. 饭店地理位置

    C. 季节性　　　　　　　　　　　　　　D. 员工素质

13. 客房内使用的温度计、湿度计以及与空调连接的自动温控装置应当（　　），保持（　　）。

    A. 定期擦拭　　外观清洁　　　　　　　B. 定期检查　　读表准确

    C. 不定期检查　　读表准确　　　　　　D. 每天擦拭　　外观清洁

14. 下面说法正确的是（　　）。

    A. 星级饭店客用薄棉被的规格为长不小于 2 000 毫米，宽不小于 1 000 毫米

B. 星级饭店客用薄棉被的规格为长不小于 1 900 毫米，宽不小于 1 100 毫米

C. 星级饭店客用薄棉被的规格为长不小于 2 000 毫米，宽不小于 1 100 毫米

D. 星级饭店客用薄棉被的规格为长不小于 2 100 毫米，宽不小于 1 200 毫米

15. 下列不属于前厅部服务过程的五个阶段内容的是（　　　）。

A. 客人到店接待服务阶段　　　　　　B. 客人离店服务阶段

C. 客人离店后服务阶段　　　　　　　D. 客人用餐服务阶段

16. 贵宾抵达饭店前，二级保卫方案对宴会安全采取的措施是（　　　）。

A. 附近岗位兼顾，宴会前个别检查　　B. 重点部位设岗，宴会前重点检查

C. 全方位设岗，宴会前全面检查　　　D. 流动岗，宴会前抽查

17. 下面不属于入店教育内容的是（　　　）。

A. 了解饭店防火安全措施　　　　　　B. 了解饭店的娱乐设施和服务设施

C. 了解饭店的规章制度和岗位责任　　D. 了解饭店管理者的收入

18. 下列选项不属于客房服务员处理疑难问题应做到的是（　　　）。

A. 弄清客人所提问题的实质　　　　　B. 办事迅速，讲究效果

C. 坚持原则，维护饭店声誉　　　　　D. 分析责任

19. 新员工主要参加入店教育和（　　　）。

A. 发展培训　　　B. 岗前培训　　　C. 交叉培训　　　D. 在职培训

20. 教学时，案例研讨采用部门经理与高级服务员研讨形式，可以（　　　）。

A. 加大培训难度和深度　　　　　　　B. 扩大培训范围

C. 集思广益、完善工作措施　　　　　D. 由部门经理给出案例结论

21. 部门之间对经常反复出现的问题进行协调时，常采用（　　　）。

A. 随机式协调办法　　　　　　　　　B. 程序式协调办法

C. 建议式协调办法　　　　　　　　　D. 征询式协调办法

22. 我国旅游涉外饭店星级标准，是以饭店的建筑设备、设施条件，设备设施维修程度，（　　　），服务项目、服务质量，管理水平和宾客意见等六项标准来确定的。

A. 宾客表扬　　　B. 员工素质　　　C. 清洁卫生程度　　　D. 豪华程度

23. 下面不属于现代饭店的含义的是（　　　）。

A. 现代饭店具有能提供特色佳肴的各类餐厅

B. 现代饭店是一座设施完善的且经政府批准的经营性企业

C. 现代饭店拥有一定数量的客房，且有相应的服务配套设施

D. 现代饭店应有豪华的装修装饰

24. 客房部与物品供应部应相互沟通信息，力求购入（　　　）的物品。

A. 高档　　　　　　　　　　　　　　B. 低价

C. 价格较低且适应客人要求　　　　　D. 紧俏

25. 影响客房定价的因素有（　　　）、成本水平、供求关系、竞争对手价格、饭店地理位置、季节性、服务质量、价格政策和客人的消费心理。

A. 定价目标　　　B. 市场定位　　　C. 员工男女比例　　　D. 员工素质

26. 吸灯罩浮尘，需用时间 10 分钟/间，而员工一天的工作量为（   ）间，循环周期为每月吸尘一次。

    A. 30   B. 40   C. 50   D. 20

27. 下面选项不属于重要接待任务特点的是（   ）。

    A. 客房服务员所担负的责任大   B. 接待标准高

    C. 服务质量要求高   D. 所住房间价格贵

28. 新世纪的饭店业需要创造一种全新的服务模式，就是（   ）的模式。

    A. 微笑服务与敬语服务相结合   B. 一站服务与管家服务相结合

    C. 规范化服务与个性化服务相结合   D. 主动服务与应答服务相结合

29. （   ）不属于一般客用品对茶叶基本品质的要求。

    A. 标明茶叶品类   B. 干燥洁净   C. 无异味   D. 色正味浓

30. 由于豪华饭店档次高，服务质量要求高，因此，房间清扫定额为（   ）。

    A. 8~10 间/人   B. 13 间/人   C. 15 间/人   D. 10~12 间/人

31. 硫酸钠的（   ），主要清除尿碱，用于清除（   ）。

    A. pH = 1   卫生间脸盆   B. pH = 3   卫生间浴缸

    C. pH = 5   卫生间恭桶   D. pH = 2   卫生间地面

32. 服务商品的计量具有较大的弹性，有些很难找到客观标准，应特别注意增强（   ），减少盲目性，杜绝（   ）。

    A. 科学性   随意性   B. 标准性   灵活性

    C. 固定性   变动性   D. 营利性   损耗性

33. 客房成本费用主要包括营业成本、营业费用、（   ）和财务费用等四项内容。

    A. 保险费用   B. 固定费用   C. 管理费用   D. 人员工资

34. 在进行物品准备工作之前，客房部应向服务人员详细介绍任务性质，接待规格和标准，（   ），宾客人数、身份，房间安排，抵离店时间，工作安排，安全措施，非服务性问题，处理的原则和方法以及家具、设备、服务用品的调配与增补等。

    A. 宾客的出生年月   B. 宾客的地址、电话

    C. 接待单位的要求   D. 宾客的国籍、性别

35. 一般客用品的规格要求是地巾长不小于是 650 毫米，宽不小于 400 毫米，重量不低于（   ）克。

    A. 250   B. 300   C. 320   D. 350

36. 内心信念与社会舆论和传统习惯的不同之处在于：前者是一种（   ），后者是一种（   ）。

    A. 内在的规范方式   来自外部的约束力

    B. 精神的力量   社会的力量

    C. 自我评判   社会仲裁

    D. 个人的道德标准   社会的道德标准

37. 职业道德不同于一般社会公德，带有鲜明的（   ）。

    A. 行业特性   B. 企业特性   C. 社会特性   D. 时代特性

38. 处理投诉时，一般情况下，客房服务员应（　　）。

A. 立刻报告上级　　　　　　　　　　B. 先镇定，拖一下冷处理

C. 马上进行处理　　　　　　　　　　D. 先分清责任

39. 物品供应部是饭店的物品管理部门，同时还负责采购工作，做好采购、保管工作可以减少浪费、（　　）和节约活用资金。

A. 提高工作效率　　　　　　　　　　B. 减少库存积压

C. 促进资金周转　　　　　　　　　　D. 节省人力

40. 制定《旅游安全管理暂行办法》的目的是贯彻（　　）的方针，加强旅游安全管理工作，保障旅游者人身、财产安全。

A. 安全第一，预防为主　　　　　　　B. 没有安全就没有旅游事业

C. 安全工作"三同时"　　　　　　　　D. 旅游大计，安全第一

41. 客房物品准备计划的主要内容包括客房家具的调整，客房物品准备，（　　），一般物品准备与质量标准，特殊物品的准备以及性能和安全等。

A. 客人忌讳用品的调整　　　　　　　B. 更换卧具

C. 客房布置　　　　　　　　　　　　D. 房间装饰品的调整

42. （　　）不属于一般客用品对牙刷基本品质的要求。

A. 毛束空满适宜　　　　　　　　　　B. 刷头、刷柄光滑

C. 有一定的抗弯性能　　　　　　　　D. 形状美观

43. 控制洗地毯机的走向，由左至右，保持 40 米/分的速度为宜，操作机器在地毯上来回洗刷（　　）次，上下行距互叠（　　）。

A.1 ~ 2　　　5 厘米　　　　　　　　B.2 ~ 4　　　8 厘米

C.3 ~ 4　　　10 厘米　　　　　　　 D.4 ~ 6　　　15 厘米

44. 下列选项不属于保卫部对饭店公共场所督查内容的是（　　）。

A. 保持建筑物各项设施坚固安全和出入口通道的畅通

B. 消防设备齐全、有效，放置得当

C. 尽可能将公共场所与客房区、工作区划分开

D. 调查取证

45. 抹阳台玻璃门（或窗户玻璃）属计划卫生，每抹一间大约需要（　　）分钟，一天的工作量为 40 间。

A. 10　　　　　　　B. 15　　　　　　　C. 5　　　　　　　D. 20

46. 下面说法正确的是（　　）。

A. 星级饭店客房浴巾的规格比一般客用品浴巾规格小，但重量重

B. 星级饭店客房浴巾的规格比一般客用品浴巾规格小，且重量轻

C. 星级饭店客房浴巾的规格比一般客用品浴巾规格大，但重量轻

D. 星级饭店客房浴巾的规格比一般客用品浴巾规格大，且重量重

47. 下列说法不正确的是（　　）。

A. 客房部与餐饮部工作互不相关

B. 客房部与餐饮部配合，做好 VIP 房果篮、酒水、点心的摆放

C. 客房部应协助餐饮部按客人要求送餐到房间

D. 客房部应协助房间送餐部收拾房间餐具及餐车

48. 擦金属件属计划卫生，每擦一间客房的金属件大约需要（　　）分钟，而员工每天工作量为 80 间。

A. 5　　　　　　　B. 10　　　　　　　C. 15　　　　　　　D. 20

49. 制定客房清扫标准的原则之一是（　　）。

A. 视觉标准　　　　　　　　　　B. 听觉标准

C. "三方便"准则　　　　　　　　D. 触觉标准

50. 贵宾抵达饭店前二级保卫方案对重点部位检查应（　　）。

A. 个别检查　　　B. 部分检查　　　C. 全面检查　　　D. 关键部位检查

51. 一般事故是指一次事故造成旅游者（　　），或经济损失在（　　）的。

A. 重伤　　1 万元至 10 万元（含 1 万元）

B. 轻伤　　1 万元以下

C. 轻伤　　1 万元至 10 万元（含 1 万元）

D. 重伤　　1 万元至 5 万元（含 1 万元）

52. （　　）不属于客栈时期饭店的基本特征。

A. 客栈规模小　　　　　　　　　B. 价格低

C. 设备简陋　　　　　　　　　　D. 不提供餐饮服务

53. 贵宾抵达饭店前的三级保卫方案，保安总指挥应由（　　）负责。

A. 保卫部经理　　　　　　　　　B. 总经理或副总经理

C. 副总经理或助理总经理　　　　D. 业务总监

54. 刷洗冰箱内外，需用时间（　　）分钟/间，而员工一天的工作量为 20 间，循环周期为每月刷洗一次。

A. 20　　　　　　　B. 30　　　　　　　C. 10　　　　　　　D. 15

55. 尊重客人的隐私权表现在（　　）。

A. 不与客人谈私人性质的话题　　B. 保持住宿区域安静

C. 不叫不扰、随叫随到　　　　　D. 减少清扫服务的进房间次数

56. 下列选项不属于五星级饭店标准的是（　　）。

A. 70% 的客房面积不小于 20 平方米

B. 总统套房占饭店总数的 2% ~3%

C. 至少有 40 间（套）可供出租的客房

D. 服务标准堪称一流，管理水平严谨到位，没有投诉

57. 根据职责，单位消防安全负责人负责组织本单位的防火检查，督促落实火灾隐患整改，及时处理（　　）。

A. 涉及消防安全的重大问题　　　B. 涉及消防安全的各种问题

C. 涉及消防安全的一般问题　　　D. 涉及消防安全的关键问题

58. 客房原始记录的特点是经常性、（　　）、真实性和群众性。

A. 权威性　　　B. 广泛性　　　C. 可靠性　　　D. 及时性

59. 客房部为确保客人安全，主要工作的内容有（   ）、新员工安全知识的培训和客房安全工作的检查指导。

 A. 录用新员工时的安全要求　　　　 B. 安装监视器

 C. 加强员工进出客房的登记制度　　 D. 完善客房物品领用制度

60. 客房服务员应通过（   ）让客人心服口服。

 A. 说理　　　　 B. 教育　　　　 C. 教训　　　　 D. 周到服务

61. 下列选项不是处理投诉的程序和方法内容的是（   ）。

 A. 应客人要求立即请经理出面解决投诉 B. 对客人反映的问题应立即着手处理

 C. 对投诉的处理结果予以沟通　　　 D. 与客人进行再次沟通

62. 窗帘实际作用是调和光线、御寒遮阳、（   ）、美化室内环境、增加客人心理上的安全感和一定程度上起到隔音作用。

 A. 保护隐私　　 B. 保护视力　　 C. 屏蔽外来视线 D. 防止干扰

63. 确定客房部人员定额的计算方法有按比例定员，按岗位定员，（   ），按劳动效率定员。

 A. 按客源市场定位定员　　　　　　 B. 按饭店培训能力定员

 C. 按职责范围定员　　　　　　　　 D. 按员工年龄定员

64. 职业责任感是员工自觉地把本职工作做好的（   ）。

 A. 主动行为　　 B. 主动态度　　 C. 主动意识　　 D. 主动精神

65. 社会主义职业道德的精髓是（   ）、无私奉献、团结协作、遵章守纪、精益求精、勇于创新。

 A. 恪尽职守　　 B. 爱岗敬业　　 C. 兢兢业业　　 D. 任劳任怨

66. 下面不属于教案准备内容的是（   ）。

 A. 确定思考题　　　　　　　　　　 B. 确定板书的设计方案

 C. 确定本课的中心　　　　　　　　 D. 确定本课的开场白

67. 客房床的种类很多，一般普通双人床的长度为（   ）厘米，宽度为（   ）厘米。

 A. 200　　130　　 B. 200　　180　　 C. 200　　150　　 D. 200　　200

68. 尊重客人的主要体现之一是尊重客人的（   ）。

 A. 人权　　　　 B. 人性　　　　 C. 人格　　　　 D. 人道

69. 下面说法正确的是（   ）。

 A. 一般客用品规格要求中，衬垫的规格为长不小于1 800毫米，宽不小于800毫米

 B. 衬垫的规格为长不小于2 000毫米，宽不小于900毫米

 C. 一般客用品规格要求中，衬垫的规格为长不小于1 900毫米，宽不小于900毫米

 D. 衬垫的规格为长不小于2 100毫米，宽不小于1 000毫米

70. 饭店培训要坚持系统性，培训面向（   ）。

 A. 新员工　　　 B. 前台员工　　 C. 全体员工　　 D. 管理人员

71. 饭店的规模大小主要是看其可住宾客的房间数，根据房间的多少来划分，大型饭店客房数在（   ）间以上。

 A. 500　　　　　 B. 400　　　　　 C. 600　　　　　 D. 800

72. 下列选项不属于客房部常用表单（原始记录）管理内容之一的是（　　）。

A. 按规定填写并传递　　　　　　B. 对原始记录进行检查、整理、分析

C. 表单的设计和印制　　　　　　D. 建立表单记录责任制

73. 抛光时，抛光推进速度以保持在 50 米/分为宜，来回抛光（　　）次，直至（　　）为止。

A. 3 ~ 5　光亮　　B. 5 ~ 8　光滑　　C. 2 ~ 3　均匀　　D. 8 ~ 10　没蜡迹

74. 客房服务中心的特点包括：（　　），实现客务工作的专业化，有助于强化客房管理，并为住店客人营造一个宽松、自由、和谐、温馨的环境。

A. 减少人员编制，有效地降低劳动成本　B. 楼层清静，减少了噪声

C. 更有效地保证了安全　　　　　　　　D. 减少误会，方便客人

75. 贵宾抵达饭店前保卫部制定的内容有保安总指挥，（　　），重点部位检查，路线保卫和交通管理等。

A. 便装警卫的设置　　　　　　B. 值班安排

C. 警戒岗的位置　　　　　　　D. 警戒黄线的位置

76. 客房服务员应严格按照员工行走路线出入，乘员工专用电梯，使用（　　）卫生间。

A. 公共　　　　B. 员工指定　　　　C. 开放　　　　D. 非公共

77. 岗位练兵主要训练客房服务员（　　）。

A. 本岗位操作技能　　　　　　B. 本岗位理论知识

C. 本岗位管理知识　　　　　　D. 其他岗位能力

78. 在进行物品准备工作之前，客房部应向服务人员详细介绍任务性质、（　　）。

A. 宾客的生活习惯　　　　　　B. 接待规格和标准

C. 宾客的身体状况　　　　　　D. 宗教信仰

79. 操作示范时，要（　　）。

A. 先讲操作程序和要领，再做示范　　B. 先示范，再讲操作程序和要领

C. 先让受训者做，然后再示范　　　　D. 示范后，请一位受训者练习即可

80. 饭店内的写字间租金一般以（　　）为计价单位。

A. "米（m）/日"

B. "平方米（m^2）/月"

C. "米（m）/月"

D. "平方米（m^2）/日"

81. 下列选项不属于客人到店接待服务内容的是（　　）。

A. 建立客账　　　B. 定价排房　　　C. 确认付款方式　　D. 交纳押金

82. 在一段时间内包租车辆的租费一般以（　　）作为计价单位。

A. "台/公里"　　　B. "台/次"　　　C. "台/天（日）"　　D. "台/小时"

83. 客房主管是客房清扫卫生任务的主要指挥者，主管抽查的工作制度的主要内容有主管抽查数量、（　　）、检查的方法。

A. 检查领班的实际工作能力　　　　　B. 检查的重点

C. 检查房间的用品是否合乎标准 D. 检查房间物品的摆放规格

84. 消毒剂的 pH 值大于 5 且小于 9，主要呈酸性，可以消毒（　　）、卫生间等。

A. 家具 B. 棉织品 C. 杯具 D. 搪瓷器皿

85. 常用的制定房价的方法有随行就市法，（　　），客房面积定价法和赫伯特定价法。

A. 营业利润指标法 B. 千分之一法

C. 差别定价法 D. 竞争定价法

86. 人的各种感官在学习时能起到的作用是不同的，通过"味觉"，可学到1%；通过"触觉"，可学到1.5%；通过"嗅觉"，可学到（　　）。

A. 2.5% B. 3.5% C. 4.5% D. 5%

87. 客房原始记录的特点是（　　）、广泛性、真实性和群众性。

A. 经常性 B. 可靠性 C. 全面性 D. 准确性

88. 可拆分的大套房和连通房的定价，可按照出租形式分别采用（　　）。

A. 优惠价或折扣价 B. 旺季价或淡季价

C. 整套价或拆分价 D. 团队价或散客价

89. 下列不属于贵宾抵达饭店前的保卫部制定的内容的是（　　）。

A. 交通管理 B. 路线保卫

C. 重点部位检查 D. 便装警卫的设置

90. 饭店客人来自不同的国度，尊重客人的（　　）是服务员起码的礼貌要求。

A. 起居习惯和饮食癖好 B. 宗教信仰和风俗习惯

C. 消费能力和节俭习惯 D. 额外要求和特殊习惯

91. 贵宾抵达饭店前保卫部制定的内容有保安总指挥、值班安排、（　　）、路线保卫和交通管理等。

A. 重点岗位设置 B. 警戒黄线位置

C. 重点部位检查 D. 便装警卫的设置

92. 下列选项不属于客人离店时服务的内容是（　　）。

A. 离店结账 B. 送客离店 C. 征求意见 D. 列队欢送

93. 只有敬业乐业的人，才会激发出强烈的职业责任感，（　　），在执行操作过程中一丝不苟，勤于钻研，苦干加巧干，保质保量地完成规定的工作任务。

A. 对工作任劳任怨，对服务精益求精

B. 对工作任劳任怨，对服务精益求精

C. 对事业执著追求，对工作尽职尽责

D. 对同事满腔热情，对客人谦虚有礼

94. 针对客人对饭店有关规定不了解或误解造成的投诉，处理方法不正确的选项是（　　）。

A. 耐心解释 B. 帮助解决 C. 及时处理 D. 不必介意

95. 客房的种类里"普通套房"应译为（　　）。

A. standard room B. junior suite C. single room D. two beds room

96. 下列说法正确的是（　　　）。

A. 客房销售人人有责，尤其是客房部员工

B. 客房销售是销售部的事，与客房部无关

C. 客房销售是客房部最主要的工作

D. 客房销售是饭店各部门经理的主要工作

97. 表示量值时，单位符号应当置于（　　　），但平面角和温度的单位符号与其（　　　）。

A. 数值之前并留一定空隙　　　后面的数值之间不留空隙

B. 数值之后并留一定空隙　　　前面的数值之间不留空隙

C. 数值之后不留空隙　　　前面的数值之间留一定空隙

D. 数值之前不留空隙　　　后面的数值之间留一定空隙

98. 商务旅游型客房的设计布置，要充分考虑到商务客人的需求，例如在商务楼层客房要加装宽带、（　　　）、传真机等。

A. 加湿器　　　　　B. 电脑　　　　　C. 投影仪　　　　　D. 复印机

99. 新录用的员工在（　　　）内发现不符合饭店要求的，饭店可以随时解除劳动合同。

A. 待岗期　　　　　B. 合同期　　　　　C. 试用期　　　　　D. 转正期

100. 房间家具打蜡属计划卫生，每打蜡一间约需（　　　）分钟，而员工每天的工作量为 20 间。

A. 20　　　　　B. 30　　　　　C. 40　　　　　D. 10

101. 下列选项不属于部门协调目的的是（　　　）。

A. 营造良好的工作氛围　　　　　B. 了解其他部门员工素质

C. 提高工作效率　　　　　D. 培养团队精神

102. 盐酸的 pH＝1，主要用于清除建筑时滞留下的（　　　）、石灰斑垢，效果非常明显。

A. 污渍　　　　　B. 水泥　　　　　C. 油漆　　　　　D. 脏迹

103. 下列选项不属于餐饮部运转程序的是（　　　）。

A. 开餐前的准备工作　　　　　B. 迎宾服务

C. 餐后结束工作　　　　　D. 任务分配

104. 鼓励学员动手，对于帮助学员记忆、提高学习效果有极大的作用，研究表明，学习一种知识，通过阅读，可记住 10%；通过听课，可记住 20%；又看又听，可记 50%；自己复述一遍，可记住（　　　）；一面复述，一面动手做，可记住 90%。

A. 50%　　　　　B. 60%　　　　　C. 80%　　　　　D. 70%

105. 企业安排劳动者延长工作时间的，应支付不低于（　　　）的工资报酬。

A. 平均工资　　　　　B. 加班费

C. 工资的百分之一百　　　　　D. 工资的百分之一百五十

106. 客房部使用的机器清洁设备有（　　　）、吸水机、洗地机、洗地毯机和打蜡机等。

A. 吸尘器　　　　　B. 玻璃清洁器　　　　　C. 房务工作车　　　　　D. 挤水器

107. 客房原始记录的特点是经常性、广泛性、（　　　）和群众性。

A. 准确性　　　　　B. 直观性　　　　　C. 真实性　　　　　D. 规范性

108. 职业道德是由人们的（　　　）的影响来保证的。

A. 职业责任感、职业义务感和劳动纪律　B. 职业信念、价值取向和行规

C. 社会公德、角色意识和社会舆论　D. 职业责任感、职业义务感和社会舆论

109. 职业道德是人们在长期的职业活动中形成的（　　　）的总和。

A. 关系　　　　　　　　　　B. 行为准则和规范

C. 处世之道　　　　　　　　D. 劳动纪律

110. 贵宾抵达饭店前保卫部制定的内容有（　　　），值班安排，重点部位检查，路线保卫和交通管理等。

A. 保安总指挥　　　　　　　B. 警戒岗的位置

C. 警戒黄线的位置　　　　　D. 便装警卫的设置

111. 客房原始记录的主要内容的有（　　　），记录客房接待服务工作，记录物品消耗和记录客房设备。

A. 记录客房产品销售　　　　B. 记录客房安全状况

C. 记录客房捡拾客人遗忘物品状况　D. 记录客房特殊情况的处理

112. 下列选项不属于客房部与前厅部协调的主要内容是（　　　）。

A. 互通最新房态信息　　　　B. 及时整理好结账房

C. 客房差异情况的核对　　　D. 特殊宾客服务的要求

113. 下面不属于客房原始记录主要内容的是（　　　）。

A. 记录客房设备　　　　　　B. 记录物品消耗

C. 记录客房产品销售　　　　D. 记录客房安全状况

114. 饭店员工应当爱岗敬业，自觉维护（　　　），争当"五讲"、"四美"、"三热爱"的模范。

A. 国家利益、集体利益　　　B. 社会利益、饭店利益

C. 客人利益、员工利益　　　D. 内部利益、外部利益

115. 下列选项不属于部门间的协调原则内容的是（　　　）。

A. 共同协商　　　B. 分工协作　　　C. 互不推诿　　　D. 本位主义

116. 在我国的法定计量单位中，有些非物理量的单位可用（　　　）与符号构成组合单位。

A. 阿拉伯数字　　　B. 汉字　　　C. 英文　　　D. 拉丁文

117. 饭店的服务工作具有系统性、（　　　）和随机性等特点。

A. 一致性　　　B. 协作性　　　C. 突发性　　　D. 原则性

118. 饭店业发展到大饭店时期的主要特征是建筑规模宏大、设备设施豪华、餐饮精美考究、讲究礼节、服务周到，尽力满足宾客的要求，且（　　　）。

A. 价格低廉　　　B. 价格昂贵　　　C. 价格适中　　　D. 价格不稳定

119. 下面说法正确的是（　　　）。

A. 星级饭店客用香皂的重量要求是每块不低于 25 克，最多可达到 45 克

B. 星级饭店客用香皂的重量要求是每块不低于 30 克，最多可达到 40 克

C. 星级饭店客用香皂的重量要求是每块不低于 30 克，最多可达到 45 克

D. 星级饭店客用香皂的重量要求是每块不低于 35 克，最多可达到 40 克

120. 单位应当按照国家有关规定，结合本单位的特点，建立健全各项消防安全制度、保障消防安全的操作规程，并（　　　）。

A. 公布执行　　　　　B. 严格执行　　　　C. 上报备案　　　　D. 上报审批

121. 客房部常用表单（原始记录）从记录到检查核实，从保管到加工整理要（　　　）。

A. 每个服务员人人有责　　　　　　B. 由专人负责

C. 由客房部门经理负责　　　　　　D. 由饭店经理负责

122. 下列不属于影响工作定额的因素的是（　　　）。

A. 饭店的等级　　　　　　　　　　B. 器具的配备

C. 工作环境　　　　　　　　　　　D. 员工觉悟的高低

123. 根据消防安全管理规定，商场（市场）、宾馆（饭店）、体育场（馆）、会堂、公共娱乐场所等公众聚集场所是（　　　），应当按照规定的要求，实行严格管理。

A. 消防安全重点单位　　　　　　　B. 消防安全重点部位

C. 消防安全隐患单位　　　　　　　D. 消防安全重点整改单位

124. 宴会、便餐使用单独的厅堂或包间一般（　　　）。遇到集会活动的订餐标准偏低，如茶话会、低标准酒会、便餐、专场舞会等，或者就餐人数很少不能充分发挥场地效用，而主办者又要求必须安排独立环境的，也可（　　　）。

A. 不再另行收取租金　　用餐费冲抵租金

B. 需要另行收取租金　　不再加收场地租金

C. 少量收取租金　　　　另外加收场地租金

D. 不再另行收取租金　　另外加收场地租金

125. 消防安全重点单位对每名员工应当（　　　）消防安全培训。

A. 每半年进行一次　　　　　　　　B. 每年至少进行一次

C. 每年进行一次　　　　　　　　　D. 每季度进行一次

126. 对怀孕（　　　）的女职工，不得安排其（　　　）。

A. 7 个月以上　　　延长工作时间和夜班劳动

B. 6 个月以上　　　延长工作时间和夜班劳动

C. 6 个月以上　　　延长工作时间和加班劳动

D. 8 个月以上　　　延长工作时间和加班劳动

127. 饭店要创造（　　　）、人尽其才的价值观和良好的文化氛围。

A. 塑造人、任用人、尊重人

B. 理解人、尊重人、培育人

C. 提拔人、激励人、督导人

D. 培育人、管理人、使用人

128. 贵宾抵达饭店前的二级保卫方案，保安总指挥应由（　　　）负责。

A. 保卫部经理　　　　　　　　　　B. 副总经理或助理总经理

C. 总经理或副总经理　　　　　　　　D. 大堂值班经理

129. 饭店业需要按照职业道德原则统一规范从业人员的（　　　）。

A. 思想观念、操守和服务模式　　　　B. 价值取向、信念和行为模式

C. 行为准则、纪律和管理模式　　　　D. 思想品德、情操和修养模式

130. 下列不属于机器清洁设备的是（　　　）。

A. 吸尘机　　　　　　B. 吸水机　　　　C. 玻璃清洁器　　　　D. 洗地机

131. 尊重客人，客人是上帝，是国际饭店业（　　　）普遍遵守的原则。

A. 服务人员　　　　　B. 管理人员　　　C. 销售人员　　　　D. 从业人员

132. 客房部使用的机器清洁设备有吸尘器、（　　　）、洗地机、洗地毯机和打蜡机等。

A. 挤水器　　　　　　　　　　　　　B. 吸水机

C. 尘拖（万向地推）　　　　　　　　D. 玻璃清洁器

133. 与客人沟通的技巧主要有（　　　）；对客人要彬彬有礼；要"善解人意"；要反话正说；要否定自己，而不要否定客人；要投其所好。

A. 重视对客人的心理服务　　　　　　B. 重视为客人提供功能服务

C. 重视客人消费观念　　　　　　　　D. 重视饭店经营理念

134. 我国法定计量单位是在国际单位制单位的基础上，根据我国国情，适当选用一些（　　　）构成的。

A. 国际单位制单位　　　　　　　　　B. 市制单位

C. 非国际单位制单位　　　　　　　　D. 国际单位

135. 下列不属于劳动定员计算程序之一的是（　　　）。

A. 计算每班次的工作量

B. 确定各职能区域岗位或工种设置

C. 根据客房部管辖范围将各职能区域分开

D. 客房部总体的管理模式

136. 国家实行劳动者每日工作时间不超过 8 小时、（　　　）的工时制度。

A. 每周工作时间不超过 48 小时　　　B. 平均每周工作时间不超过 48 小时

C. 平均每周工作时间不超过 44 小时　D. 每周工作时间不超过 40 小时

137. 在讲课前，准备教案首先要确定本课的主题，然后（　　　）。

A. 确定讲课开场白　　　　　　　　　B. 确定要讲的内容

C. 确定本课讨论题　　　　　　　　　D. 确定本课案例分析

138. 下列不属于机器清洁设备的是（　　　）。

A. 洗地机　　　　　　B. 打蜡机　　　　C. 挤水机　　　　　D. 洗地毯机

139. 经营、服务者提供商品或者服务有欺诈行为的，应当按照消费者的要求（　　　）其受到的损失，增加赔偿的金额为消费者购买商品的价款或者接受服务的（　　　）。

A. 增加赔偿　　费用的 50%　　　　　B. 增加赔偿　　费用的一倍

C. 赔偿　　费用的 10%　　　　　　　D. 增加赔偿　　费用的两倍

140. 科学地确定各类人员的比例，处理好三个方面的比例关系是处理好管理人员和服务人员的比例关系，处理好楼层服务员同后台工作人员、公共区域、布草房及洗衣房服务

员的比例关系，（   ）。

  A. 处理好服务人员与卫生班清扫员的比例关系

  B. 处理好各班次人员之间劳动强度的比例关系

  C. 处理好各工种人员之间的比例关系

  D. 处理好各岗位人员利益分配的比例关系

141. 下列不会影响清洁房间卫生速度的因素是（   ）。

  A. 客人的素质   B. 是否跨楼层清扫客房

  C. 客房清洁服务器具配备   D. 员工分工明不明确

142. 处理客人投诉时，下面选项正确的是（   ）。

  A. 客人永远正确   B. 保护客人利益也不能损坏饭店利益

  C. 顺着客人抱怨饭店   D. 为平息投诉，讨好客人

143. 刷洗浴缸墙壁，需用时间 20 分钟/间，而员工一天工作量为（   ）间，循环周期为每月刷洗一次。

  A. 25   B. 20   C. 15   D. 35

144. 贵宾抵达饭店前的一级保卫方案，保安总指挥应由（   ）负责。

  A. 总经理或副总经理   B. 副总经理或助理总经理

  C. 办公室主任   D. 保卫部经理

145. 国家星级饭店标准规定，二星级饭店要有 24 小时电话总机、总台、服务台的服务，至少有（   ）间（套）可供出租的客房和 18 小时的热水。

  A. 25   B. 20   C. 30   D. 35

146. 客房用品的申购是由使用部门根据营业需要，提出申购物品的名称、（   ）和数量。

  A. 单价   B. 规格型号   C. 功能   D. 需用时间

147. 刷洗恭桶污渍，需用时间 5 分钟/间，而员工一天的工作量为 80 间，循环周期为（   ）刷洗一次。

  A. 每半年   B. 每季度   C. 每周   D. 每月

148. 将客房原始记录加工整理成管理资料，一般分为检查、整理和（   ）三个阶段。

  A. 上报   B. 统计   C. 分析   D. 分类

149. （   ）的人违反治安管理的，从轻处罚；（   ）的人违反治安管理的，免予处罚，但是可以予以训诫，并责令其监护人严加管教。

  A. 已满十四周岁不满十八周岁   不满十四周岁

  B. 已满十六周岁不满十八周岁   不满十六周岁

  C. 已满十三周岁不满十八周岁   不满十三周岁

  D. 已满十二周岁不满十八周岁   不满十二周岁

150. 贵宾抵达饭店前，一级保卫方案的值班安排应是（   ）。

  A. 全天候安排专人值班   B. 全天候安排值班

  C. 保卫部制定值班   D. 各部室轮流值班

151. 星级饭店客用衬垫的规格是长不小于（   ）毫米，宽不小于 1 100 毫米。

A. 2 000　　　　　B. 2 100　　　　　C. 2 200　　　　　D. 1 900

152. 衡量饭店经营管理和服务水平的重要标志之一是提供各种（   ），让客人
（   ）全方位享受。

A. 便利　　　从生理到心理　　　　B. 服务　　　从精神到物质
C. 产品　　　从菜点到服务　　　　D. 服务　　　从店内到店外

153. 下列选项表述正确的是（   ）。

A. 房务报表主要内容是反映客房状态的房态信息
B. 房务报表主要内容是客房清扫状况和物品补充情况
C. 房务报表主要内容是遗失损坏物品情况和物品补充情况
D. 房务报表主要内容是客房状态和清扫情况

154. 在讲课前，准备好教案首先要（   ）。

A. 确定本课的主题　　　　　　　B. 确定本课开场白
C. 确定本课讨论题　　　　　　　D. 确定本课案例分析

155. 热情友好是树立良好的饭店形象，（   ）的条件之一。

A. 培育市场观念、开发新的市场　　B. 培育竞争意识、引导客人消费
C. 培育全员销售意识、争当销售状元　D. 培育"忠诚顾客"、吸引回头客

156. 待客（   ）有利于造就一种和谐的服务环境。

A. 谦虚谨慎、戒骄戒躁　　　　　B. 热情服务、有求必应
C. 热情友好、不卑不亢　　　　　D. 举止得体、落落大方

157. 下列不属于吸尘器应用范围的是（   ）。

A. 家具　　　　　B. 帘帐　　　　　C. 垫套　　　　　D. 烟缸

158. 下列不属于吸尘器应用范围的是（   ）。

A. 地板　　　　　B. 地毯　　　　　C. 纸篓　　　　　D. 垫套

159. 劳动法是指（   ）的总称，包括《中华人民共和国劳动法》及其他相关法律、
法规。

A. 调整生产关系与生产力的法律规范
B. 调整人事劳资关系的法律规范
C. 调整劳动关系以及其他社会关系的法律规范
D. 调整劳动关系以及与劳动关系密切联系的法律规范

160. 下列选项不属于与客人沟通的主要技巧的是（   ）。

A. 重视对客人心理服务　　　　　B. 维护饭店声誉，不能否定自己
C. 要善解人意　　　　　　　　　D. 对客人要"反话正说"

得　分	
评分人	

二、判断题（第 161 题～第 200 题。将判断结果填入括号中。正确的填"√"，错误的填"×"。每题 0.5 分，满分 20 分。）

161.（　　）客房服务员保洁工作表的作用之一是作为处理意外情况的凭据。

162.（　　）良好的经营管理能力是客房服务员处理疑难问题应具备的基本素质要求之一。

163.（　　）千分之一法，是根据客房造价来确定房间出租价格的一种方法，即将每间客房的出租价格确定为客房平均造价的 1‰。

164.（　　）贵宾抵达饭店前，二级保卫方案对饭店内公共场所活动采取的措施应由保卫经理随护。

165.（　　）公众聚集场所对员工的消防安全培训应当每半年至少一次，培训的内容还应当包括使用灭火器材的知识和技能。

166.（　　）一名客房服务员刷洗墙纸的一天工作量为 20 间。

167.（　　）承租商场、铺面房的商户一般为长期包租，为了计算和交费方便，大部分采用"平方米（m^2）/月"为计价单位。

168.（　　）经济型饭店清扫房间定额为 14～16 间/人。

169.（　　）一星级饭店的标准之一是至少有 50% 的客房配有卫生间。

170.（　　）记录客房安全状况是客房原始记录的主要内容之一。

171.（　　）操作示范人员必须业务水平高，操作熟练且规范。

172.（　　）制定客房清洁服务员标准遵循的"三方便"准则是指：方便检查、方便衔接、方便配合。

173.（　　）饭店经营管理应当严格贯彻执行分级领导、分级负责的经营管理责任制，做到职责明确，各司其职，分工不分家。

174.（　　）壁柜长度各饭店因客房空间而定，但进深不应小于 40 厘米。

175.（　　）用提问方式复习上一节课的内容是教学五个环节的内容之一。

176.（　　）我国饭店在 1988 年开始纳入国际星级标准，根据我国的实际情况规定了饭店等级的划分制度。

177.（　　）84 消毒液，除了可以消毒杀菌，还可以去油去污。

178.（　　）客人最讨厌、最不能容忍的就是做错了事不肯承认，反而找各种理由来推卸责任。只有知错必改，才能不断进步。

179.（　　）客人是饭店产品的直接消费者，对服务工作中存在的问题有切身的体会和感受，因此，他们最有发言权。

180.（　　）劳动争议仲裁委员会主任由劳动行政部门代表担任。

181. （　　） 患职业病或者因工负伤并被确认丧失或者部分丧失劳动能力的劳动者，用人单位不得依据《劳动法》第二十六条、第二十七条的规定解除劳动合同。

182. （　　） 贵宾抵达饭店前一级保卫方案对车辆采取的措施是全面检查。

183. （　　） 作为饭店员工，要重事业、淡名利，做到不利于团结的话不说，不利于团结的事不做，共同创造一个良好的工作环境。

184. （　　） 按供应形式划分是客房用品分类的方法之一。

185. （　　） 客房整洁状况是制定客房清洁整理标准时应考虑的一项具体因素。

186. （　　） 星级饭店客用床单的基本品质要求是涤棉，白色为主，布面光洁，透气性能好，无疵点、污渍，符合 FZ/T62007 的规定。

187. （　　） 涤棉毛巾手感柔软，吸水性能好。

188. （　　） 单位可以根据需要确定本单位的消防安全负责人，对本单位的消防安全负责。

189. （　　） 劳动合同可以约定试用期，但试用期最长不得超过 3 个月。

190. （　　） 有利于饭店改善服务质量，提高管理水平是客人投诉的意义之一。

191. （　　） 贵宾抵达饭店前，一级保卫方案对交通管理采取的措施是增设指挥岗多个。

192. （　　） 一般客用品的规格要求是面巾长不小于 500 毫米 × 250 毫米，重量不低于 100 克。

193. （　　） 刷洗浴缸污渍属计划卫生，每刷洗一间客房的浴缸大约需要 15 分钟。

194. （　　） 掌握客房商品盈亏平衡点及其变化规律，才能严格控制成本。

195. （　　） 培训经费是培训计划的内容之一。

196. （　　） 星级饭店客房地巾的规格是 700 毫米 × 400 毫米，重量不低于 300 克。

197. （　　） 一级保卫方案对宴会食品安全采取的措施是食品全部检验，留样。

198. （　　） 客房商品的价格，是由客房商品的成本和利润构成的。

199. （　　） 贵宾抵达饭店前，保卫部应设置便装警卫。

200. （　　） 订立和变更劳动合同，应当遵循平等自愿、协商一致的原则，不得违反企业的有关规定。

第三章 技能考核指导

一、高级客房服务员技能考核部分鉴定要素

表4-2 高级客房服务员技能考核部分鉴定要素细目表

行为领域	鉴定范围	鉴定比重（%）	鉴定点		重要程度
基本技能（70%）	迎客准备	20		制订人员计划	X
				工作方案编制	X
				物品准备计划	X
	计划卫生	10	清洁设备的使用	大理石打蜡抛光	X
				抛光机的使用	X
				洗地机的使用	X
				高压冲洗机的使用	Y
		10		吸尘器保养	X
				擦拭铜器	X
				家具打蜡	X
	会议室的布置与服务	20		会见会议座位的安排与服务	X
				会谈会议座位的安排与服务	X
				签字仪式会议座位的安排与服务	X
				示范布草车的准备	Y
	操作能力	10		示范中式铺床	X
				示范布置 VIP 房内鲜花	Y
				示范布置 VIP 房内水果	X
				客房软件应用操作	X

（续上表）

行为领域	鉴定范围	鉴定比重（%）	鉴定点		重要程度
综合能力（30%）	对客服务	10	清洁质量控制	客房清洁质量标准	Y
				逐级查房制度	X
				大清洁计划与组织	Y
			投诉处理	服务员发现房间地毯上有客人丢掷烟头造成的烫洞，怎么办？	X
				客人让服务员代买药品，怎么办？	X
				客人投诉房间灯光太暗，怎么办？	X
				晚上客人外出吃饭，桌上放了几本挂历，吃完饭回来后，房务员已开过夜床，客户认为少了两本，怎样处理？	Y
				一位年轻女子投诉，深夜12：00有一男士打电话邀请她出去吃夜宵，她感到十分害怕，怎么办？	X
				一位台胞告知：晚上有电话打进房间，死缠硬磨要其借出台胞证，怎么办？	X
	课堂教学能力	10	客房服务的主要环节		X
			客房的安全知识		X
			楼层迎宾工作程序		X
			客房晚间整理		X
			客房小酒吧的控制方法		X
	语言能力	10	常用客房接待英语会话	常用客房接待英语交流能力	X
				常用客房接待英语翻译能力	X

二、高级客房服务员技能操作规程指导

专题一　铺大床操作规程

用具准备：150cm×190cm 西式床架和床垫，230cm×270cm 床单。

操作要求：动作要快、巧、准。同时角要相同，边要拉紧，尺寸要准确到位。

程序一：甩垫单

步骤1：在床尾的方向将床单打开后，使床单的正面朝上，中线居中。

步骤2：手心向下，抓住床单的两边，两手相距约80厘米。

步骤3：将床单提起约100度角，使空气进至床尾位，并使床单鼓起。

步骤4：身体手背向前倾，用力打下去。

步骤5：当空气将床单尾部推开的时候，利用时机顺势调整，将床单往床尾方向拉正，使床单准确地降落在床垫的正确位置上。

程序二：垫单包角

步骤1：包角从床头做起，先将床头下垂部分的床单披进床垫下面。

步骤2：包右角：左手将右侧下垂的床单拉起折角，右手将右角部分床单披入床垫下面，然后左手将折角往下垂直拉紧包角成直角，同时右手将包角下垂的床单披入床垫下面。

步骤3：包左角：方法与右角同，但左右手的动作相反。

步骤4：床尾两角与床头两角的包法相同。

程序三：甩衬单定位

步骤1：在床尾的方向将床单打开后，使床单的反面朝上，中线居中。

步骤2：手心向下，抓住床单的两边，两手相距约80厘米。

步骤3：将床单提起约100度角，使空气进至床尾位，并使床单鼓起。

步骤4：身体手背向前倾，用力打下去。

步骤5：当空气将床单尾部推开的时候，利用时机顺势调整，将床单往床尾的方向拉正，使床单准确地降落在床垫的正确位置上。

程序四：甩毛毯

步骤1：将折叠好的毛毯，用双手紧扶住，注意扶的位置应该对称。

步骤2：站立在床的边侧，两脚前后分开，前脚距床边约20厘米。

步骤3：将毛毯用力甩向床的另一侧的位置上。注意毛毯向下，像撒渔网一样，并使毛毯中线居中，与床单的中心线基本吻合。毛毯的商标一定置于床的左或右下角。

步骤4：再将毛毯固定在距床头20厘米处，使毛毯距床头20厘米。

程序五：包边包角

步骤1：首先将床头上的衬单翻起覆盖在毛毯上，然后再与毛毯一起翻折在床垫上距床头20厘米处。

步骤2：披边时应从床头起，依先左后右的顺序将衬单、毛毯多余部分一起塞进床垫

与床架之间，边角要紧而平。

步骤3：包床尾角与前边包角方法相同，将多余的衬单和毛毯一起塞进床垫和床架之间，每个角相同，成直角，床面要整齐、平坦美观。

程序六：铺床罩

步骤1：将折叠好的床罩放在床尾位置上。

步骤2：打开并对齐边角，将多余的床罩反折后放在床头定位，距床头约15厘米。

程序七：入枕

步骤1：将枕芯平放在床上，两手撑开枕套袋口。

步骤2：将枕芯往枕套袋口里套至三分之二的位置，然后用两手抓住袋口两边，边提边抖动，使枕芯全部进入枕袋里面。

步骤3：将超出来的部分枕芯掖入枕袋里面，把袋口封好，套好的枕头必须四周饱满平整，且枕芯不外露。

程序八：放枕头

步骤1：将两个枕头放置居中，并与床垫两角平衡。

步骤2：枕袋口方向与床头柜反向，放好的枕头在床侧两边要均匀。

步骤3：枕头应压住床罩约10厘米处。

程序九：打枕线

步骤1：把反折的床罩盖上枕头，床罩的边缘与枕头平齐。

步骤2：把多余的床罩压在两枕头的中间，并用拇指插入两枕头之间，手腕旋转，四指快速用力折平后起枕线，床面平面齐整，枕线清晰。

专题二 豪华三套间的清洁整理、布置检查操作规程

用具准备：配齐物品的布草车、清洁工具、吸尘器。

相关内容：卫生间的吸尘和检查操作规程，入住前的清洁整理、布置、检查方法。

程序一：清洁整理

步骤1：将房间、卫生间所有的家具用品和装饰物品仔细抹一遍尘，保持一尘不染，同时检查房内的各种设施设备。

步骤2：将房间、卫生间吸一遍地尘。

步骤3：将卫生间的水管放流水1~2分钟。

步骤4：所有家具打一次蜡。

步骤5：所有金属擦一次铜油。

程序二：布置

步骤1：按VIP客人的增配物品进行布置（豪华房鲜花两盆，一盆是三角形，放在写字台上，一盆是球形，放在卫生间的云石台上，水果点心一般放在茶几上）。

步骤2：按客人的个性特点和接待要求布置房间，并要尊重客人的宗教信仰和生活习惯。

程序三：检查

步骤1：服务员自检。

步骤2：报告主管检。

步骤3：客房部经理检。

步骤4：大堂副理检。

步骤5：客人到达前十五分钟对房间进行最后一次检查。

程序四：入住时彻底清洁整理

步骤1：每天按八大程序对房间进行一次彻底清洁。

步骤2：清洁卫生时，应遵循从里到外，先易后难，做完一间再做另外一间的方法进行。

步骤3：客房卫生必须做到客人离开一次，服务员进房整理一次。

步骤4：每天必须按要求开好夜床服务。

程序五：离店后整理检查

步骤1：由专人检查房间。

步骤2：立即安排服务员进行清洁整理工作。

专题三　重要会议会场布置和服务方法的操作规程

相关内容：不同类型会议的分类与要求，会场现场的布置以及服务方法，服务操作的注意事项。

程序一：会场布置

步骤1：双边会谈的厅室布置形式，通常将桌椅摆放成长方形、椭圆形或圆形。

步骤2：多边会谈采用圆柜桌或方柜桌布置，目的是为了避免因与会者身份而产生的席位矛盾。

步骤3：签字仪式厅正面一般布置屏风式挂画，前面放签字桌，铺上深绿色的台布，在签字台的后面，摆放两张高靠背扶手椅作为签字座椅等。

步骤4：会见厅的布置形式按人数来确定，人数为十几人的会见厅布置成半圆形、凹字形；规模较大的会见，其会见厅形式可布置成"T"字形。

步骤5：小型的报告会，会议厅形式布置成授课型最佳，并注意桌椅及茶具的摆放要求。

程序二：席位安排

步骤1：会谈厅以正门为准，会谈桌呈横"一"字形摆放，主方应背向正门侧就座，客方正面向门就座。主人坐在进门的左边。译员或记录员坐在主谈人的右侧。

步骤2：签字仪式厅双方主签人员坐在高背扶手椅子上，其他人员在距离高背椅后1~2米处，双方各呈"一"字形排列站好。

步骤3：根据我国的习惯，会见厅客人与主人的座位安排是客人在主人的右边，主宾的座位在记录员前面。

步骤4：授课型会议服务会场的主席台：中间坐主讲人或主要领导，右侧坐主持人。

程序三：文具用品的准备

步骤1：会谈形式会场应在桌子中央摆上鲜花（水平型，30厘米以下），摆放信笺纸和在右侧摆放红蓝笔各一支，客人的右手侧放上带杯垫的茶杯，杯把向右，同时在两个茶杯上方的中间放上一个烟灰缸，还要准备好咖啡和点心等备用品。

步骤2：签字仪式厅准备屏风式挂画、深绿色的台布一块、高背扶手椅两张、照相架一部、常青树的盆景若干、国旗的旗架一个、文本和文具、香槟或红酒、托盘、红酒杯等。

步骤3：会见服务应准备席卡、杯碟、茶杯、烟碟、烟缸、便笺、笔、烟、饮料、糖果等。

步骤4：授课型会场的讲台应准备桌子、椅子、席卡、话筒、茶具、文件、文具用品、台布、电脑等，在与会者桌应摆放茶具、文件、笔等。

程序四：服务要点

步骤1：门外迎宾，服务员站在会议室门外，面向客人到来的方向，保持微笑。

步骤2：敬语迎宾，客人距会议室5米时，服务员向外走出半步，上半身略为前倾，向客人问好："您好，先生/小姐。"

步骤3：带位，客人距会议室2米时，服务员伸手示意大门的方向并说："这边请。"在客人侧前方1米处带位，在距离1米处时停下来，转身面向客人，示意客人座位的方向并说："请坐"。客人坐下后，服务员后退半步，转身离开。

步骤4：如果是签字仪式，在仪式开始前，准备香槟酒等候，当签字人员签字完毕，服务员应撤除签字椅，端上香槟酒等。

步骤5：上茶和续茶，服务员视客人茶水使用情况从主谈席开始按顺时针方向续水。

步骤6：上咖啡、点心，会议中间如果上咖啡、点心等，应先摆奶罐、糖罐等。然后用托盘端上咖啡杯碟、小茶匙和杯子，从客人的右手侧端上，左手的托盘向外伸出。

步骤7：会议结束，服务员快步走向会议室门口，打开大门，站在门内一侧，保持微笑，身体略为前倾，欢送客人："请慢走，欢迎下次再来。"

步骤8：最后做好检查清洁复原工作。

程序五：注意事项

步骤1：服务员要事先掌握整个会议的流程以及时间安排，随时留意会议进程观察随时可能出现的需求。

步骤2：始终保持微笑与耐心服务。

步骤3：会议服务如有合影，合影位置应按礼宾顺序以主人右边为上宾，主宾双方间隔排列。

专题四 客房服务的分析评价方法

相关内容：客房迎送知识，客房清洁整理知识，洗衣服务、接待访客及送茶水服务等相关知识链接。

程序一：评价客房迎送服务的质量

步骤1：台班服务员接到客人住房住处或电梯铃响时，应迅速站到相应的位置，等候客人，微笑迎宾。

步骤2：请客人出示房卡，服务员双手接过房卡进行核对，询问客人是否要帮忙拿行李，贵重物品由客人自己拿。

步骤3：引领入房，在引领过程中，注意站在客人侧前方1米左右，转弯处要用手示意。

步骤4：进房间，来到房门口，告诉客人这就是您租住的××号房间，用客人的钥匙按程序将房门打开，然后退到门边，请客人先进，放下行李。

步骤5：退出房间。如果是第一次住店的客人还要提供房间介绍服务。VIP客人还提供欢迎茶服务。

步骤6：送客人时，服务员应主动为其提送行李、按电梯。

步骤7：送客进电梯，站在电梯口一侧，一手按住电梯按钮，一手示意客人进电梯。

步骤8：敬语送客，祝旅途愉快，欢迎下次再来。

程序二：评价客房清洁整理的质量

步骤1：进行环形检查评价，应从是否清洁—家具设施设备是否完好无损—用品是否齐全、摆放是否符合要求—特殊需要是否满足要求等方面去进行评价。

步骤2：利用感观与生化标准来进行评价，如用看、摸、试、听、闻的方法来检查，是表示是否清洁的标志，由防疫站部门来测试看是否达到卫生标准。

步骤3：要达到眼看到的地方无污迹，手摸到的地方无灰尘，房间优雅无异声，浴室空气清新无异味的标准。还应达到"十无"和"六净"。

程序三：评价代洗衣服的质量

步骤1：收取洗衣，无论是哪种情况都要及时快速地去收取客人的洗衣并确定是快洗还是慢洗。

步骤2：核对洗衣，服务员根据客人填写的洗衣单逐一进行核对。在收取清点客衣时，若发现衣物件数与洗衣单不符，服务员应立即向客人说明。

步骤3：交换洗衣，将收取的洗衣集中放好，在规定的时间交给洗衣房交换时要将特殊要求交代清楚。

步骤4：送回洗衣，收取洗衣房送回来的洗衣要核对清楚并记录好，送衣回客房时，要按进房程序进行，并在饭店规定的地方放好。

程序四：评价访客接待的质量

步骤1：敬语迎客，先问候访客："先生（或小姐），您好！请问有什么需要帮忙吗？"

步骤2：核对有效证件，如果访客是找某个住店客人，先请访客出示有效证件。

步骤3：与住客确认，打电话询问住客是否认识访客并问清接待要求。

步骤4：登记证件，请访客办理登记手续，详细登记访客的姓名、地址和证件号码。

步骤5：安排客人会客，按住客的意见安排访客会见住店客人。

程序五：评价送水服务的质量

步骤1：掌握客人的要求与房号。

步骤2：泡茶或沏茶（七分满）。

步骤3：装盘。

步骤4：托盘送往客人房间。

步骤5：敲门、通报，征得客人同意进房。

步骤6：斟茶（七分满）。

步骤7：上茶。上茶顺序—取杯方法—摆放的方法—用手示意。

步骤8：退出房间。

步骤9：回岗登记。

程序六：评价开夜床服务的质量

步骤1：进房间，按要求敲门进房、调节空调、拉上窗帘。（客人在房间，需征求客人意见，客人同意方可进入开夜床，若客人不同意，应做好记录。）

步骤2：开夜床，注意开夜床方向，在折口处床底放上拖鞋并在床头或枕头放上鲜花、晚安卡、早餐牌或小礼品。

步骤3：清洁整理布置房间，清洁桌面、清洗烟缸、倒垃圾、加冰块、放报纸、浴衣摊开在床尾，如有加床应打开整理好。

步骤4：清洁整理布置卫生间，按水冲马桶、撤走用过的"四巾"、擦洗"三缸"、放好"四巾"和其他物品、将浴帘放入浴缸并拉到三分之一处。

步骤5：检查，环视一周卫生间及房间、留夜灯和走廊灯，关掉所有的灯（若客人在房间不用关灯，向客人道别后轻轻关上房门）。

专题五　创新客房服务项目

相关内容：现代酒店服务项目的发展趋势以及客人的服务需求，客房服务项目的相关知识以及创新客房服务项目的含义。

程序一：创新项目定义

步骤1：理解创新客房服务项目的定义，即创新出一项目前饭店仍没有但有可能在饭店实施的服务项目。

步骤2：深入了解当代饭店现有的服务项目。

步骤3：结合专业知识，发挥自己的想象，创新客房服务项目。

程序二：创新项目总体要求

步骤1：有创意。

步骤2：新颖、独特。

步骤3：可操作性强。

程序三：创新项目具体要求

步骤1：提出服务项目的名称。

步骤2：本服务项目的创新之处。

步骤3：提出这个服务项目的理由。

步骤4：服务项目操作方法（含服务操作规程）。

程序四：操作注意事项

步骤1：目标顾客群的需求。

步骤2：操作难易程度。

步骤3：饭店成本预算。

专题六　创新客房服务技术和制订服务方案

相关内容：客房服务技术的相关知识，服务方案的内容与要求。

程序一：创新服务技术定义

步骤1：理解创新客房服务技术的定义，即创新出一项目前饭店没有的服务，在此基础上进行技术改革，达到既节能省时又节支环保的目的。

步骤2：深入了解当代饭店现有的服务技术水平。

步骤3：结合专业知识，联系实际需要，创新客房服务技术。

程序二：创新服务技术总体要求

步骤1：在现有的服务技术上进行改进与创新。

步骤2：可操作性强。

程序三：创新服务技术具体要求

步骤1：创新服务技术名称。

步骤2：创新这个服务技术的优势或目的。

步骤3：这个服务技术具体做法（含服务操作规程）。

程序四：操作注意事项

步骤1：要与科技水平的发展程度相结合。

步骤2：目标顾客群的需求。

步骤3：操作难易程度。

步骤4：饭店成本预算。

程序五：制订服务方案

步骤1：确定主题。

步骤2：拟定团名。

步骤3：确定接待人数。

步骤4：掌握其抵店以及住店时间。

步骤5：分析客人特点。

步骤6：了解客人的特殊要求。

程序六：服务具体方案

步骤1：布置检查房间，客房的用品准备必须以客情为依据，布置时要考虑客房用品、卫生间用品、餐具茶具用品、酒水饮料供应、鲜花水果、规格档次，按宾客接待通知和客人特点进行布置。要求美观大方、齐全、洁净。

步骤2：楼层迎宾服务，注意服务态度和用语。

步骤3：做好日常服务工作，各班次服务员都应提供热情、礼貌、主动、周到、耐心的服务。

步骤4：离店时的服务，应注意服务态度和用语。

专题七　培训能力

相关内容：教学授课基础知识，讲授中级客房服务员应掌握的专业知识

程序一：授课要求

导入：教学五大环节：备课—上课—作业—辅导—考核。

语言要求：清晰、速度适中、音量大。

步骤1：组织教学。

步骤2：复习上节课的内容。

步骤3：导入新课。

步骤4：讲授新课（运用各种教学方法和手段完成）。

步骤5：布置作业。

步骤6：归纳小结。

程序二：客房服务的四大环节

步骤1：宾客到达前的准备工作，了解宾客并布置检查房间。

步骤2：宾客到达时的迎宾工作，楼层迎宾服务。

步骤3：宾客住店期间的服务工作，日常服务工作。

步骤4：宾客离店时的工作，楼层送客服务、检查房间、清洁工作。

程序三：讲授客房的安全知识

步骤1：了解饭店客房的防火措施。如建立防火委员会，负责制定日常防范措施和检查方法，加强灭火器具的维修保养和保养工作，员工掌握灭火器具的使用方法，并定期进行消防演习等。

步骤2：火灾应急处理方法。如及时报警、及时扑救、使用灭火器灭火、疏散宾客以及保护现场等。

步骤3：了解饭店客房的防盗措施。服务员对住客情况要保密，不得向外泄露。来访者要到客房会见住客，须办登记手续后，由服务员传达，得到允许后方可进入。领用的钥匙要随身携带，客人的贵重物品，提醒客人进行保管等。

步骤4：自然事故的防范措施。加强安全意识教育；加强设施设备的维护与保养；确保客人的安全，可在卫生间内配防滑垫；控制好房间的热水温度等。

程序四：讲授晚间整理服务的内容及做法

步骤1：先把布草车、清洁工具准备好推到房间门口。

步骤2：按规定要求敲门进房。

步骤3：撤掉房间内客人用过的物品，抹干净房间内的物品和家具，并补充好房间物品。

步骤4：开夜床，一个人住的房间就开靠卫生间的床。两个人住就两张床同时开，其折角方向可以是相同方向或相反方向，并将一次性拖鞋摆放好，将客人的睡衣叠好放在

床尾。

步骤5：清洁卫生间。整理撤换使用过的一次性的消耗物品，按刷、冲、抹将卫生间的"三缸"清洁干净。然后补充好物品并摆放好。将浴帘拉到三分之二的位置上。把卫生间门关到45度。

步骤6：除夜灯和走廊灯外，关掉其他所有的灯（取牌，关门，登记）。

程序五：讲授楼层迎宾服务程序及事项

步骤1：台班服务员接到客人住房住处或电梯铃响时，应迅速站到相应位置，等候客人。

步骤2：当听到电梯到达该楼层时，面带微笑站在电梯门口迎客。

步骤3：请客人出示房卡，服务员双手接过房卡进行核对。

步骤4：询问客人是否要帮忙拿行李，贵重物品由客人自己拿。

步骤5：引领入房，在迎领的过程中，注意站在客人侧前方一米左右，转弯处要用手示意。

步骤6：进房间，来到房门口，告诉客人说这是您租住的××号房间，用客人的钥匙按程序将房门打开，然后退到门边，请客人先进，放下行李。

步骤7：退出房间。

程序六：讲授住客房的清扫程序

步骤1：准备好布草车。

步骤2：准备好清洁工具。

步骤3：准备好吸尘器。

步骤4：清洁客房时按八大程序（进、撤、铺、抹、洗、补、吸、检）进行。

程序七：讲授 VIP 房布置要求

步骤1：铺床时，应选用新的或较新的床单、枕套，并使用床裙，以显示不同于普通房间。

步骤2：按照饭店规定的品种、数量补充全新的卫生用品。

步骤3：按照饭店规定的标准摆放鲜花、果盘、点心以及经理名片等。

步骤4：擦抹家具后还要对房间所有家具进行打蜡，对所有铜器进行抛光。

程序八：讲授客房对 VIP 的服务

步骤1：每天由固定服务员负责贵房服务。

步骤2：每天扫房间。

步骤3：满足贵客一切特殊的生活习惯和生活要求。

步骤4：在允许的情况下，贵客每次出房，服务员都要进行小整服务，保证房间处于整洁状态。

程序九：讲授会议服务知识

步骤1：会议厅的布置，根据不同类型的会议形式以及与会人数来合理布置会场。

步骤2：席位安排。充分考虑各种会议类型的差别，以及与会者身份地位的主次，还有不同国家的习俗等因素来恰当地安排座位。

步骤3：会议服务程序，包括迎接宾客，会议期间服务，茶水服务以及会后送客与清洁服务等。

步骤4：注意事项，了解掌握会议双方的身份、背景、服务要求及执行标准，体现专业服务等。

程序十：讲授客房小酒吧的控制方法

步骤1：客房内小酒吧的品种类别。

步骤2：客房内小酒吧物品的摆放要求。

步骤3：专人负责管理小酒吧物品，制定相关规定。

步骤4：学会正确填写酒吧单。

步骤5：检查。

程序十一：讲授客房代办服务

步骤1：礼貌待客，聆听客人需求。

步骤2：让客人填写或帮助客人填写代办登记表格。

步骤3：对照客人的表格进行仔细核对。

步骤4：核对无误后，妥善放好。然后礼貌地对客人说："还有什么需要吗？"客人回答没有时，与客人礼貌地说再见。

专题八　指导能力

相关内容：指导中级客房服务员技能操作知识链接。布置VIP房，楼层迎宾，铺床技术，地毯吸尘等。

程序一：指导要求

步骤1：讲实操的操作步骤和要点。

步骤2：边讲边示范讲解一次。

步骤3：让学生模拟实操。

步骤4：根据学生的实操过程给予纠正。

步骤5：组织学生进行实操训练。

步骤6：归纳小结。

注意：①控制好整个教学的过程，示范要正确。②语言要求：清晰、速度适中、音量大。

程序二：指导提纲

步骤1：示范与讲解布置VIP房内鲜花，在写字台上摆上鲜花以及总经理的名片；在卫生间的台上摆上一盆鲜花等。

步骤2：示范与讲解西式铺床的规程。

步骤3：示范与讲解标准间开夜床：进房间—开夜床—清洁整理布置房间—清洁整理布置卫生间—检查。

步骤4：示范与讲解楼层迎宾服务：等候客人—按电梯—示意出电梯，礼貌问候—请客人出示房卡并核对—询问客人是否要帮忙拿行李—引领入房—进房间—退出房间。

步骤5：示范与讲解标准房内的物品布置。首先将干净的物品拿到房间，然后按规定要求将茶几、床头柜、写字台上的物品摆放好。注意，所有物品的标签要面向客人。"四巾"的折口，向着内侧，不要向着客人。再环视检查一下，如果没有什么的话将卫生间门关到45度。退出房间，做好登记。

步骤6：示范与讲解地毯吸尘：①先插电源；②把吸尘器拿入房间；③开机；④握住吸尘器硬管，与身体保持60度；⑤吸尘：用地毯吸尘头吸地毯地面尘（按着地毯纹路，从里往外吸尘，并注意边角），用硬质地面吸尘头吸卫生间地面尘（从里往外吸尘，并注意边角）；⑥关机；⑦断电源，绕线，摆放好。

步骤7：示范与讲解家具打蜡：准备工具—擦干净家具—均匀喷上家具蜡—用抹布均匀地把家具擦亮为止—收拾好工具（两次擦拭时间一般相隔15分钟）。

步骤8：示范与讲解吸尘器的保养：检查—使用时注意事项—使用后清洁保养。

步骤9：示范与讲解铜器擦拭：准备清洁工具—擦干净铜器表面—将铜油均匀地擦在铜器上—用布均匀反复地擦亮铜器—收拾好清洁工具。

步骤10：示范与讲解布置VIP房内水果，一般在茶几上放上水果和点心；在写字台上摆上鲜花和总经理名片。

专题九 主持会议、布置服务方案和岗位职责制定

相关内容：会议举办流程，服务方案内容要求，各班次与不同岗位的职责。

程序一：主持会议

步骤1：确定会议接待任务。

步骤2：明确会议主题与时间、地点。

步骤3：分配工作任务。

步骤4：布置会场。

步骤5：准备会议主持物品。

步骤6：主持会议期间服务。

步骤7：会议结束后的工作。

程序二：布置服务方案

步骤1：布置接待任务，掌握客人抵店时间。

步骤2：准备房间任务落实：房号安排—清洁要求—摆设要求—客房检查。

步骤3：服务要求任务落实：房匙发放—楼层迎送服务—住店期间服务—特殊要求—强调事项。

程序三：制定岗位职责

步骤1：制定岗位职责的要求：工种名称—主要任务、职责—直接上级主管—工作时间和班次—素质要求等。

步骤2：制定客房清洁员和客房服务中心值班员岗位职责：制定客房清洁员岗位职责—制定客房服务中心值班员岗位职责。

专题十 部门间的协调及疑难问题处理

相关内容：客房与前厅、餐饮、采购、工程等部门的沟通协调内容。一般疑难问题的常见处理方法。

程序一：客房部与部门之间的协调内容

步骤1：客房部与前厅部的协调内容。

步骤2：客房部与餐饮部的协调内容。

步骤3：客房部与工程部的协调内容。

步骤4：客房部与采购部的协调内容。

步骤5：客房部与保安部的协调内容。

程序二：客房工作中疑难问题的处理方法

步骤1：掌握疑难问题的情况。

步骤2：仔细观察与迅速思考。

步骤3：果断采用恰当的处理办法。

步骤4：及时向上级汇报。

步骤5：做好记录。

第四章 技能考核模拟试卷

职业技能鉴定国家题库
高级客房服务员操作技能考核试卷（模拟卷一）

姓名：＿＿＿＿＿＿＿＿＿ 准考证号：＿＿＿＿＿＿＿＿＿＿＿＿＿＿＿

序号	试题名称	配分（权重%）	得分	备注
1	会议室布置	20		
2	清洁设备使用	10		
3	投诉处理	10		
4	接待英语会话	10		
5	客房软件应用	10		
6	工作方案编制	20		
7	课堂教学	20		
	合计	100		

试题 1 会议室布置

一、试题：会议室布置（考生现场随机抽取一题进行考核）

考题 1：会见座位的安排

考题 2：会谈座位的安排

考题 3：签字仪式的安排

二、考核要求

1. 根据活动内容的不同，布置成不同的形式；

2. 掌握会议布置主题原则，配置相关设备用品；

3. 在 30 分钟之内完成操作。

试题 2 清洁设备的使用

一、试题：清洁设备的使用（考生现场随机抽取一题进行考核）

考题 1：大理石打蜡抛光

考题 2：抛光机的使用

考题 3：洗地机的使用

考题 4：高压冲洗机的使用

二、考核要求

1. 操作器具使用正确；

2. 在 10 分钟之内完成操作。

试题3 投诉处理

一、试题：投诉处理（考生现场随机抽取一题进行考核）

考题1：服务员发现房间地毯上有客人丢掷烟头造成的烫洞，怎么办？

考题2：客人让服务员代买药品，怎么办？

考题3：客人投诉房间灯光太暗，怎么办？

考题4：晚上客人外出吃饭，桌上放了几本挂历，吃完饭回来后，房务员已开过夜床，客户认为少了两本，怎样处理？

考题5：一位年轻女子投诉，深夜 12：00 有一男士打电话邀请她出去吃宵夜，她感到十分害怕，怎么办？

考题6：一位台胞告知：晚上有电话打进房间，死缠硬磨要其借出台胞证，怎么办？

二、考核要求

1. 语言婉转，态度诚恳；

2. 处理方法圆满；

3. 在 5 分钟之内完成操作。

试题4 接待英语会话

一、试题：接待英文会话（考生现场随机抽取一题进行考核）

考题1：

（1）Sorry to have kept you waiting so long.

（2）Have a good journey!

（3）Welcome to our hotel again!

（4）May I show you to your room?

（5）请您多提宝贵意见。

（6）在您离开房间之前，有什么事需要我做吗？

（7）希望您在我们饭店生活愉快。

（8）欢迎您下次再来！

考题2：

（1）I am always at your service.

（2）Do you have anything to be cleaned?

（3）May I come in?

（4）Come in, plcasc.

（5）请稍等。

（6）对不起，打扰您了，我打扫一下房间好吗？

（7）好的，请进来。

（8）我马上要出去，稍等一会儿打扫。

考题3：

（1）Welcome to come here again. Good-bye！

（2）Please follow me and come this way.

（3）My hair is a mess！Where is the hairdresser?

（4）It is right on the second floor . It's open from 9 a. m. until 10 p. m.

（5）我可以领您到房间吗?

（6）请您多提宝贵意见。

（7）在您离开房间之前，有什么事需要我做吗?

（8）希望您在我们饭店生活愉快。

二、考核要求

1. 能够听懂简单的英语句子；

2. 能够用英语回答简单问题；

3. 英语发音准确，语法正确，句子完整；

4. 语速适中，语调正确，用语礼貌；

5. 回答流利，表情自然；

6. 在5分钟之内完成操作。

试题5　客房软件应用

一、试题：客房软件应用

考题：在"我的文档"中，建立一个以自己的名字命名的文件，并输入50个汉字，题目为3号黑体，内容为5号宋体。

二、考核要求

严格按计算机操作程序进行操作。

试题6　工作方案编制

一、试题：工作方案编制

考题：制订40人豪华老年人旅游团下榻四星级饭店住宿3日的接待服务方案。

二、考核要求

1. 符合命题要求；

2. 方案科学、合理；

3. 内容正确、全面、具体；

4. 体现单位特色；

5. 文字通顺，用词准确；

6. 在30分钟之内完成操作。

试题7　课堂教学

一、试题：课堂教学（考生现场随机抽取一题考核）

考题1：讲授客房服务的主要环节

考题 2：讲授客房的安全知识

考题 3：讲授楼层迎宾工作程序及注意事项

考题 4：讲授客房晚间整理的内容和要求

考题 5：讲授客房小酒吧的控制方法

二、考核要求

1. 教案书写规范，重点、难点明确；

2. 语音清楚，语言简练，重点突出，板书整齐；

3. 在 20 分钟之内完成操作。

职业技能鉴定国家题库
高级客房服务员操作技能考核试卷（模拟卷二）

姓名：＿＿＿＿＿＿＿＿ 准考证号：＿＿＿＿＿＿＿＿＿＿＿＿

序号	试题名称	配分（权重%）	得分	备注
1.	操作示范	20		
2	工作方案编制	20		
3	清洁设备的使用	10		
4	接待英语会话	10		
5	投诉处理	10		
6	会议室布置	20		
7	客房软件应用	10		
	合计	100		

试题 1 操作示范

一、试题：操作示范（考生现场随机抽取一题进行考核）

考题 1：布置 VIP 房内鲜花示范

考题 2：家具打蜡示范

考题 3：吸尘器保养示范

考题 4：铜器擦拭示范

考题 5：布置 VIP 房内水果示范

二、考核要求

1. 演示正确；

2. 讲解内容清楚、易懂，重点突出；

3. 指导方法科学、合理；

4. 语言规范，有感染力；

5. 板书工整，且要注意仪容、仪表。

试题2　工作方案编制

一、试题：工作方案编制

考题：制订40人豪华老年人旅游团下榻四星级饭店住宿3日的接待服务方案。

二、考核要求

1. 符合命题要求；

2. 方案科学、合理；

3. 内容正确、全面、具体；

4. 体现单位特色；

5. 文字通顺，用词准确；

6. 在30分钟之内完成操作。

试题3　清洁设备的使用

一、试题：清洁设备的使用（考生现场随机抽取一题进行考核）

考题1：大理石打蜡抛光

考题2：抛光机的使用

考题3：洗地机的使用

考题4：高压冲洗机的使用

二、考核要求

1. 操作器具使用正确；

2. 在10分钟之内完成操作。

试题4　接待英语会话

一、试题：接待英文会话（考生现场随机抽取一题进行考核）

考题1：

（1）Sorry to have kept you waiting so long .

（2）Have a good journey!

（3）Welcome to our hotel again!

（4）May I show you to your room?

（5）请您多提宝贵意见。

（6）在您离开房间之前，有什么事需要我做吗？

（7）希望您在我们饭店生活愉快。

（8）欢迎您下次再来！

考题2：

（1）I am always at your service.

（2）Do you have anything to be cleaned?

（3）May I come in ?

（4）Come in, please.

（5）请稍等。

（6）对不起，打扰您了，我打扫一下房间好吗？

（7）好的，请进来。

（8）我马上要出去，稍等一会儿打扫。

考题3：

（1）Welcome to come here again. Good-bye!

（2）Please follow me and come this way.

（3）My hair is a mess! Where is the hairdresser?

（4）It is right on the second floor . It's open from 9 a. m. until 10 p. m.

（5）我可以领您到房间吗？

（6）请您多提宝贵意见。

（7）在您离开房间之前，有什么事需要我做吗？

（8）希望您在我们饭店生活愉快。

二、考核要求

1. 能够听懂简单的英语句子；

2. 能够用英语回答简单的问题；

3. 英语发音准确，语法正确，句子完整；

4. 语速适中，语调正确，用语礼貌；

5. 回答流利，表情自然；

6. 在5分钟之内完成操作。

试题5　投诉处理

一、试题：投诉处理（考生现场随机抽取一题进行考核）

考题1：服务员发现房间地毯上有客人丢掷烟头造成的烫洞，怎么办？

考题2：客人让服务员代买药品，怎么办？

考题3：客人投诉房间灯光太暗，怎么办？

考题4：晚上客人外出吃饭，桌上放了几本挂历，吃完饭回来后，房务员已开过夜床，客户认为少了两本，怎样处理？

考题5：一位年轻女子投诉，深夜12：00有一男士打电话邀请她出去吃宵夜，她感到十分害怕，怎么办？

考题6：一位台胞告知：晚上有电话打进房间，死缠硬磨要其借出台胞证，怎么办？

二、考核要求

1. 语言婉转，态度诚恳；

2. 处理方法圆满；

3. 在5分钟之内完成操作。

试题6 会议室布置

一、试题：会议室布置（考生现场随机抽取一题进行考核）

考题1：会见座位的安排

考题2：会谈座位的安排

考题3：签字仪式的安排

二、考核要求

1. 根据活动内容的不同，布置成不同的形式；

2. 掌握会议布置主题原则，配置相关设备用品；

3. 在30分钟之内完成操作。

试题7 客房软件应用

一、试题：客房软件应用

考题：在"我的文档"中，建立一个以自己的名字命名的文件，并输入50个汉字。题目为3号黑体，内容为5号宋体。

二、考核要求

严格按计算机操作程序进行操作。

职业技能鉴定国家题库
高级客房服务员操作技能考核试卷（模拟卷三）

姓名：_____ 准考证号：_____

序号	试题名称	配分（权重%）	得分	备注
1	中式铺床	20		
2	制定 VIP 接待方案	20		
3	接待英语会话	10		
4	投诉处理	10		
5	会议室布置	20		
6	课堂教学	20		
	合计	100		

试题1 中式铺床

一、试题：中式铺床

二、考核要求

1. 操作程序：调整床铺、铺床单、套被套、整理枕头；

2. 符合操作要求和质量标准；

3.3 分钟内按程序和质量标准完成一张床铺的整理；

4. 动作熟练、准确；

5. 注意仪表规范。

试题2 制订VIP接待方案

一、试题：制订VIP接待方案

考题：制定一个20人的VIP入住五星级酒店的服务接待方案。

二、考核要求

1. 符合命题要求；

2. 方案科学、合理；

3. 内容正确、全面、具体；

4. 体现单位特色；

5. 文字通顺，用词准确；

6. 在30分钟之内完成操作。

试题3 接待英语会话

一、试题：接待英文会话（考生现场随机抽取一题考核）

考题1：

（1）Sorry to have kept you waiting so long.

（2）Have a good journey!

（3）Welcome to our hotel again!

（4）May I show you to your room?

（5）请您多提宝贵意见。

（6）在您离开房间之前，有什么事需要我做吗？

（7）希望您在我们饭店生活愉快。

（8）欢迎您下次再来！

考题2：

（1）I am always at your service.

（2）Do you have anything to be cleaned?

（3）May I come in?

（4）Come in, please.

（5）请稍等。

（6）对不起，打扰您了，我打扫一下房间好吗？

（7）好的，请进来。

（8）我马上要出去，稍等一会儿打扫。

考题3：

（1）Welcome to come here again. Good-bye!

（2）Please follow me and come this way.

（3）My hair is a mess! Where is the hairdresser?

（4）It is right on the second floor. It's open from 9 a. m. until 10 p. m.

（5）我可以领您到房间吗？

（6）请您多提宝贵意见。

（7）在您离开房间之前，有什么事需要我做吗？

（8）希望您在我们饭店生活愉快。

二、考核要求

1. 能够听懂简单的英语句子；

2. 能够用英语回答简单的问题；

3. 英语发音准确，语法正确，句子完整；

4. 语速适中，语调正确，用语礼貌；

5. 回答流利，表情自然；

6. 在5分钟之内完成操作。

试题4　投诉处理

一、试题：投诉处理（考生现场随机抽取一题考核）

考题1：服务员发现房间地毯上有客人丢掷烟头造成的烫洞，怎么办？

考题2：客人让服务员代买药品，怎么办？

考题3：客人投诉房间灯光太暗，怎么办？

考题4：晚上客人外出吃饭，桌上放了几本挂历，吃完饭回来后，房务员已开过夜床，客户认为少了两本，怎样处理？

考题5：一位年轻女子投诉，深夜12：00有一男士打电话邀请她出去吃宵夜，她感到十分害怕，怎么办？

考题6：一位台胞告知：晚上有电话打进房间，死缠硬磨要其借出台胞证，怎么办？

二、考核要求

1. 语言婉转，态度诚恳；

2. 处理方法圆满；

3. 在5分钟之内完成操作。

试题5　会议室布置

一、试题：会议室布置（考生现场随机抽取一题考核）

考题1：会见座位的安排。

考题2：会谈座位的安排。

考题3：签字仪式的安排。

二、考核要求

1. 根据活动内容的不同，布置成不同的形式；

2. 掌握会议布置主题原则，配置相关设备用品；

3. 在30分钟之内完成操作。

试题6 课堂教学

一、试题：课堂教学（考生现场随机抽取一题考核）

考题1：讲授客房服务的主要环节。

考题2：讲授客房的安全知识。

考题3：讲授楼层迎宾工作程序及注意事项。

考题4：讲授客房晚间整理的内容和要求。

考题5：讲授客房小酒吧的控制方法。

二、考核要求：

1. 教案书写规范，重点、难点明确；

2. 语音清楚，语言简练，重点突出，板书整齐；

3. 在20分钟之内完成操作。

第五章 参考答案

一、理论知识模拟试卷参考答案

模拟卷一参考答案

1.	D	21.	A	41.	B	61.	C	81.	C	101.	C	121.	D	141.	D
2.	C	22.	B	42.	C	62.	A	82.	B	102.	B	122.	C	142.	B
3.	C	23.	D	43.	B	63.	B	83.	D	103.	B	123.	A	143.	D
4.	B	24.	B	44.	D	64.	C	84.	A	104.	C	124.	B	144.	A
5.	A	25.	D	45.	D	65.	A	85.	D	105.	C	125.	A	145.	B
6.	B	26.	D	46.	C	66.	B	86.	D	106.	C	126.	D	146.	B
7.	D	27.	B	47.	D	67.	D	87.	D	107.	C	127.	A	147.	A
8.	A	28.	D	48.	C	68.	D	88.	D	108.	B	128.	B	148.	D
9.	D	29.	D	49.	C	69.	C	89.	D	109.	D	129.	B	149.	A
10.	D	30.	C	50.	D	70.	B	90.	C	110.	A	130.	C	150.	D
11.	C	31.	C	51.	B	71.	C	91.	C	111.	D	131.	D	151.	C
12.	A	32.	C	52.	C	72.	D	92.	B	112.	D	132.	C	152.	A
13.	A	33.	B	53.	B	73.	D	93.	D	113.	C	133.	D	153.	B
14.	A	34.	C	54.	C	74.	B	94.	A	114.	D	134.	D	154.	A
15.	A	35.	C	55.	B	75.	B	95.	D	115.	A	135.	A	155.	B
16.	C	36.	D	56.	C	76.	D	96.	A	116.	A	136.	A	156.	C

17.	B	37.	B	57.	B	77.	B	97.	D	117.	B	137.	D	157.	D
18.	C	38.	D	58.	D	78.	C	98.	C	118.	C	138.	B	158.	A
19.	C	39.	D	59.	A	79.	D	99.	C	119.	D	139.	C	159.	C
20.	C	40.	B	60.	C	80.	D	100.	C	120.	C	140.	A	160.	B

161.	×	162.	×	163.	√	164.	√	165.	×	166.	×	167.	√	168.	×
169.	√	170.	√	171.	√	172.	×	173.	×	174.	×	175.	×	176.	×
177.	√	178.	×	179.	√	180.	×	181.	√	182.	×	183.	×	184.	×
185.	√	186.	√	187.	×	188.	×	189.	√	190.	√	191.	×	192.	√
193.	×	194.	√	195.	×	196.	×	197.	√	198.	×	199.	×	200.	√

模拟卷二参考答案

1.	D	21.	C	41.	A	61.	A	81.	D	101.	B	121.	C	141.	A
2.	A	22.	B	42.	D	62.	B	82.	D	102.	D	122.	C	142.	D
3.	A	23.	D	43.	C	63.	C	83.	C	103.	C	123.	A	143.	D
4.	D	24.	D	44.	B	64.	C	84.	D	104.	C	124.	D	144.	B
5.	C	25.	A	45.	B	65.	A	85.	B	105.	D	125.	A	145.	D
6.	C	26.	B	46.	D	66.	D	86.	D	106.	C	126.	A	146.	C
7.	C	27.	B	47.	A	67.	D	87.	C	107.	B	127.	A	147.	D
8.	B	28.	D	48.	A	68.	D	88.	C	108.	A	128.	C	148.	A
9.	C	29.	C	49.	B	69.	A	89.	A	109.	A	129.	A	149.	A
10.	B	30.	D	50.	B	70.	D	90.	B	110.	D	130.	C	150.	C
11.	D	31.	B	51.	D	71.	B	91.	C	111.	B	131.	C	151.	A
12.	B	32.	D	52.	D	72.	D	92.	A	112.	C	132.	C	152.	C
13.	A	33.	C	53.	A	73.	A	93.	D	113.	C	133.	D	153.	D
14.	B	34.	D	54.	B	74.	D	94.	A	114.	D	134.	D	154.	C
15.	B	35.	C	55.	B	75.	B	95.	C	115.	B	135.	A	155.	C
16.	C	36.	D	56.	D	76.	D	96.	D	116.	B	136.	C	156.	B
17.	C	37.	D	57.	B	77.	D	97.	C	117.	C	137.	A	157.	C
18.	D	38.	D	58.	B	78.	B	98.	A	118.	B	138.	B	158.	D
19.	B	39.	B	59.	B	79.	D	99.	A	119.	D	139.	C	159.	D
20.	A	40.	C	60.	C	80.	C	100.	C	120.	D	140.	D	160.	D

161.	×	162.	√	163.	×	164.	√	165.	×	166.	×	167.	√	168.	×
169.	×	170.	√	171.	√	172.	×	173.	×	174.	×	175.	√	176.	×

177. √ 178. × 179. √ 180. × 181. × 182. × 183. √ 184. √
185. √ 186. × 187. √ 188. √ 189. √ 190. √ 191. √ 192. ×
193. × 194. √ 195. √ 196. √ 197. √ 198. √ 199. √ 200. ×

模拟卷三参考答案

1. A	21. B	41. C	61. A	81. D	101. B	121. B	141. D
2. B	22. C	42. D	62. C	82. C	102. B	122. D	142. B
3. C	23. D	43. C	63. C	83. B	103. D	123. A	143. B
4. D	24. C	44. B	64. C	84. C	104. C	124. D	144. A
5. D	25. A	45. A	65. B	85. B	105. D	125. B	145. B
6. A	26. B	46. D	66. D	86. B	106. A	126. A	146. B
7. D	27. D	47. A	67. C	87. A	107. C	127. B	147. D
8. C	28. C	48. A	68. C	88. C	108. B	128. B	148. C
9. D	29. D	49. C	69. C	89. D	109. B	129. B	149. A
10. D	30. D	50. B	70. C	90. B	110. A	130. C	150. A
11. D	31. C	51. A	71. C	91. C	111. A	131. D	151. A
12. D	32. A	52. D	72. C	92. D	112. D	132. B	152. A
13. B	33. C	53. C	73. A	93. C	113. D	133. A	153. A
14. C	34. C	54. A	74. A	94. D	114. A	134. C	154. A
15. D	35. C	55. C	75. B	95. B	115. D	135. D	155. D
16. B	36. A	56. D	76. B	96. A	116. B	136. C	156. C
17. D	37. A	57. A	77. A	97. B	117. B	137. B	157. D
18. D	38. C	58. B	78. B	98. B	118. B	138. C	158. C
19. B	39. B	59. A	79. A	99. C	119. C	139. B	159. D
20. C	40. A	60. D	80. D	100. A	120. A	140. C	160. B

161. √ 162. × 163. √ 164. × 165. × 166. √ 167. √ 168. ×
169. × 170. × 171. √ 172. √ 173. × 174. × 175. √ 176. √
177. × 178. √ 179. √ 180. √ 181. √ 182. × 183. × 184. √
185. √ 186. × 187. × 188. × 189. × 190. √ 191. √ 192. ×
193. × 194. √ 195. √ 196 × 197. √ 198. √ 199. × 200. ×

二、技能考核模拟试卷参考答案

模拟卷一参考答案

姓名：_____ 准考证号：_____

序号	试题名称	配分（权重%）	得分	备注
1	会议室布置	20		
2	清洁设备使用	10		
3	投诉处理	10		
4	接待英语会话	10		
5	客房软件使用	10		
6	工作方案编制	20		
7	课堂教学	20		
	合计	100		

考评员签名： 年 月 日

试题一 会议室布置（考生现场随机抽取一题进行考核）

考题1：会见座位的安排

考题2：会谈座位的安排

考题3：签字仪式的安排

考核说明：

1. 根据活动内容的不同，布置成不同的形式；

2. 掌握会议布置主题原则，配置相关设备用品。

序号	考核内容	考核要点	配分	评分标准（各项配分扣完为止）	扣分	得分
1	准备	了解会议的主题内容，准备相关物品	5	会议内容了解不全面扣3分，物品准备不齐全扣2分		
2	布置	根据参加人数、客厅面积的形状和大小确定布置的形式组织人力摆好各类用品	15	布置的形式，每发现一处问题扣3分；最多扣15分		
3	考核时间	在30分钟内完成		不得超时		
	合计		20			

考评员签名： 年 月 日

试题二 清洁设备的使用（考生现场随机抽取一题考核）

考题1：大理石打蜡抛光

考核说明：（1）准备；（2）打蜡；（3）抛光；（4）善后。

考题2：抛光机的使用

考核说明：（1）检查；（2）装机；（3）开机；（4）操作；（5）整理归位；（6）使用保养。

考题3：洗地机的使用

考核说明：（1）检查；（2）装机；（3）开机；（4）操作；（5）整理归位；（6）使用保养。

考题4：高压冲洗机的使用

考核说明：（1）检查；（2）装机；（3）开机；（4）操作；（5）整理归位；（6）使用保养。

序号	考核内容	考核要点	配分	评分标准 （各项配分扣完为止）	扣分	得分
1	检查	检查机器完好情况，确保使用正常	1	未检查扣1分		
2	装配	按操作要求装上各种配件	3	配件不齐全扣1分，未按要求装配扣2分		
3	开机	接通电源，打开开关	1	未按要求操作扣1分		
4	操作	操作方法正确	2	操作不当，对设备形成损坏扣分		
5	整理归位	工作结束后，将清理过的场地、物品整理归位	2	操作现场有遗漏，每一项扣1分		
6	使用保养	卸下配件，清洁机器及用品，并做适当保养	1	未做保养扣1分		
7	考核时间	在10分钟内完成		不得超时		
	合计		10			

考评员签名： 年 月 日

试题三 投诉处理（考生现场随机抽取一题考核）

考题1：服务员发现房间地毯上有客人丢掷烟头造成的烫洞，怎么办？

考题2：客人让服务员代买药品，怎么办？

考题3：客人投诉房间灯光太暗，怎么办？

考题4：晚上客人外出吃饭，桌上放了几本挂历，吃完饭回来后，房务员已开过夜床，客户认为少了两本，怎样处理？

考题5：一位年轻女子投诉，深夜12：00有一男士打电话邀请她出去吃宵夜，她感到十分害怕，怎么办？

考题6：一位台胞告知：晚上有电话打进房间，死缠硬磨要其借出台胞证，怎么办？

考核说明：

1. 语言婉转，态度诚恳；

2. 处理方法圆满。

参考答案：

1. 服务员发现房间地毯上有客人丢掷烟头造成的烫洞，怎么办？

参考答案要点：首先务必保持该区域原状，以便与客人对质；通知房务中心，再由房务中心通知领班或主管到现场查看实情；等与客人商谈好赔偿事项后再进行现场清理。

2. 客人让服务员代买药品，怎么办？

参考答案要点：首先婉言向客人说明不能代买药品；向客人推荐度假村的医疗室；如客人不想看病，坚持让服务员为其代买药品，客房服务员应及时通知大堂副理；由大堂副理通知度假村医生到客人房间；再由医生决定是否从医疗室拿药给客人。

3. 客人投诉房间灯光太暗，怎么办？

参考答案要点：首先查看房灯是否全部完好；各房灯瓦数是否符合规定；如不是以上两个问题，则应考虑给客人增加台灯或落地灯，不可使用超过规定瓦数的灯泡，以避免造成灯罩损坏。

4. 晚上客人外出吃饭，桌上放了几本挂历，吃完饭回来后，房务员已开过夜床，客户认为少了两本，怎样处理？

参考答案要点：先向客人道歉，并表示同情与理解；与安保入房向客人了解情况，不要轻易下结论；检查开房记录，审查涉嫌的房务员；突出检查工作间、涉嫌员工更衣柜和可能藏东西的地方；通知员工出入口的保安检查饭店员工带出的物品；如一时无法查出，应将查找情况与结果告诉客人，并请客人回忆是否记错；并建立员工档案，多次涉嫌的员工，应予调离或辞退。

5. 一位年轻女子投诉，深夜 12：00 有一男士打电话邀请她出去吃宵夜，她感到十分害怕，怎么办？

参考答案要点：首先安慰住客，请她立即将房间的防盗扣扣上，任何人敲门需从"猫眼"中确认身份后方可开门；通知安保部立即对该房进行密控；建议客人换房，可将该客调到其他楼层或靠近楼层值台的房间；通知总机，凡打入该房的电话须事先征得客人同意后方可转入，也可征得客人同意后，在某个时间段内，设置电话 DND（即电话只能拨出不能打进）；通知总机寻找骚扰电话来源，通知安保进行干预；征得客人同意后，与安保主任一同去拜访客人，为客人压惊。

6. 一位台胞告知：晚上有电话打进房间，死缠硬磨要其借出台胞证，怎么办？

参考答案要点：首先向客人道歉；通知总机，若再有打入该先生房间的电话，必须经该先生同意后方可转入（作保密房处理）；通知保安加强该楼层的巡视；通知楼层值台，该先生的访客须经同意、登记后方可入内；查找电话来源，及时通知安保部加强控制；如客人要求换房，应给予满足；如果是饭店内部泄密，应及时查处；对员工进行保密教育。

序号	考核内容	考核要点	配分	评分标准 （各项配分扣完为止）	扣分	得分
1	接受投诉	聆听要点 认真记录 回答投诉	3	没有使用敬语扣1分； 没有记录扣1分； 回答问题语言不够简 练、婉转扣1分		
2	处理投诉	向客致歉 注意跟办	2	没有向客人致歉扣1分； 未对客人表示感谢扣1分		
3	处理结果	通知客人 感谢客人	5	未对客人表示感谢扣1分； 处理不恰当扣4分		
4	考核时间	在5分钟内完成		不得超时		
合计			10			

考评员签名：　　　　　　　　　　　　　　　　　年　月　日

试题四　接待英语会话（考生现场随机抽取一题考核）

考题1：接待英语会话1

考题2：接待英语会话2

考题3：接待英语会话3

考核说明：

1. 能够听懂简单的英语句子；

2. 能够用英语回答简单的问题；

3. 英语发音准确，语法正确，句子完整；

4. 语速适中，语调正确，用语礼貌；

5. 回答流利，表情自然。

参考答案：

考题1：

（1）Sorry to have kept you waiting so long. 对不起，让您久等了。

（2）Have a good journey! 旅途愉快！

（3）Welcome to our hotel again! 欢迎再来酒店！

（4）May I show you to your room? 我可以领您到房间吗？

（5）请您多提宝贵意见。Please leave your valuable comments.

（6）在您离开房间之前，有什么事需要我做吗？

Anything I can help you before your leaving?

（7）希望您在我们饭店生活愉快。

I hope you have enjoyed your live in our hotel.

（8）欢迎您下次再来！Welcome to our hotel again!

考题 2：

（1）I am always at your service. 随时为您服务。

（2）Do you have anything to be cleaned? 您有衣服要洗吗？

（3）May I come in？我可以进来吗？

（4）Come in，please. 请进来。

（5）请稍等。One moment，please.

（6）对不起，打扰您了，我打扫一下房间好吗？

I am sorry to disturbed you. May I clean up your room right now?

（7）好的，请进来。Come in，please.

（8）我马上要出去，稍等一会儿打扫。

I am going out，please clean the room later.

考题 3：

（1）Welcome to come here again. Good-bye！

欢迎您下次再来，再见！

（2）Please follow me and come this way. 请随我来，这边请。

（3）My hair is a mess！Where is the hairdresser?

我头发很乱，哪里有理发店？

（4）It is right on the second floor . It's open from 9 a. m. until 10 p. m.

它就在二楼，上午 9 点至晚上 10 点营业。

（5）我可以领您到房间吗？May I show you to your room?

（6）请您多提宝贵意见！Please leave your valuable comments.

（7）在您离开房间之前，有什么事需要我做吗？

Anything I can help you before your leaving?

（8）希望您在我们饭店生活愉快。

I hope you have enjoyed your live in our hotel.

序号	考核内容	考核要点	配分	评分标准 （各项配分扣完为止）	扣分	得分
1	将 4 个汉语句子翻译成英语	熟练掌握客房基本服务用语	5	意思表达不清、不完整或不准确扣 1 分； 关键词发音不准扣 1 分； 语调不合适扣 0.5 分； 语法有误扣 0.5 分； 语速过慢或句子不流利扣 0.5 分； 用语不礼貌扣 0.5 分； 表情不自然扣 0.5 分； 不会用英语提出要求扣 0.5 分		

（续上表）

序号	考核内容	考核要点	配分	评分标准（各项配分扣完为止）	扣分	得分
2	用英语回答4个英语问题	熟练掌握客房基本服务用语	5	意思表达不清、不完整或不准确扣1分； 关键词发音不准扣1分； 语调不合适扣0.5分； 语法有误扣0.5分； 语速过慢或句子不流利扣0.5分； 用语不礼貌扣0.5分； 表情不自然扣0.5分； 不会用英语提出要求扣0.5分		
3	考核时间	在5分钟内完成		不得超时		
合计			10			

考评员签名：　　　　　　　　　　　　　年　月　日

试题五　客房软件应用

考题：在"我的文档"中，建立一个以自己的名字命名的文件，并输入50个汉字，题目为3号黑体，内容为5号宋体。

考核说明：

严格按计算机操作程序进行操作。

序号	考核内容	考核要点	配分	评分标准（各项配分扣完为止）	扣分	得分
1	WINDOWS的使用	WINDOWS的启动和退出；窗口的最大化、最小化，当前窗口的切换，关闭窗口的操作	2	少操作一项扣0.5分		
2	WORD的使用	用一种汉字输入法输入汉字50个，文字的修改，版面调整，打印字体的设置	8	每输入一个错别字扣0.5分； 版面调整不符合要求扣2分； 打印字体不符合要求扣2分		
3	考核时间	在5分钟内完成		不得超时		
合计			10			

考评员签名：　　　　　　　　　　　　　年　月　日

试题六　工作方案编制

考题：制订40人豪华老年人旅游团下榻四星级饭店住宿3日的接待服务方案。

考核说明：

1. 符合命题要求；

2. 方案科学、合理；

3. 内容正确、全面、具体；

4. 体现单位特色；

5. 文字通顺，用词准确。

参考方案：

（1）客人到达时间与工作人员安排：抵店日期时间为 2014 年 1 月 5 日下午 3 点，离店日期时间为 2014 年 1 月 8 日上午 9 点，客房部在大堂参加迎送人员名单：李莉、王平、刘宁、罗红四人，迎送地点：大堂大门前两侧，时间：当天下午 2：50，服从大堂副理领导指挥。

（2）客房准备：

①房号安排：领队：221 房（豪华标准房）；团队成员：房号 201，202……220（豪华标准房）。共 20 间低楼层的豪华标准房。

②清洁要求：陈辉、林珍等清洁整理，当天上午 11 时完成。

③摆设要求：按豪华团客的标准布置，由许玲负责，当天上午 12 时完成。

④客房检查：由李华主管负责检查，当天中午 12：30 完成。

（3）服务要求：

①房匙发放（信封法），由黄珊负责，当天下午 3：20 完成。

②楼层迎送服务：陈辉、林珍等参加服务，需茶水等服务用品时，由许玲迎送。

③住店期间服务：由陈辉、林珍等专门负责清扫客房，其他服务由许玲等负责。

④特殊要求：叫醒服务、洗衣服务。

⑤强调事项：

A. 注意礼节；

B. 需尽快完成各项服务工作；

C. 尽量满足客人提出的各种需要。

制订人：李华

制订日期：2013 年 11 月 3 日

序号	考核内容	考核要点	配分	评分标准 （各项配分扣完为止）	扣分	得分
1	构思	紧扣主题、 结构合理	6	偏题扣 3 分； 逻辑混乱扣 3 分		
2	内容	正确、全面、具体， 突出单位特色	10	事由不明确扣 2 分； 方法不明确扣 2 分； 执行者不明确扣 2 分； 时间要求不明确扣 1 分； 标准要求不明确扣 2 分； 工作范围不明确扣 1 分		

（续上表）

序号	考核内容	考核要点	配分	评分标准 （各项配分扣完为止）	扣分	得分
3	语言文字	文字通顺，用词准确	4	语法错误扣2分； 句子不通扣2分； 错别字扣1分/3字		
4	考核时间	在30分钟内完成		不得超时		
合计			20			

考评员签名：　　　　　　　　　　年　月　日

试题七　课堂教学（考生现场随机抽取一题考核）

考题1：讲授客房服务的主要环节
考题2：讲授客房的安全知识
考题3：讲授楼层迎宾工作程序及注意事项
考题4：讲授客房晚间整理的内容和要求
考题5：讲授客房小酒吧的控制方法

考核说明：

1. 教案书写规范，重点、难点明确；
2. 语音清楚，语言简练，重点突出，板书整齐。

序号	考核内容	考核要点	配分	评分标准 （各项配分扣完为止）	扣分	得分
1	准备教案	确定本课的讲授内容，以及重点、难点，设计好板书，列出思考题	7	教案书写不规范扣2分； 重点、难点不明确扣2分； 板书布局、书写不规范扣2分； 未列出思考题扣1分		
2	讲授	导入自然，并按教案顺序要求讲解；注意启发式教学	10	内容出现错误扣2分； 教学方法沉闷扣2分； 教学过程设计不合理或不完整，每项扣2分		
3	总结	回顾所讲内容，再次重复重点、难点；布置作业	3	未总结扣2分； 未布置作业扣1分		
4	考核时间	在20分钟内完成		不得超时		
合计			20			

考评员签名：　　　　　　　　　　年　月　日

模拟卷二参考答案

姓名：_____ 准考证号：_____

序号	试题名称	配分（权重）	得分	备注
1	操作示范	20		
2	工作方案编制	20		
3	清洁设备的使用	10		
4	接待英语会话	10		
5	投诉处理	10		
6	会议室布置	20		
7	客房软件使用	10		
	合计	100		

考评员签名：   年   月   日

试题一　操作示范（考生现场随机抽取一题考核）

考题 1：布置 VIP 房内鲜花示范

考题 2：家具打蜡示范

考题 3：吸尘器保养示范

考题 4：铜器擦拭示范

考题 5：布置 VIP 房内水果示范

考核说明：

1. 演示正确；

2. 讲解内容清楚、易懂，重点突出；

3. 指导方法科学、合理；

4. 语言规范，有感染力；

5. 板书工整，且要注意仪容、仪表。

序号	考核内容	考核要点	配分	评分标准（各项配分扣完为止）	扣分	得分
1	讲授	讲授操作理论与技术规范	10	表达不清楚扣 2 分；操作顺序不正确，每一步扣 1 分；操作标准不正确，每一步扣 1 分		
2	示范	分解示范动作要领	10	示范动作不规范扣 2 分；动作不熟练扣 2 分		
	合计		20			

考评员签名：   年   月   日

试题二 工作方案编制

考题：制订 40 人豪华老年人旅游团下榻四星级饭店住宿 3 日的接待服务方案。

考核说明：

1. 符合命题要求；

2. 方案科学、合理；

3. 内容正确、全面、具体；

4. 体现单位特色；

5. 文字通顺，用词准确。

参考答案同模拟卷一的试题六。

试题三 清洁设备的使用（考生现场随机抽取一题考核）

考题 1：大理石打蜡抛光

考核说明：（1）准备；（2）打蜡；（3）抛光；（4）善后。

考题 2：抛光机的使用

考核说明：（1）检查；（2）装机；（3）开机；（4）操作；（5）整理归位；（6）使用保养。

考题 3：洗地机的使用

考核说明：（1）检查；（2）装机；（3）开机；（4）操作；（5）整理归位；（6）使用保养。

考题 4：高压冲洗机的使用

考核说明：（1）检查；（2）装机；（3）开机；（4）操作；（5）整理归位；（6）使用保养。

序号	考核内容	考核要点	配分	评分标准（各项配分扣完为止）	扣分	得分
1	检查	检查机器完好情况，确保使用正常	1	未检查扣 1 分		
2	装配	按操作要求装上各种配件	3	配件不齐全扣 1 分，未按要求装配扣 2 分		
3	开机	接通电源，打开开关	1	未按要求操作扣 1 分		
4	操作	操作方法正确	2	操作不当，对设备形成损坏扣分		
5	整理归位	工作结束后，将清理过的场地、物品整理归位	2	操作现场有遗漏，每一项扣 1 分		
6	使用保养	卸下配件，清洁机器及用品，并做适当保养	1	未做保养扣 1 分		
7	考核时间	在 10 分钟内完成		不得超时		
合计			10			

考评员签名： 年 月 日

试题四　接待英语会话（考生现场随机抽取一题考核）

考题1：接待英语会话1

考题2：接待英语会话2

考题3：接待英语会话3

考核说明：

1. 能够听懂简单的英语句子；

2. 能够用英语回答简单的问题；

3. 英语发音准确，语法正确，句子完整；

4. 语速适中，语调正确，用语礼貌；

5. 回答流利，表情自然。

参考答案同模拟卷一的试题四。

试题五　投诉处理（考生现场随机抽取一题考核）

考题1：服务员发现房间地毯上有客人丢掷烟头造成的烫洞，怎么办？

考题2：客人让服务员代买药品，怎么办？

考题3：客人投诉房间灯光太暗，怎么办？

考题4：晚上客人外出吃饭，桌上放了几本挂历，吃完饭回来后，房务员已开过夜床，客户认为少了两本，怎样处理？

考题5：一位年轻女子投诉，深夜12：00有一男士打电话邀请她出去吃宵夜，她感到十分害怕，怎么办？

考题6：一位台胞告知：晚上有电话打进房间，死缠硬磨要其借出台胞证，怎么办？

考核说明：

1. 语言婉转，态度诚恳；

2. 处理方法圆满。

参考答案同模拟卷一的试题三。

试题六　会议室布置（考生现场随机抽取一题考核）

考题1：会见座位的安排

考题2：会谈座位的安排

考题3：签字仪式的安排

考核说明：

1. 根据活动内容的不同，布置成不同的形式；

2. 掌握会议布置主题原则，配置相关设备用品。

序号	考核内容	考核要点	配分	评分标准 （各项配分扣完为止）	扣分	得分
1	准备	了解会议的主题内容，准备相关物品	5	会议内容了解不全面扣3分，物品准备不齐全扣2分		
2	布置	根据参加人数、客厅面积的形状和大小确定布置的形式组织人力摆好各类用品	15	布置的形式，每发现一处问题扣3分；最多扣15分		
3	考核时间	在30分钟内完成		不得超时		
	合计		20			

考评员签名：　　　　　　　　　　　　　　　　　年　　月　　日

试题七　客房软件应用

考题：在"我的文档"中，建立一个以自己的名字命名的文件，并输入50个汉字，题目为3号黑体，内容为5号宋体。

考核说明：

严格按计算机操作程序进行操作

序号	考核内容	考核要点	配分	评分标准 （各项配分扣完为止）	扣分	得分
1	WINDOWS的使用	WINDOWS的启动和退出；窗口的最大化、最小化，当前窗口的切换，关闭窗口的操作	2	少操作一项扣0.5分		
2	WORD的使用	用一种汉字输入法输入汉字50个，文字的修改，版面调整，打印字体的设置	8	每输入一个错别字扣0.5分；版面调整不符合要求扣2分；打印字体不符合要求扣2分		
3	考核时间	在5分钟内完成		不得超时		
	合计		10			

考评员签名：　　　　　　　　　　　　　　　　　年　　月　　日

模拟卷三参考答案

姓名：_____ 准考证号：_____

序号	试题名称	配分（权重）	得分	备注
1	中式铺床	20		
2	制定 VIP 接待方案	20		
3	接待英语会话	10		
4	投诉处理	10		
5	会议室布置	20		
6	课堂教学	20		
合　　计		100		

考评员签名： 　　　　　　　　　　　　　　　　　年　月　日

试题一　中式铺床

考核说明：

1. 操作程序：调整床铺、铺床单、套被套、整理枕头。

2. 符合操作要求和质量标准。

3. 3 分钟内按程序和质量标准完成一张床铺的整理。

4. 动作熟练、准确。

5. 注意仪表规范。

序号	考核内容	考核要点	配分	评分标准（各项配分扣完为止）	扣分	得分
1	调整床铺	将床架拉出距床头 30~50 厘米，检查床褥及床架的卫生情况； 调整床架，做到一周一调头，一月一翻身，将床垫与床架对齐	2	没有拉床扣 1 分； 没有调整床铺扣 1 分		
2	铺床单	甩单到位，使床单正面朝上，中折线居中； 床单均匀地留出四边，包边包角要达到平、挺、紧	5	甩单不到位扣 1 分； 反面朝上扣 2 分；中线没有对齐扣 1 分； 效果不好扣 1 分		
3	铺被子	甩被套一次到位，使中线与第一条床单的中线重叠，正面朝外； 被芯套入被套内四角饱满，边与被套合体； 被子放置中线对齐，两侧及后侧下垂均匀； 被套开口带子系得美观、统一	5	甩被套不到位扣 1 分；中线没有与床单重叠扣 1 分，入反被套扣 2 分；效果不好扣 1 分		

（续上表）

序号	考核内容	考核要点	配分	评分标准 （各项配分扣完为止）	扣分	得分
4	整理枕头	将枕芯装进枕套，做到四角饱满，弧度自然； 将枕套开口超出枕芯部分向内反折包裹住枕芯； 将两个枕头叠放整齐，放在床头正中，距床头边沿约5厘米； 枕套开口方向反向床头柜	3	套枕效果不好扣1分； 没有将枕套开口超出枕芯部分向内反折包裹住枕芯扣1分； 枕头位置放置不对扣1分		
5	整体状况	床面平整、挺括、美观 动作规范，无小跑、跪床等违规动作	3	床面效果不好扣1分； 出现小跑、跪床等违规动作一次扣1分		
6	仪容仪表	衣着整齐、得体，女生淡妆、站立操作姿态得体	2			
7	考核时间	时间控制在3分钟完成		不得超时		
		合计	20			

考评员签名：　　　　　　　　　　　　　　　　　　　　　年　　月　　日

试题二　制订 VIP 接待方案

考题：制订一个20人的 VIP 入住五星级酒店3天的服务接待方案

考核说明：

1. 符合命题要求；

2. 方案科学、合理；

3. 内容正确、全面、具体；

4. 体现单位特色；

5. 文字通顺，用词准确。

参考方案：

（1）客人到达时间与工作人员安排：抵店日期时间为2014年1月1日下午3点，离店日期时间为2014年1月4日上午9点，客房部在大堂参加迎送人员名单为××、××、××、××四人，迎送地点：大堂大门前两侧，时间：当天下午2：50，服从大堂副理领导指挥。

（2）客房准备：

①房号安排：领队：1801房（豪华标准房）；团队成员：房号1802，1803……1810（豪华房）。共10间低楼层的豪华房。

②清洁要求：××、××等清洁整理，当天上午11时完成。

③摆设要求：按豪华团客的标准布置，由××负责，当天上午12时完成。

④客房检查：由××主管负责检查，当天中午12：30完成。

（3）服务要求：

①房匙发放（信封法），由××负责，当天下午3：20完成。

②楼层迎送服务：陈××、××等参加服务，需茶水等服务用品时，由××迎送。

③住店期间服务：由××、××等专门负责清扫客房，其他服务由××等负责。

④特殊要求：叫醒服务、洗衣服务。

⑤强调事项：

A. 注意礼节；

B. 需尽快完成各项服务工作；

C. 尽量满足客人提出的各种需求。

制订人：××

制订日期：2013 年 11 月 3 日

序号	考核内容	考核要点	配分	评分标准 （各项配分扣完为止）	扣分	得分
1	制订方案	条理清楚，内容具体明确，全面。包括房间布置，如鲜花、水果、名片等； 接待人员安排、接待服务安排、VIP 姓名等	8	少一项扣1分； 文字条理不清晰扣2分； 语言不通顺扣2分		
2	传达部署	讲授操作理论与技术规范，内容具体、重点突出	8	表达不清楚扣2分； 操作顺序不正确，每一步扣1分； 操作标准不正确，每一步扣1分		
3	示范	分解示范动作要领	4	示范动作不规范扣2分； 动作不熟练扣2分		
4	考核时间	在30分钟内完成		不得超时		
合计			20			

考评员签名：　　　　　　　　　　　　　　　　　　　　年　　月　　日

试题三　接待英语会话（考生现场随机抽取一题考核）

考题1：接待英语会话1

考题2：接待英语会话2

考题3：接待英语会话3

考核说明：

1. 能够听懂简单的英语句子；

2. 能够用英语回答简单的问题；

3. 英语发音准确，语法正确，句子完整；

4. 语速适中，语调正确，用语礼貌；

5. 回答流利，表情自然。

参考答案同模拟卷一的试题四。

试题四 投诉处理（考生现场随机抽取一题考核）

考题1：服务员发现房间地毯上有客人丢掷烟头造成的烫洞，怎么办？

考题2：客人让服务员代买药品，怎么办？

考题3：客人投诉房间灯光太暗，怎么办？

考题4：晚上客人外出吃饭，桌上放了几本挂历，吃完饭回来后，房务员已开过夜床，客户认为少了两本，怎样处理？

考题5：一位年轻女子投诉，深夜12：00有一男士打电话邀请她出去吃宵夜，她感到十分害怕，怎么办？

考题6：一位台胞告知：晚上有电话打进房间，死缠硬磨要其借出台胞证，怎么办？

考核说明：

1. 语言婉转，态度诚恳；

2. 处理方法圆满。

参考答案同模拟卷一的试题三。

试题五 会议室布置（考生现场随机抽取一题考核）

考题1：会见座位的安排

考题2：会谈座位的安排

考题3：签字仪式的安排

考核说明：

1. 根据活动内容的不同，布置成不同的形式；

2. 掌握会议布置主题原则，配置相关设备用品。

序号	考核内容	考核要点	配分	评分标准 （各项配分扣完为止）	扣分	得分
1	准备	了解会议的主题内容，准备相关物品	5	会议内容了解不全面扣3分；物品准备不齐全扣2分		
2	布置	根据参加人数、客厅面积的形状和大小确定布置的形式组织人力摆好各类用品	15	布置的形式，每发现一处问题扣3分；最多扣15分		
3	考核时间	在30分钟内完成		不得超时		
	合计		20			

考评员签名：　　　　　　　　　　年　月　日

试题六　课堂教学（考生现场随机抽取一题考核）

考题1：讲授客房服务的主要环节

考题2：讲授客房的安全知识

考题3：讲授楼层迎宾工作程序及注意事项

考题4：讲授客房晚间整理的内容和要求

考题5：讲授客房小酒吧的控制方法

考核说明：

1. 教案书写规范，重点、难点明确；

2. 语音清楚，语言简练，重点突出，板书整齐。

序号	考核内容	考核要点	配分	评分标准 （各项配分扣完为止）	扣分	得分
1	准备教案	确定本课的讲授内容，以及重点、难点，设计好板书，列出思考题	7	教案书写不规范扣2分； 重点、难点不明确扣2分； 板书布局、书写不规范扣2分； 未列出思考题扣1分		
2	讲授	导入自然，并按教案顺序要求讲解；注意启发式教学	10	内容出现错误扣2分； 教学方法沉闷扣2分； 教学过程设计不合理或不完整，每项扣2分		
3	总结	回顾所讲内容，再次重复重点、难点；布置作业	3	未总结扣2分； 未布置作业扣1分		
4	考核时间	在20分钟内完成		不得超时		
	合计		20			

考评员签名：　　　　　　　　　　　　　　　　　年　　月　　日

附　录

附录1　饭店保卫部服务设施、器材一览表

名称	种类	配置地点	功能
电视监控系统		1. 前厅大堂 2. 客用电梯 3. 楼层过道 4. 公共娱乐场所，如健身房、舞厅 5. 贵重财物集中场所，如收银处、仓库、贵重物品保险柜	由摄像机、录像机、手动图像切换，电视屏幕等组成，并在饭店要害、敏感部位安装摄像镜头，监视这些场所的活动，从中发现可疑人物或不正常现象，以便及时采取措施
安全报警装置	微波报警器 被动红外线报警器 主动红外线报警器	1. 前厅收银处、财务部 2. 贵重物品保险柜 3. 仓库 4. 客房楼层消防通道 5. 商场	在饭店重要部位放置安全报警装置，一旦发生盗窃、爆炸、抢劫、报警信号会立刻在安全保卫科的监控中心显示
报警器	1. 手动报警器 2. 手压报警器	客房每层楼的进口处或楼层服务台附近的墙面	发现火灾时，应立即打开玻璃压盖或打碎玻璃，使触点弹出报警，按下按钮，即可报警
	3. 烟感器	1. 客房楼层 2. 客房 3. 会议室	1. 当楼层或客房内的浓烟达到一定浓度时，烟感器的红灯闪亮，表明已报警 2. 火警总控制室控制板上显示报警区域和第一次报警信号 3. 8分钟内未消除信号，显示板显示第二次报警信号
	4. 热感器	1. 客房楼层 2. 客房 3. 会议室	当火灾温度上升到热感器的动作温度时，热感器的弹片自动脱落形成回路，引起报警

（续上表）

名称	种类	配置地点	功能
灭火器	1. 花洒自动喷水系统	1. 客房楼层 2. 客房 3. 公共场所	1. 当室内温度达到花洒的启动温度（一般可选择启动温度为57.2℃～79.4℃）时，便引起花洒器内水银球的剧烈膨胀而爆裂，被球支撑的密封喷水口开放，水便喷到溅水盘上均匀洒水 2. 适用于A类火灾（木头、纸起火）
	2. 二氧化碳、干化学剂灭火系统	1. 客房楼层 2. 仓库 3. 厨房 4. 洗衣房 5. 办公楼	1. 二氧化碳能使起火地点的空气含氧量降低到不能再维持燃烧的程度，达到扑灭火灾的目的 2. 干化学剂能有效扑灭油脂类易燃液体引起的火灾 3. 此两类灭火器适用于B类火灾（易燃液体起火）和C类火灾（电起火）

附录2　贵宾保卫方案表

	一级保卫方案	二级保卫方案	三级保卫方案
1. 保安总指挥	总经理或副总经理	副总经理或助理总经理	保卫部经理
2. 值班安排	全天候安排专人值班	全天候安排值班	全天候安排值班
3. 重点部位检查	全面检查	部分检查	个别检查
4. 住址	全天候全方位设岗	全天候设岗	重点时间设岗
5. 宴会	1. 全方位设岗 2. 宴会前全面检查	1. 重点位置设岗 2. 宴会前重点检查	1. 附近岗位兼顾 2. 宴会前个别检查
6. 食品	食品全部检验、留样	食品重点检验	食品个别检验
7. 专梯	主宾全部行动时使用	主宾主要行动时使用	主宾个别行动时使用
8. 路线保卫	所有路口、要道设岗	主要路口、要道设岗	必经路口、要道设岗
9. 交通管理	增设指挥岗多个	增设指挥岗	视情况增设指挥岗
10. 饭店内公共场所活动	保卫经理随护	保卫主管随护	保卫人员随护
11. 车辆	全面检查	重点检查	常规检查

附录 3　布草的类别与规格

表 1　床上布草尺寸规格

类别	参考尺寸	计算方法
单人床单（床：100×190）	100×240	在床的长宽基础上各加60厘米（不含缩水率）
双人床单（床：150×200）	210×260	
大号床单（床：150×210）	230×270	
特大号床单（床：180×210）	270×290	
普通枕套（枕：45×65）	50×80	在枕芯的宽度基础上加5厘米，长度基础上加20厘米（不含缩水率）
大号枕套（枕：50×75）	55×95	

表 2　卫生间草布尺寸规格

类别	尺寸（厘米）	重量（克）	饭店档次
大浴巾	120×60	400	一、二星级
	130×70	500	三星级
	140×80	600	四、五星级
小浴巾	100×34	125	无明确规定
面巾	55×30	110	一、二星级
	60×30	120	三星级
	70×75	140	四、五星级
地巾	65×35	280	一、二星级
	70×40	320	三星级
	75×45	350	四、五星级
方巾	30×30	45	三星级
	32×32	55	四、五星级
浴衣	大、中、小（号）	不定	四、五星级
备注	地巾可方可长		

附录4
客房清洁单项操作时间标准例表

工作项目	项目序号	基本时间（分钟）	间歇许可（%）	意外耽搁（%）	标准时间（分钟）
整理一张床	1	1.8	22.0	10	2.38
重做一张床	2	3.9	22.5	10	5.17
清洁一个脸盆	3	1.2	13.0	10	1.48
清洁一个浴缸	4	1.92	14.5	10	2.40
清洁一套淋浴器	5	1.0	13.0	10	1.23
清洁一个恭桶	6	0.94	16.0	10	1.18
擦净一张梳妆台	7	0.43	11.0	10	0.52
一张梳妆台的打蜡	8	0.85	13.0	10	1.05
清洁一个废纸桶	9	0.72	11.0	10	0.87
10 m² 硬地吸尘	10	0.8	12.5	10	2.22

附录5
不同等级饭店清扫房间定额

饭店级别	豪华	中档	经济
员工定额	10~12 间/人	14~16 间/人	18 间左右/人

附录6
客房计划卫生工作量测定表

一、房间部分

名称	耗时	每天工作量	循环周期	工具	质量要求	注意事项
1. 房号牌擦铜	10分钟/间	40间/天	每月	抹布、特制垫纸、铜水、方凳	发亮	1. 不要把铜水留在门板上 2. 不要擦掉数字上的颜色
2. 梳妆镜铜耳擦铜	10分钟/间	40间/天	每月	抹布、垫纸、铜水	发亮	一定要用报纸垫好，避免铜水玷污其他地方
3. 套房铜器擦铜（咖啡台脚和方茶几铜围边）	60分钟/间	6套/天	15天	垫纸、抹布、铜水	发亮	1. 移动云石台面一定要小心，要平衡移动，均衡用力 2. 刷吧柜铜边时，要注意用纸保护好两边的墙纸，以免玷污

（续上表）

名称	耗时	每天工作量	循环周期	工具	质量要求	注意事项
4. 清洁电话机并消毒	7 分钟/间 3 分钟/间	80 间/天 80 间/天	每月 每月	万能清洁剂、抹布、酒精、棉球、铁夹	清洁无污渍，无异味	1. 要注意连同卫生间电话一齐清洁 2. 消毒时要拧开话筒盖清理，注意不要拧松内部零件
5. 清洗阳台	25 分钟/间	16 间/天	每季度	水枪、竹扫、洗衣刷、铲刀、玻璃刮、地毯垫、酸性洗洁剂	1. 墙壁洁白无浮尘 2. 地界线清晰，瓷砖上无污渍	1. 使用恭桶水源，电线和水管要分开放好，要爱护喷水机 2. 要注意最后刮干净玻璃门的水珠
6. 抹阳台玻璃门	10 分钟/间	40 间/天	15 天	玻璃水、玻璃刮、抹布	阳台门明亮无水珠	1. 玻璃水要以适当的比例配制 2. 注意水珠不要洒在地毯上
7. 刷洗墙纸	20 分钟/间	20 间/天	每天	垂直式百洁刷、快洁布、抹布、万能清洁剂、牙刷	干净无污渍	1. 用百洁刷带上抹布均匀地刷掉墙纸表面的灰尘和污渍 2. 特别的污渍可用万能清洁剂特别处理
8. 刷洗冰箱	20 分钟/间	20 间/天	每月	水桶、清洁剂、抹布、用旧了的快洁布	干净无异味	1. 预先把冰箱关上，可同时进行除霜 2. 注意边位封胶的清洁
9. 吸灯罩浮尘	10 分钟/间	40 间/天	每月	吸尘器、带毛头的圆吸扒	无尘，洁白	不能把吸管直接在灯罩上吸，以防把灯罩扯烂
10. 吸房间边角位尘	10 分钟/间	80 间/天	每月	吸尘器、边角位吸扒	地毯疏松和无杂物	1. 吸完边角位之后，要移开床垫把床下吸一遍 2. 最后要把暴露在外的地方吸一遍
11. 房间家具打蜡	20 分钟/间 20 分钟/间	20 间/天 20 间/天	每月 每月	碧丽珠家具蜡、NOF 蜡、抹布	平滑光洁	1. 均匀喷洒于家具表面，用抹布均匀涂擦（表面用碧丽珠，内里用 NOF 蜡） 2. 一般涂于家具的内表，起到防潮、防虫、保护家具的作用 3. 卫生间的墙壁和云石台、地板需经清洗之后，抹干净，方可均匀涂上

（续上表）

名称	耗时	每天工作量	循环周期	工具	质量要求	注意事项
12. 洗空调器滤网	5分钟/间	80间/天	15天	行李车、抹布	清洁、无尘	1. 连同进风口的小滤网一同拆下，用湿布抹干净出风口的边缘 2. 滤网反面要冲水 3. 一定待水干后再装上
13. 洗出风口	10分钟/间	40间/天	每季度	牙刷、行李车	无污点、无灰尘	安装较牢固的可请动力部协助拆下，不要强硬用力
14. 翻床垫			每季度			一般与清扫房间同时进行
15. 擦电线和插销板	10分钟/间	40间/天	每季度	万能清洁剂、抹布	清洁、无污渍	避免用粗糙锐利的工具擦拭

二、卫生间部分

名称	耗时	每天工作量	循环周期	工具	质量要求	注意事项
1. 洗换气扇	5分钟/间	80间/天	15天	行李车、牙刷	干净、无污渍	注意断电，用抹布抹干净机内的尘埃
2. 洗恭桶水箱	10分钟/间	40间/天	每季度	万能清洁剂、快洁布	干净、无黄迹和沉淀物	1. 水箱盖一定要放在安全的地方，以免打坏 2. 要注意小心洗刷，以免损坏内部机件
3. 刷洗浴缸污渍	20分钟/间	20间/天	每季度	快洁布、CHROMSTAS清洁剂	清洁、无污渍	除防滑纹之外，其他地方切勿用快洁布摩擦
4. 刷洗恭桶污渍	5分钟/间	80间/天	每月	用旧了的快洁布、万能清洁剂、酸性洗洁剂	污水痕、无锈渍	用垃圾桶盛水把水拉冲至最低，以免减轻洗洁精的浓度，影响效力
5. 刷洗浴缸墙壁	20分钟/间	20间/天	每月	牙刷、快洁布、万能清洁剂、酸性洗洁剂	界线洁白，无水渍、无皂渍	1. 先用万能清洁剂把界线刷白 2. 注意用清水冲洗和抹干

（续上表）

名称	耗时	每天工作量	循环周期	工具	质量要求	注意事项
6. 洗刷卫生间地板	20 分钟/间	20 间/天	每季度	牙刷、万能清洁剂	清洁、无污渍	注意恭桶后的地板及地漏的清洁
7. 擦金属件	5 分钟/间	80 间/天	每月	铜水、抹布	光亮、无黏着物	擦镜框、卷纸架、浴巾架、面巾架、皂盒、浴帘杆等，不用擦面巾纸挡板

参考文献

［1］曹红．客房服务员国家职业技能鉴定指南．北京：电子工业出版社，2012.

［2］人力资源和社会保障部教材办公室，广东省劳动和社会保障厅．客房服务员基本技能．北京：中国劳动社会保障出版社，2010.

［3］中国就业培训技术指导中心．客房服务员（基础知识）．北京：中国劳动社会保障出版社，2011.

［4］劳动和社会保障部，中国就业培训技术指导中心．客房服务员（基本知识）．北京：中国劳动社会保障出版社，2004.

［5］中国就业培训技术指导中心．客房服务员（初级）．北京：中国劳动社会保障出版社，2010.

［6］中国就业培训技术指导中心．客房服务员（中级）．北京：中国劳动社会保障出版社，2011.

［7］中国就业培训技术指导中心．客房服务员（高级）．北京：中国劳动社会保障出版社，2012.

［8］劳动和社会保障部，中国就业培训技术指导中心．客房服务员（初级技能 中级技能 高级技能）．北京：中国劳动社会保障出版社，2004.